國家社科基金重大項目（10&ZD104）

上海師範大學古籍整理研究所編
項目首席專家、主編　戴建國
主編　朱易安　傅璇琮　周常林

# 全宋筆記

第九編 十

大象出版社

国家出版基金项目
NATIONAL PUBLICATION FOUNDATION

顧　　問　王水照　朱瑞熙　徐　規　李裕民

項目首席專家、主編　戴建國

主　　編　朱易安　傅璇琮　周常林

編纂委員會（以姓氏筆畫爲序）

王劉純　朱易安　李亞娜　周常林　俞　鋼　查清華

徐時儀　陳　新　張劍光　傅璇琮　虞雲國　戴建國

# 目録

習學記言（下）　葉適 撰

⊙葉　適　撰

# 習學記言（下）

王廷洽　整理

**校勘記**

# 目録

【一】自「後周書」以上目録原闕，據文淵閣四庫本補。

# 卷二十七

## 魏志

橋玄以曹操爲命世之才，而許劭以爲治世之能臣，亂世之奸雄。玄與劭品類大殊，言之高下固當不同也。操爲劭所鄙，乃爲玄及何顒所異，不知劭自與漢人隔多少重數？操得志後一時人材受其生殺榮辱，爲所位敘者，其賢否氣類又可知矣。劭猶若此，況不爲劭者乎？東漢末亂時猶若此，況三代之盛乎？道之升降，古人所以深致意也。

東漢壞敗已久，自張溫、皇甫嵩成功，而策士以改物説之矣。人主與宦豎小人爲密【一】，虐用其民甚於寇讎，與桀、紂、幽、厲無異，勢當然也。獨有一事，雖三代、亡秦之季世至於王莽，然皆其民叛而吏不叛；其後唐衰，雖兵將叛而士大夫不叛也【二】。董卓、袁紹、袁術、曹操、劉表、劉焉、陶謙、公孫瓚世爲公子，身任漢臣，一朝狂誕，假號奮呼，自爲亂首，劫脅平民，屠剥天下，兵民未叛而吏士大夫先叛，此前後所無也。蓋漢末世有材者多，上不惟無以御之，又失其心，激而思悖，私義勝，公道滅，各從其黨，不知有君。而論者反謂東漢風俗最美，能銷奸賊窺伺之心，國家賴以不亡，豈未之考歟！

【一】宦豎　「宦」原作「官」，據文淵閣本、黄本改。

【二】「其後」至「不叛」十四字原脱，據文淵閣本、黄本補。

按操以中平六年十二月起兵，初平二年七月袁紹表爲東郡太守，據兗州，以其中間攻于毒【三】、眭固、陶謙，後爲張邈、陳宫所反，六七年内轉戰百艱，所獲甚微。視高祖、光武指麾戡定，何太懸絶乎！適會天子東還，遂挾以自重，方有扶義征討之事。然則操之功業，蓋是輔漢而後致【四】，非漢已亡待操而能存也。使如董卓、袁紹甘心爲賊，固無可論，若稍隱諸心，欲因此跳梁跋扈，自同問鼎，其可安乎！

操以令「縣滿五百户者置校官」，而其辭曰：「其令郡國各修文學」。按操雖竊漢柄，號令所行，施其統内，若兗、冀之郡國可也。與人主制詔並行於天下，可乎？荀彧非不見微者，猶曰「愛人以德」，何也？陳壽雖著《魏書》，然有漢則無魏【五】，而其事詞錯雜，使後世無别，史法不復存矣。

皇甫謐《逸士傳》載王儁稱操有濟世具【六】，而言袁紹與術母喪歸葬，會者三萬人，操密言於儁，「天下將亂，爲亂魁者，必此二人也」。此語當不妄。黄瓊、陳寔之喪，會者皆數萬，紹、術亦然，取友各以類，則其人皆飛揚輕俠者也。私援成於下，動衆太甚，自無安靖之理，與張角兄弟何殊。

操十五年令敘「幾人稱帝，幾人稱王」事，極有始末，當詳看。後世多稱操奸賊狙伺，猶畏迫名義，不敢身自代漢。按操僭亂顯逼惟孔融，陰沮惟荀彧，二人既死，中外無不迎承自獻，以後爲羞，名義安在，而尚何所畏迫耶？然天下大物自戰國、秦、漢以來，形竊若

【三】于　「于」原作「干」，據文淵閣本、黄本及《三國志·魏書·武帝紀》改。

【四】是輔漢　「輔」原作「武」，據文淵閣本、黄本改。

【五】有漢則無魏　「漢」原作「旨」，據文淵閣本、黄本改。

【六】皇甫謐逸士傳　「逸士傳」原脱，據黄本及《三國志·魏書·武帝紀》裴松之注補。

易，而實取亦難。董卓、袁紹之流鴟張廣莫，未有能自知節限，故皆隨以夷滅。操雖姦賊不仁，然能自知節限，故敢竊而不敢叛，敢取而不敢代，所以諄諄自敘齊、晉、文王、樂毅、蒙恬等事，皆實語，非虛飾，益知許劭之評爲不妄也。

建安體如王粲《從軍詩》，奚用也？

建安十五年司徒趙温辟曹操子丕，操怒，免温官，明年而丕爲副丞相矣。豈温真不省事，而以門地辟耶？將示若不知【七】，故爲蓋塞以使之也？

魏文嗣事之初，霍性以論用兵誅死，戴陵以諫弋獵被刑。性言「先王功無與比，而能言之類不稱爲德」，歷數漢、魏中間士人。爲此語者絶無，亦非不能，蓋不敢爾，不知性何等人也。魏文居喪半年，無東南之警，而倉倅伐吴，不過耀兵起隙以逼漢位，性不知事幾，豈張湯所謂愚儒也？

魏文之所欲者禪代爾，而符瑞章奏，勸進辭讓，前後節目，連篇累牘，存之極無謂，然可以見其辭煩而理寡也。

黄初二年初復五銖錢，未幾以穀貴罷，至太和元年始復行。然則建安中物踊，但用穀帛，不比王莽自改幣而禁挾錢也。幣與物相權，從古而然，雖操猜詐百出，不敢用異説。後世以有限從無涯，自坐窮處，遂無策矣。

癸酉詔言：「今事多而民少，上下相蔽以文法，百姓無所措其手足」。夫民多而法

【七】將示　「示」原作「亦」，據文淵閣本、黄本改。

敝，勢極而變也；　民少而法敝，盡民之術也。　秦及王莽之亡蓋如此。　曹氏轉戰三十年，所成就幾何？　民愈盡而法愈敝，其自言者尚爾，況使他人言之乎？　當是時猶欲以功名自居，吾不知其説也。

魏文帝欲並吴【八】，積年以司馬懿居留，自謂得所任矣，而患方起於慮外。　然用人之道，百世同軌，此非所以爲悔也。　所當悔者，前面已起樣子爾。

馬上賦詩，極陳觀兵之盛，其終曰：「量宜運權略，六軍何悦康。　豈如《東山詩》，悠悠多哀傷！」彼以周公爲怯耶？　大抵六子二曹爲建安黄初體，自此不得復見前世之風雅，而後人以爲高風絶塵，所未喻也。

「建安十年，始定冀州，濊、貊貢良弓，燕、代獻名馬，時歲之暮春，句芒司節，和風扇物，弓燥手柔，草淺獸肥，與族兄子丹獵於鄴西終日【九】，手獲麞鹿九，雉兎三十」。　文墨之士多以爲壯。　余觀《大叔于田》、《還》、《猗嗟》，其技藝材敏有過於此，而詩人刺之，以爲亡國之形也。　今曹氏虐用其民，挾持殺戮，驕豎騃子，乘堅驅良，憑勢作威以自快其得意，而風聲氣俗之所熏炙，更百千餘年，有志之士不復古人之大全，直可悲爾！

「江漢爲池，舟楫爲用，利則陸鈔，不利則入水，中國長技無所用之」，此袁淮稱江南地理也。　既又言「孫權自十數年以來，大畋江北，敢遠其水陸，次平土，中國所願聞」【一〇】，蓋權是時不止於守江而又欲爲取淮漢以北之規故也。　孫氏及五代，江淮攻守，大略類此。

【八】欲並吴　「並」原作「平」，據文淵閣本、黄本改。

【九】獵於鄴西　四字原脱，據黄本及《三國志·魏書·文帝紀》裴松之注補。

【一〇】中國所願聞　「願」原作「未」，據文淵閣本、黄本改。

自吴、楊氏無爭淮北之勢，而淮不可守。唐李氏割淮臣周，不敢窺江以北，而江不可守。建炎、紹興，承用楊、李，以淮守淮，以江守江，而孫氏及五代之故實遂不復講【一一】。余頃在制司，初亦循近轍，幾誤，急易之，僅能自完。既將經畫江北以及兩淮，而上自卿相士大夫，下至偏校走卒，無一人以過江守江、過淮守淮爲是者，余亦以病歸矣。今因諸書間錯見之，此今世大議論也，未有不知守江、淮而猶欲論取中原者也。

何晏論治心慎習，放鄭聲，遠佞人，欲因「幸式乾殿，遊豫後園，使大臣侍從從容戲宴，兼省文書，詢謀政事，講論經義，爲萬世法」。此疏殆晏所謂格君事業者乎！然方晏等用事，而當時經生學士，謀臣武將，皆無以爲然者。彼固不足以知之矣，而晏等以急利競進之心，當幼君驕相之勢，行人所不能知之學，固所以不旋踵而覆其族歟。

司馬懿初除曹爽，蓋因朝臣内外惡其驕縱，方以此舉爲便【一二】，固未有言其非者。王淩雖知之，而謀立藩王，不利見主，使懿尤得以自直。二者皆因當時之所謂正義以售其逆謀，人心密移，國向隨改，轉盼呼吸，傾奪已成，雖欲起而圖之，無與共功矣。古今存亡之機雖未嘗不如此，然曹氏辛苦作計，三世相承，才二十年，本以托孤，乃得簒弑。爲懿因公行邪，乘間掩竊，上下拱手，全而付之，是非疑信曾不及一出諸口。嗚呼！孰謂三國多智士哉！如劉曄、蔣濟之流，區區乎以揣摩從人者固至是歟！

高貴鄉公劣漢高而優少康，論著禎祥以耀遠近，其意蓋欲感動臣下使之協同耳。今

【一一】「孫氏」至「不復講」七十五字原脱，據文淵閣本、黄本補。

【一二】方以此舉　「方」原作「族」，據文淵閣本、黄本改。

其書之存者，但縱論文義，無所激發，則當時未嘗領會可知矣。而公不勝忿怒，奮一夫之決以速其死，悲夫！

鄭玄以三老、五更爲更事之稱，蔡邕云「更」應作「叟」，引俗字女傍更爲證。按三老、五更，二戴集書也。至東漢初既立更以養之【一三】，距玄與邕時上下二百年爾，一朝見聞，未至懸隔。玄經生家，以意説之固未必是。邕周旋臺閣，從胡廣諸人遊，號爲通博，既不能以義斷其是非，又於故實無所考據，而徒以字學偏傍輕改之，可乎？後世經文以邕改定者爲的，而其見識如此，恐未可憑也。

按晉靈公不君，趙穿弑之，趙盾反不討賊，史官以穿罪罪焉【一四】，孔子以爲其義足以戒後世，因而不改，然而法一變矣。及晉厲公亦以淫虐被殺，而悼公要誓之詞曰：「立而不從，將安用君！二三子用我今日，否亦今日」。而欒書、中行偃束手退聽，晉自是復霸，人以爲材。至魯昭公不忍，討伐季氏不克而奔齊。悼公亦循周子故步，欲正其始，陳乞不從，尋即遇簒。四者之跡，足以互見。蓋趙盾、欒、范恭順未失，故臣道可復存。意如、田恒悖惡已定，故君權不復反。事既至此，但以勝負爲是非耳。至高貴公則又有可哀者。司馬懿父子暴擅亟奪，五年未遠，國祚已非魏有。按毋丘儉表，司馬師自公立未嘗朝，公欲問其疾，亦拒不得至。觀此際會，雖有二悼，欲正其始，何可復行？侍從群臣一語不酬對，更假數歲，不過身親授受而已。而或者乃指《易》屯膏之義，謂小貞則吉，大貞

【一三】更以養之　「更」原作「初」，據文淵閣本改。

【一四】以穿罪罪焉　「罪」原脱，據文淵閣本、黄本補。

則凶，未知亡國與殺身，小大何所別異，而尚以吉凶言乎？宜公欲以少康自比而終不能也。公立時年十五，英材逸氣，與少康、晉悼略相似，哀哉！哀哉！

陳登以雄豪自許，劉備亦亟稱之，然登父子已與曹操相首尾，受其驅役，就不早隕，終何所能？至如華歆、王朗，登所敬者，皆駢首爲魏公侯矣。至臧洪則不然，猶是漢之陪臣，死超讎紹，義有可依。關東起兵以漢爲辭者【一五】，無問大小，終於臣僕篡盜。喪名失節以苟其生，惟洪可以免焉。陳壽雖知貴之，而智不足以及此，遂與登同稱，學者宜詳之。

嘉平之役，極是異事。曹氏造基立業雖無兩漢本根之固，然自操至此已五六十年，民志久定，司馬懿再世受遺，信非忠貞，何遽盜奪？而況虛位無權，勢同單庶，一旦因人主在外，閉門截橋，劫取事柄，與反何殊？此至愚者不敢爲，懿號有智，而披猖妄作，自取疾滅，然竟以勝，一異也。曹爽兄弟昏庸童豎，無足深責，然崇信何、鄧，惟其所爲，晏等皆勝流名士，並居要職，命令所由出。方天子朝陵，爽、羲扈從，未知晏、颺之流安在？而變起倉猝，但有桓範拔劍南奔，其餘竟無一辭。懿奏既通，駢首受戮，而魏事已去矣。懿一旦僥倖，於至愚而成至智。晏平時自許以上智而終成下愚，苟無人心，忍而就此，哀哉！二異也。昔韓馥讓州於袁紹，竟奏廁求死，當危亡之際，舉國無人乃至於是。孟子謂「耳目之官不思而蔽於物」，何太甚乎！

夏侯玄言「先王建國，分疆畫界，各守土境，非重累羈絆之體」，欲省郡守，縣皆徑達。

【一五】以漢爲辭　「辭」原作「漢」，據黃本、敬鄉本改。

兩漢論治，未有及此者，其自負弘濟，良不虚也。而親姻中外，竟相首尾，委肉以當豺虎之鋒，悲夫！如玄之智，雖未必能存魏，然玄死而後魏卒亡，蓋與其國相始終矣。

曹操取天下事，盡具《荀彧傳》中。故或者以彧比張良，良高妙玄遠，智因物生，不爲定形，固非彧所能至。然而清整愷悌，以善自與，是三君、八俊家良子弟也。或者又言漢已亡，操取之於群雄，非取之於漢，此甚不然。以操終始挾漢而令，猶不能盡得，凡操之得，非名依漢則無由，是漢固未嘗失，但不能主令爾。譬如人有良田廣宅，雖失券要，而田宅固其物也。臣僕不直而歸之，而欲直而盜之，可乎？彧爲漢人子孫，其當死無疑。所可惜者智不足以知操之爲竊，狃於謀而不自制，遂失其身爾。此乃士君子出處之至戒，學者尚復分别，何哉？

袁涣舉動節度，言議政榦，皆近儒者，然特其粗爾。操之初事【一六】，最蒙褒用。或疑此非所以施於操，操但不容孔融、禰衡輩耳，過是色色有之。若已受其籠紲，而又能將之以德行，矯之以貞介，無不可者，如張範、邴原之流，正操所欲獎飾也。昔閔子稱原憲、季次皆未嘗仕季氏，孔子告仲由以知德者鮮，士雖欲自勉於德而不知立德之地不可也。獨田疇終始辭封，似其志有所在。是時操未建國，前爲蓨令，後爲議郎，皆是王官，若不遽死，未知竟如何也。

管寧漢末遠遁，漢、魏興廢之間，君子存身用捨之際皆可以免。比其來還，則改物已

【一六】操之初事　「初事」原作「事初」，據黄本、敬鄉本乙正。

定，年邁時逾，獨隱終退，泯然無跡。士君子之處世以道，雖難易不同，不害其爲仁。至於心所不欲而自行之，屈伸舒卷在己而不在物，則未有能及寧者，固與荀爽相去遠矣。

按崔琰初仕袁紹，諫以「天子在許，民望助順，不如守境述職」。次對曹操以「未聞王師，仁聲先路」。此蓋老書生守經不易之常論也。然琰便甘心委質曹氏，首爲魏臣，未知琰意以爲諸侯復興，各事其主，以翼戴天子，如古之齊、晉，正當爾耶？抑風靡波順，遂無漢朝，忘其素守而不自覺也。人之立德必有其地，余既於袁渙、邴原見之。如玠孤峻特立，匪躬正色於人之本朝而無自立之地，逢喜迎恚，漂摇中流，殺身如斷梗，進無孔融、荀彧之節，退乏鍾繇、陳群之利，則余固未知其説也。比亦不足爲士君子出處之至戒乎！

鍾繇欲復肉刑，斬右趾，以生易死，而王朗以爲「律自有減死一等之法，不死即爲減」。後世雜犯死罪者皆當不死，古人恤刑而不免於濫，後世濫刑而猶可以恤，非後世智於古人也，積習既極而反爾。

王肅言「《周官》五日視朝」，當考。「漢宣帝使公卿五日一朝，成帝始置尚書五人，自是陵遲，朝禮遂闕，可復五日視朝之儀，使公卿尚書各以事進，廢禮復興，光宣聖緒」。按成帝既置尚書，簡闕親政，遂無視朝之禮，公卿不復進見三百餘年，可謂敝事，而兩漢諸臣未嘗一言及之，史亦不載，何也？肅去其時未遠，既正論指陳，就使不盡然【一七】，而視朝之廢固久矣。然則尚書爲天子私人，事歸臺閣，公卿充位，蓋有由來。至於人主不能親

【一七】使不盡然 「使」原作「死」，據文淵閣本、黄本改。

覽，臺閣遂成朝廷，古今之變，微而不自知也。然當時號治世者，未聞以不視朝爲失。後世人主之見群臣多矣，而其治亦不能有加於前世，何也？

肅言何晏、鄧颺等爲「弘恭、石顯之屬」。肅，大臣子，以學問自負，論事有稽據，立朝明始末，指晏輩爲恭、顯，亦其理也。肅既自守如此，則其出處不應草草。若以晏輩附從曹爽爲邪，而以身從司馬父子爲正，恐未可也。齊王見廢，肅以太常迎高貴公，是時司馬師篡事定矣，彼亦以爲是耶？甘露元年肅死【一八】，去高貴公見殺亦不遠，使肅再遇此事，未知又當如何。然則何其明於知爽而昧於師、昭？故自漢魏以來，不以廢興存亡之際考士，而信其自許爲正人者，余不知也。

《魏略》敘董遇、邯鄲淳、蘇林、樂詳等言，太學生千數，冬來春去，博士粗疏，弟子避役，無復學者。圜丘議下，郎官諸吏見在萬人，應書無幾，朝士四百餘人，能操筆者無十人。及劉靖亦云「高門子弟，恥非其倫，故無學者」。此論魏世儒學興廢，大概可見也【一九】。曹氏父子，上馬殺敵，下馬賦詩，自難語學爾。

魏有校事，吴有典校，近後世皇城邏者之任。程曉言：「上察宫廟，下攝衆司，官無局業，職無分限，隨意任情，惟心所適」，則誠與後世邏者同。至典校又糾摘文書，其干繫尤切矣。然吴、魏倉猝用之，不久尋廢，而後世乃以爲官常。豈曉所謂大臣恥於忿勢，含忍而不言，小人畏其鋒芒，鬱結而無告？蓋亦有言者而莫之能革也。

【一八】甘露元年　「元年」原脱，據文淵閣本、敬鄉本及《三國志·王肅傳》補。

【一九】「此論」至「可見也」十三字原脱，據文淵閣本、黄本補。

漢、魏之際匈奴、氐、羌皆居内地，兆於漢宣，成於魏武。昔秦人築長城以限拒胡，而漢武力戰，使之遠漠，不能爲寇，至孝宣因其衰弱，力反輔之塞内。而張既設策，一旦徙氐五萬餘落於扶風、天水，當時方以爲快，不以爲虞也。使魏稍傳世未亡，則諸胡之禍親自當之。孔子稱「人無遠慮，必有近憂」。夫慮無近遠而事有是非【二〇】，故出之不以正者，萬世之患也，豈止百年爲戒而已。

棗祗、任峻爲魏建屯田，後世祖其説，然未知時用不同。蓋曹操起事，廢罷錢布，專行穀帛，禄賜調度，無不由之。然則於民不耕之地，官置典農，春任其勞，秋獲其利，年豐業廣，百萬之衆足以自給，雖不待租税可也。後世化穀帛爲金錢，軍國諸費，絹米纔居十二，兵料下者日猶百錢【二一】。若以多錢之卒歲種二十畝，官收十斛米，以五而獲一，秕稗蓄藏，已輒塵腐，是以有用而就無用，而欲從祗、峻之遺策，可謂疏矣。此事當大有隱括，然後可議。

如黄霸、龔遂、任延、召信臣之流，兩漢名循良吏也，然止是治民一節爾。《杜畿傳》中乃有數節可看。其始空將一身，犯必死，任奇譎以得郡，而其後乃行之以寬惠，示之以教勸，待之以富庶，自無入有，由險至平，豈有講論之功哉！若幾及劉馥，蓋春秋以上人材不止如遷、固所稱也。後世材品益下，權數者，武猛者，生聚者，平易者，各自爲家，不相通而徒相誚，蓋陋矣。且漢末餘吏，曹氏所用，其變化屈伸之際，後人猶未能望其藩牆，奈何欲輕語三代事乎！

【二〇】慮無近遠　「無」原脱，據文淵閣本、黄本補。

【二一】日猶百錢　「日」原作「自」，據文淵閣本、黄本改。

杜恕峭峻特立之意，長者自達之言，於魏極少其比，雖兩漢人亦難之。今録其語切者：「實願四州之牧守，獨修務本之業，以堪四支之重」；「歷六代而考績之法不著，閲七聖而課試之文不垂」，「古人不患于念治之心不盡，患於自任之意不足」；「古之帝王所以能輔世長民者，莫不遠得百姓之懽心，近盡群臣之智力」；「陛下何不試變業而示之，彼豈執其所守以違聖意哉」。晁錯、蓋寛饒固無此論也。鍾繇、王朗老成練達，然其意自以爲如是止矣。年邁而志不新，人之通患，後生真可畏哉！

孫權十萬攻合肥，守者七千，旁無近援，固已不自保。而遼乃募士八百擊其未合，以至尾追，幾獲大醜。非操之智，無以使張遼，非遼之勇而明，亦不能自任也。勝負成敗，蓋誠以人，不在衆寡。士常如此，則立於積衰甘弱之地，爲預怯莫前之説以自附於哲者可察矣。魏文帝乃謂「古之召虎」，殊可笑，召虎却不如此。

曹操美徐晃「賊圍塹鹿角十重，吾用兵三十餘年，及所聞古之善用兵者【二二】，未有長驅徑入敵圍者」。以理勢而言，非徑入敵圍，固不能解圍全城，非於圍上破走救者，固不能得城全勝。然古今自非見救至逆遁，則皆畏敵不敢救，少有如關羽及晁之真以勇力相遇而決鬬者。客主單複之鬬殊，陸抗能知之，此羽之所以終屈，而觀者之所當思也。

孫權以五萬圍文聘於石陽甚急，聘堅守不動，權住二十餘日乃解去。《魏略》載云云，而論者乃云「此語與本傳反」，非也。《傳》固本諸《魏略》，但删簡煩辭耳，書傳中此

【二二】善用兵者　「者」原脱，據黄本、敬鄉本及《三國志·徐晃傳》補。

比不少也。然古人以智期人而又以自期，故縮於不敢而敢者勝。後人以愚期人而又以自期，故冒於所敢而不敢者敗爾。

魏武病，召曹彰未至而殁。彰謂曹植曰：「先王召我者，欲立汝也」。植曰：「不可，不見袁氏兄弟乎？」《魏略》此語雖未必實，然操於諸子，將擇才而與之，意不專在嫡。倉舒夭死，以文則植，以武則彰，使植稍以智承之，則得其處矣。故王通謂「君子哉思王！以天下讓而人莫之知」，亦非過論也。

陳思王讓德，余既發明《文中子》之論，然以植事始末驗之，謂植能讓，猶不爲知植。蓋能取然後能讓。植含毫弄筆，自喜目前而已，機數防慮，何嘗萌心！兄忌惡之不啻讎敵，猶自乞爲將，及入侍求死，不太迫乎？又謂「取齊非吕宗，分晉非姬姓」，「寒温燥濕，高下共之」。植不自疏，而不悟兄之不己親也，悲哉！然植雖天材縱逸，而筆勢汗漫，不幸早終，未及繩約以追古人，尤可痛也。

倉舒童孺而有仁人之心，痕舟稱象，爲世開智物理，蓋天稟耶。

彭城王據璽書：「《書》云：『惟聖罔念作狂，惟狂克念作聖。』古人垂誥乃至於此。」「常慮所以累德者，而去之，則德明矣；開心所以爲塞者而通之，則心夷矣；慎行所以爲尤者而修之，則行全矣。」此作詔者非能解釋義理，而言與理合，箋傳家不能及也。人不能常慮所以慮德而去之，開心所以爲塞而通之，何取於知學乎！

曹冏《六代論》遠推周、秦，近摭漢、魏，雖非確篤，而成敗得失有所依憑，行於末世，親疏相錯，十得四五。子建固奇材，恐考驗實未逮。如「墉基不可倉卒而成，威名不可一朝而立，皆爲之有漸，建之有素」等語，如饑人進一餐，勝絶食也。

傅嘏精識自命，謂「何平叔不念務本」，敗曹爽兄弟，是矣。至其爲司馬師謀，力疾勸行，又與昭還洛，繼世執政，終移魏柄。然則此嘏之所謂務本者歟？國命延促之際，士所去就，忠邪賢不肖分焉。過是而自號曰能，吾不信也。

「夫人之所欲，莫不有辭，況乃天王，莫之敢違」。「若必作之，故非臣下辭言所屈；若少留神，卓然回意，亦非臣下之所及」。因舉鍾離意，諫「王者豈憚一臣，蓋爲百姓也」。今臣曾不能少凝聖聽，不及意遠矣」。此陳群諫語，直而不回【二三】，切而不割，可從而不可怒，得大臣體矣。至子泰請誅賈充，謂「言有進於此，不知其次」，勇過晏子，不墜陳太丘家聲也。

陳登爲劉備所許，且以許汜所言，不但上下床之間，其品第甚高，而登又自言所敬於當世者有數，亦足以驗矣。然觀登指意，雖名助漢，實亦爲曹操驅使耳。豈是登疏遠不知耶？使其不一死盡見操所爲【二四】，將遂從之耶？絶之，則孔融、荀彧之禍至；從之，則登之生平喪矣。此亦不可不論也。

盧毓駁亡士妻白等死【二五】，引「未見君子」、「未廟見」及「附從輕」，曹操以爲「引經

【二三】直而不回　「回」原作「爲」，據文淵閣本、黄本改。

【二四】不一死　「一」黄本作「早」，文淵閣本作「不死」，存疑。

【二五】駁亡士妻白　「亡士」原脱，據《三國志·盧毓傳》補。

典有意，令孤歎息」。用此語求之，漢人引經之有意者少矣。所謂《春秋》之義繩臣下，大抵多無意之引也。豈不害生民乎？然操喜有意之經足以緩死【二六】，而不知自立無意之法爲殺生。孟子謂「雖得天下，不爲」，信非所以責操爾。

盧毓之語，有益世教，蓋爲善以致名，非無實之名，以才而爲善，非傷道之才，毓所謂「可以得常士」者是也。天下常士多而異人少，推行之，庶幾臯陶之意爾。魏、晉以後，選士之權多在吏部，至唐初猶然。後世宰相不過能行吏部之職，經遠之業盡廢，而以銓敘爲大功。至非其人，則用情敗俗，無所不至。夫一有司之不若，烏在其則爲王佐？宜乎責效愈卑也。

和洽貧，素賣田宅，而言「古之大教在通人情」，所謂不以格物者也。又言「勉而行之，必有疲悴」。疲悴二字，深得其要，故古人以利和義，不以義抑利。世道雖降，其行未嘗不過中，孰謂曹操建國能使大吏自挈壺餐乎？

按《高柔傳》稱「魏初三公無事，又希與朝政」，「三公止朝朔望。東漢雖事歸臺閣，三公猶爲宰相，至是但崇官稱而已。臺閣既未成朝廷，三公又非相職，其特命相者，往往多非人臣之事。數百年間，有君無臣，雖方夏幅裂，治化與古異，然天地之經安能久不正耶？

孫禮以伊、呂望司馬懿，而責其「社稷將危，天下匈匈」，當時議論趨舍蓋多如此。然

【二六】有意之經　「經」原在下句，據文淵閣本、黄本移正。

則助成懿之叛逆，殆天意耶！

辛毗言「湯、武以戰伐定天下，乃改正朔，孔子曰『行夏之時』，何必期於相反」。孔子以夏時爲正，而不言商、周之非，謂以戰伐而改正朔，前論亦無所見，蓋毗一時意之也。然上循五帝協時月正日，所以正天下諸侯，而未嘗自有改易，獨殷、周變之。毗，陋士，臆説固未必中，至於無益而祇爲異，則學孔子者闕之可也。

楊阜論袁、曹勝敗，曰「袁公寬而不斷，好謀而少決」。「曹公決機無疑，法一而兵精，能用度外之人，所任各盡其力」。昔商鞅教秦孝公，申不害相韓昭侯，行果敢睚眥之術，彼世有國而自用之，干進者固應然。而秦、漢以後皆施之於賈豎，盜賊崛起，然亦未嘗不驗，豈古人叢敺網漏之道遂已亡滅耶【二七】？末世所謂度内者，皆愚儒也；所謂度外者，皆群不逞也。安得度内而非愚，度外而非不逞也，謂操能用度外之人，此自阜輩所見爾。

凌霄闕始構，鵲巢其上，高堂隆曰：「『惟鵲有巢，惟鳩居之』。今興宫室，起凌霄，而鵲巢之，此宫室未成，身不得居之象也。天意若曰，宫室未成，將有他姓制御之。」今詳《詩》義，鵲巢而鳩居，非有惡於鵲，非有愛於鳩也。鳩以均一之德，《詩》所發興，至其材拙不營而奪非其有，豈復取之哉？鳥巢於高，物理之常，何遂怪歟！然時主心有所疑而問，隆即事爲象而言，如契之合，券之同，無其義而有其應，何也？雖然，物釁以顯，而理不正

【二七】「崛起」至「道遂」原顛亂於次行，據文淵閣本、黄本改正。

以通，此亡國昏主之大患，諫者所不能回，可歎爾！

隆又言：「黄初之際，天兆其戒，異類之鳥，育長燕巢，口爪胸赤，此魏室之大異」。昔《五子之歌》獨以道鑒亡，而周人之興乃兼言符瑞。若曹操之猜雄阻逆竊非其有，殘民不已，天下爲墟，久近之卜亦可算矣，無以異物爲也。恐隆引類告君，不得不爾。

魏明帝不能從楊阜、高堂隆之諫，節減宫室，而欲傳蘇林、秦静之業，課試學者，緩其實而急其華，漢武帝誤之也，孝宣親見其害，尚欲修武帝故事，況後人乎！

按《滿寵傳》，陸遜向廬江，寵言「賊捨船二百里來，後尾空縣」。又言「合肥城南臨江湖，北遠壽春，乃移西三十里，依險而引賊平地」。又言「權遣兵數千家佃於江北」。蓋吴、魏相拒，吴常以能蹂躪江北爲守，而魏不能以跨越江南爲戰。後世守江者畫江内而守之，每患退走。此非奇計秘謀，當與衆共之，使知戰守所宜處。不然，雖江水不爲險矣。

王基進據南頓，稱「議者多欲將軍持重，將軍持重是也，停軍不進非也。持重非不行之謂也，進而不可犯耳」。世人多以淹止自保替過「持重」二字，基如此，析言之甚善，不特爲言兵者解惑，且以重爲進，則前茅慮無，中權後勁，百官象物而動，軍政不戒而備，投袂而起，猶可有功，雖非古人仁義之師，庶乎黷而不挫矣。而基始則能倡議獨進，安坐莫摇；終則能持勝全歸，不求深入，勇怯各當，動静以時。基亦儒生，非武將也。觀者自當斟酌。

王淩子廣論何晏【二八】、丁、畢【二九】、桓、鄧：「所存雖高，事不下接」；同日斬戮，名士減半而百姓莫哀。及「懿情雖難量，事未有逆」；「廣樹勝己，擢用賢能」等語，裴松之以爲「前史不載，皆習鑿齒自造」。前史載與不載不必問，然此乃魏晉人議論兩黨根柢，非虚言也。蓋夏侯玄、何晏以器韻玄遠爲一時表則，士之神雋朗邁者爭宗之，其老成重樸有局幹者，皆所不悦。此司馬懿所以能乘機取魏柄，俗人甘心爲之役而不悟。然雖能取魏，而晏、玄之標度風流已不可掩抑，所以晉人終於成俗，而向之不悦者久亦消折，後生遂靡然矣。余觀三代之後，道德喪壞而義利不並立，雖孔、顔、孟軻不容有晉、楚之位，況晏、玄挾高名而競厚利，自無全理。又王淩方欲廢見主，立藩侯，其去叛逆幾何？此借懿父子之兵而資其食，堅衆人之用而成其篡也，悲夫！

毌丘儉、諸葛誕亦善夏侯玄、鄧颺等，儉廢司馬師之辭，猶謂懿有大功而昭賢，欲昭代師，雖非實語，然可見當時中外人情，未以懿父子爲決取魏也。

鄧艾開渠溉田積穀，且通運漕，其策可取【三〇】。然謂四萬人耕，計除衆費，歲完五百萬斛，而以三千萬斛爲十萬衆五年食。以今約之，則收少而食多，未知當時調度如何。然作田計夫，軍食計口，古今所同，決不能一夫耕百畝而食六十斛也。

華佗、管輅等《傳》雖規倣太史公，至敍載指實而奇態自生，往往遷不能逮。所謂「辨而不華，質而不俚」，以上當更有事也。遷書號世子、趙無恤，怪甚。

【二八】王淩　「淩」原作「陵」，據黄本及《三國志》本傳改。下同。

【二九】丁畢　「丁畢」原作「子畢」，據文淵閣本、黄本改。

【三〇】其策可取　「取」原作「攻」，據文淵閣本、黄本改。

以漢高滅秦、項之威，而匈奴項領令圍平城。光武百戰百克，遂定海内，而盧芳連胡擾邊，終其身不能屈。烏丸、蹋頓之暴，不減前世，曹操親伐，一戰斬之，徙其部落，遂爲名騎，所向有功，何其壯也！自古立國，德義爲難，而以武勝者多矣。若夫德義不足而又羞武事，十世淪胥，坐視天下變爲左衽，學者當諱而不當法也。

陳壽載東夷，援前史，皆以六畜名官，有馬加、牛加、豬加、狗加、犬使。因思前世雲紀火紀，至以鳥名官，蓋上者神靈，下者鄙野，故未嘗酌人道之中。而郯子乃以爲不紀遠，而以民事則不能之故，恐亦未然。《左氏》但言仲尼見而學之，蓋以備異聞而未暇辨其是非也。

# 卷二十八

## 吳志

方漢帝在長安，王允破敗，而李傕、郭汜等更相劫質，關東視人主如土梗，未有知天下之勢所歸者。獨荀彧以此勸曹操，遂於兵少地狹之時首執其柄。雖操雄詐過人，然亦有以得之矣。此外惟田豐、劉備、諸葛亮、孫策爾。備徒有其意，就復萬一僥倖，何所能爲？如策勁果明達，又已有事力，使不死而究其志，未可量也。然則所謂深慮知化之士，要自不多有，古今所同也。

尹吉甫雖有《江漢》之詩，而周人無征伐之實。吳、越但内爭三江五湖之利爾。楚滅越【一】，秦滅楚，江東尋即散壞，以至項羽之亡，兩漢之興，皆未有以長江爲險者。及孫氏初割據【二】，曹操猶未與之競逐，既敗赤壁，建安十八年始攻濡須，相繼十餘年，魏凡五至江濱。魏文帝見波濤洶湧，歎曰：「嗟乎！固天所以限南北也。」遂歸，自是南北之論遂立。大抵楚熊開拓荆蠻，而孫權疏理揚越【三】，江東浸成家計。魏因而力爭，乃以不得逾越爲恨，天固未嘗特爲南北作限，而亦非前代之所難取也。故孫策謂「舉江東之衆，決機

### 校勘記

【一】楚滅越　「滅」原作「威」，據文淵閣本、黄本改。

【二】及孫氏　「及」原作「紀」，據文淵閣本、黄本改。

【三】揚越　「揚」原作「楊」，據文淵閣本、黄本改。

於兩陣之間，與天下爭衡，權不如我。舉賢任能，各盡其心以保江東，我不如權」。然則雖策亦不以江東自足，蓋借爲進取之資爾。孰謂六代、南唐皆局於此乎？《吴録》又言：「孫韶遣高壽率敢死士五百人，於徑路夜要魏文帝，帝大驚，得其副車羽蓋而還。」正與微虎事同。近歲滕宬偶建策，而聞者怒甚，以爲激虜而敗和議，然亦不足怪也。

孫權以黄龍元年即真，魏明帝三四年，距策初得江東三十餘年矣。以權之能自守，衆人盡力輔之，患難百罹，方稱大號，夫豈不急，勢未可也。而袁術、袁紹未有髣髴，遽自尊崇以亡其族。實力之與虚意相去懸絶如此，謀臣算士不可不知。

孫權用萬人報聘遼東，舉朝以爲不可，權之謬不待論矣。余獨怪權以區區江東違衆心，行失策若此，而猶無與於興亡之數。後世或以天下之大行之，一跌而遂不可復，何也？雖然，亦幸公孫淵即改計，不過爲笑一時爾。如再三牽綴未已，權意盛，竭國從之，張昭輩皆當見殺，真速亡矣。

按權遣軍十萬作棠邑，涂塘以淹北道，是時塘外皆敵境故也。若棄淮不敢守，於己腹内瀦水自淹，而日踵昔人之已行，此余所不能知也。

李衡妻習氏不聽衡治生，嘗稱太史公「江陵千樹橘，當封君家」，曰：人患無德義，不患不富貴，若貴而能貧，方好耳，用此何爲？秦、漢以後載婦人女子之賢者，多不可信。此語而果可信，雖《羔羊》，何以尚兹！

孫休即位，始欲「按古置學官，立五經博士」，於是江東無學久矣。又言「州郡吏民及諸營兵皆浮船長江，賈作上下，良田漸廢，見穀日少」。當孫權時，上下力耕，與戰相須，兵可常用，是以賈少而農多，非真能務本也。古人得百里之地便爲不拔基業。三國各方數千里，但汲汲以殺人爲事，不能一朝安。如此等詔令，數十年纔一二見耳。以古法準之，雖欲久存，可得乎？

孫休武后劉龑別制名字，爲世所嗤，固無足論者。然自伏犧至堯、舜，文字皆已一成不變，後世無復加損矣。凡物號事名，亘天極地，無不皆然，此人爲之耶？天設之耶？莫知其然而然耶？學者乃謂伏犧始畫八卦，造書契以代結繩之政，由是文籍生焉，恐未可據也。

會稽功曹邵疇自殺置辭，有「天下重器，匹夫橫議，含垢藏疾，不彰翰筆，鎮躁歸靜，使之自息」等語，皆未易及。若果疇之言而殺身以明，將輕用其死，近乎匹夫匹婦之爲諒者，豈所謂梁王墮馬，賈誼自傷，殉人之義固應爾耶？

或勸劉繇可以太史慈爲大將軍，繇曰：「我若用子義，許子將不當笑我耶？」但使偵視輕重而已。由後人言之，必謂許邵風流自命，敗壞事功【四】，爲此不切情實之論。然當時所謂三君、八俊之儔，無不品局並濟，幹雅兼遂者，皆雍容鎮服於上，而後進雁行奔走於下，未有不肖惡子輒厠其間也。劉備言「孔北海乃復知天下有劉備耶」！然則漢中世人

【四】敗壞事功　「敗」原作「殿」，據文淵閣本、黄本改。

物可以想見。學者自當深識。

孫權自作書疏數處，其《與孫皎書》頗有文義可觀。既知其能以謹細寬綽包受粗武之爲難，又涉歷經傳，有益世用，所以勸吕蒙讀書，不虛語也。曹操、劉備皆能道語言。操險薄著於詞章無可録，備與禪書，稱「勉之勉之，勿以惡小而爲之，勿以善小而不爲，汝與丞相從事，事之如父」。其自云「周旋陳元方、鄭康成間，論治道多矣」。當亦有味其言之也。

諸孫多材武，與策、權共起，曹、劉蓋孤弱矣。興亡以道，不在其宗。曹氏以爽亡，孫以峻、綝敗【五】。

張昭誦「君子之事上」章，一時咸以爲得所誦。然如嚴俊止誦「仲尼居」，則誠昭所謂鄙生者。若昭之所誦，要使其君知，凡爲人臣者，進退開説之際，皆當盡忠補過，順美匡惡，不徒燕談閑語，泛論平生，以是致爲臣之義可也。若真欲盡忠補過，順美匡惡，則亦非此所能盡。何不讚其有「至德要道以順天下，民用和睦，上下無怨」，其於盡忠將順，何以過此？恐昭之君臣亦未能當爾。

古人以用材爲難，故曰「在知人」，曰「聿求」，曰「籲俊」，曰「旁招」【六】。至季世始以材得自用爲難。《烝民》所誦仲山甫，漢蕭、張、邴、魏近之矣。陳壽稱孫權不及孫策，不能相張昭，謂「顧雍依仗素業而將之智局，故能究極榮位」。如雍始終無玷，國人上下所

【五】峻綝敗　「峻」原作「俊」，據文淵閣本、黄本改。

【六】旁招　「招」原作「昭」，據文淵閣本、黄本改。

同敬，而壽之論不盡其美，蓋亦有所見，非偶然者，正以其自用之也。自是以後號爲一世大臣，當時所貴，後人所尊，大抵多雍之流，皆人材之所以自用，而人主用材之道不復見矣。此意甚長，要當細考。

孫權論魏明帝選用忠良，寬刑罰，布恩惠，薄賦省役，以爲是衰證，非隆興之漸。由今觀之，正坐不能如陸遜所言爾。權以此爲不足以致興隆，未知權所謂興隆者竟何在？享國久近，在其人之心量廣狹。權有地數千里，立國數十年，以力戰爲强，以獨任爲能，殘民以逞，終無毫髮愛利之意，身死而其後不復振，操術使之然也。

張紘臨死語：「人情憚難而趨易，好同而惡異，與治道相反。」夫習於難易，流於異同，而不計其治亂，固人情之同患。然治之所在實難少而易多，同衆而異寡。亂之所生，常冒行其所難，故犯其所異。若止以不憚難，不惡異爲合治道，此特言治之粗者。故伊尹教太甲，「有言逆於汝心，必求諸道；有言遜於汝志【七】，必求諸非道」。雖非上哲，而志之順逆【八】，必與道之是非對立，故人之所謂難者不知其難，所謂異者不知其異。以太甲之不明而終能思庸，無禹、湯之德而致禹、湯之治者，由伊尹言之精也。

曹操乘荆州之捷，徑取孫權，此常人之所畏爾。稍有意慮，便自知不然，況周瑜、魯肅輩乎！李佐車勸韓信按甲以服燕，操亦非不曉，而急於席卷，遂墜策士之所諱。是事古今同律，何止一赤壁也！然張悌決板橋之戰，亦與赤壁何遠？而吴竟以滅。蓋興亡自

【七】有言遜於汝志　「言遜」原作「遜言」，據文淵閣本、黄本及《尚書·太甲下》乙正。

【八】而志之順逆　「而」原脱，據文淵閣本、黄本補。

有象，操雖强，而孫氏立國之初，忠智畢力，大勢既定，實不可以虛聲下。至晉兵將雖不如曹，而吴亡形已成，悌所謂「無愚智皆知之」，其奮於一戰者，不過欲與之同死耳。此所以決策同而成敗異也。

孫權臨稱尊號，謂人「昔魯子敬嘗道此，可謂明於事勢矣」。戰國以後，浮薄之士妄稱非冀以干時，偶成忽敗，蓋無所不有，惟其實可以造事者，彼固未嘗輕言，而此亦不敢輕聽。肅之於權，其驗乃在數十年之後，如諸葛亮答劉備，止論形勢大要，初不言當何所至。豈孔子所謂「古者言之不出，恥躬之不逮」歟？然則如張昭之無言，權自不當責也。

孫權與吕蒙論讀書，及光武、曹孟德事，並魯肅言蒙進學之益，學者當詳看。若光武，庶幾能讀書者。權及曹操未可言能讀書也。權又謂「不當治經爲博士」。使博士中無此，則經當有兩説，不然，則博士之説可廢歟！

虞翻東國俊才，宦仕州郡【九】，上不及預天下廢興之義，下不能爲一身榮辱之防，虛效忠勤，輕招放廢【一〇】，惜哉！惜哉！曾不得比顧雍、諸葛瑾之倫也。虞聳抽引人物，務在幽隱孤陋之中，亦用意至到之一節。其言「所譽依已成，所毀依已敗」，後世則又不然，嫉其已成而設毁以敗之，皆是也。

張温文識功用雖無傳於後，觀顧雍、張昭、諸葛亮等所推與，可謂顔出孔門，參、賜同譽，賈登漢室，絳、灌不讒也。自古負不世之材，或爲人主所知，而其下共排笮之使不得志

【九】宦仕　「宦」原作「官」，據文淵閣本、黄本改。

【一〇】放廢　原作「廢放」，據文淵閣本、黄本改。

者有矣。未有舉朝所服，上下交願，而人主反加忌惡，羅致其罪而瀕於死亡也。此但孫權自度已不足以用，又從而傾之爾，於温何損？而注載虞俊，謂其「材多智少，華而不實，有覆家之禍，吾見其兆」，豈其然乎？駱統疏字字可考，真使人三歎息也。

駱統區區獨知以民爲重，安得長者之言。

昆陽以後官渡，周瑜、關羽、陸遜皆大戰也。劉備平生拙於用兵，舉無不敗，乃專師獨將以嬰吴人方盛之鋒，自無得勝之理。然素有雄名，而遜晚出，陳壽所謂「摧而克之，罔不如志」，蓋亦難事也。按《遜傳》「督五萬人拒備」，《備傳》不言幾人【一一】，要須倍之。《魏書》云四萬人，恐不然。備既不能取夷陵，順流破竹，而斜側傍入，緣山列險，衆無所施，名爲五六百里，實不過數十里耳。魏文帝笑「備不曉兵，豈有七百里營可以拒敵」。使貞能連七百里，已至江陵矣。況此非拒敵，如據其要害，雖苞原隰險阻，亦無何所忌乎？

陸抗討步闡，「軍營更築嚴圍，自赤谿至故市，内以圍闡，外以禦寇，晝夜催切，如敵已至」。余於徐晃解樊圍事已互見之。蓋智勇相遇，各盡其力，不恃敵之不敢救，一旦遁退，如諸葛恪自取喪敗也。抗又言「德均則衆勝寡，力侔則安制危」。「庶政陵遲，黎民未乂，而議者徒以長川峻山限帶封域，此乃書傳之末事，非智者之所先也」。善哉，與司馬穰侯、吴起合矣！陸氏信才父子也。

【一一】備傳不言　「備傳」原作「記」，據文淵閣本改。

孫登德兼於能，知人則哲，深達治要，臨歿一疏，不論三代以前、三代以後，世子藩王之賢，少有及者，同時曹子桓、子建何足道哉！　然孫權暮年，驕惰猜險，禍成骨肉，登亦幸而早死，未知父子之愛竟能始終否。

《賀齊傳》甚奇偉！　江東之有山越，無異夷蠻，蓋秦、漢所不得盡治。　孫氏既以吳、越起事【一二】，搜剔制服，數十年間遂成平土矣。　今湖南尚有峒民，而世無齊輩勇決，誤摇手動足輒爲大患。　雖非先王論治所尚，然以彼視此，猶有可言，而後世因諱之不敢道，如齊者殆不可及也。

吳範占驗存亡興廢，無不審中，使如其言，無用人事矣。　將天定而人從耶？　將人爲而天合耶？　將如物之形立而影隨耶？　自堯、舜、三代以道制命，以德祈天【一三】，而禎祥數術猶未嘗不行乎其間。　獨未知秦、漢之後或有聖賢事功者，其天道先具又當如何爾。

諸葛恪先討山越，後築東興，功效不可掩矣。　然推此而遂欲施於天下大計，則覆宗廢主，傾尋其國，曾不旋踵者。　天下之計，自有定形，不因事而就。　恪智小不足以知之，慮近謀遠，勢當然爾。　然當時議論，徒能毁其已敗，則亦無所取。

王蕃、樓玄、賀邵、韋昭、華覈，吳之將亡，孫皓酷暴，尚有此人。　孔子稱「殷有三仁」，殷聖賢數十世之天下【一四】，其亡有此仁人，固其宜也，悲夫！

【一二】吳越起事　「起」原脱，據文淵閣本、黃本補。

【一三】以德祈天　「祈」原作「其」，據黃本、敬鄉本改。

【一四】殷聖賢　「殷」原作「因」，據文淵閣本、黃本改。

## 蜀志

劉表當亂世，雍容文義，自保一方，比於袁、曹之殘民，不猶愈乎【一五】？劉璋雖闇懦，然國富民盛，守之以恩，無所得罪也。而縱横之士韓嵩、張松之徒各思自逞，不以其上爲可安，必欲與之偕亡而後已。利口覆邦家，真可惡哉！

劉備頗知天下大計所在，但初起時名位微淺，不及諸人。當盟會之際【一六】，既後起，智勇短劣【一七】，不能折群雄勝敗之衝。安有一二十年進取無成，栖栖寄托，而猶欲就功名者？所以自負，惟有謀誅曹操一事，始終賴此，僅立一隅。大抵雖匹夫特起，未有無楨幹而可偶然立事者。如荆、益固容身之地，然圖之無名，極覺勉强，其誅不武，其克不令，諸葛亮、龐統以此自見，不如袖手寂寞，終無所爲也。

陳壽言「及其舉國托孤於諸葛亮而心神無二，誠君臣之至公，古今之盛軌」，道得出，司馬遷不能過也。

周衰，聖賢不作，管仲相齊，成匡濟之業，《春秋》二百餘年載之。余考次仲事，與王道未有以異，而處士權謀用爲首稱。諸葛亮治蜀，雖不能復漢，然千歲間炳如丹青。余摭亮所行實用霸政，而論者乃以爲幾於王道。蓋古今之世不同，而人心見識亦隨以變也。

劉備與關羽、張飛、糜竺、簡雍流轉南北，自壯至老，殆絶資身之策，而亮教以取荆、

【一五】不猶愈乎　「乎」原脱，據文淵閣本、黄本補。

【一六】不及諸人當盟會　「諸人當」原作「當諸人」，據黄本、敬鄉本乙正。

【一七】智勇短劣　「勇」原誤在下句，據文淵閣本、黄本移正。

益，然後卒成三分。荆、益雖可取，然假力於孫權，則借貸督索；會盟於劉璋，則欺侮攘奪。計亮之始終，存心行事，不宜有此，而號其名曰興漢，則可悲也。故余以爲君子之於天下，必使之無一不正而後從之其君，自伊、吕不興而管、樂亡，無復可爲之時矣。

司馬德操謂「儒生俗士，豈識時務，識時務者，在乎俊傑」。方公孫衍、張儀開闔動摇，天下聽命，而孟子以爲妾婦之道，則極一世之智計而不足以當儒者之隱約。東漢士貴風操【一八】，家尚經學，亦既知義矣。然而勁勇林起，豪俠雲萃，而先生大人不足以鎮之，散亂馳突，鬬成末世之禍。於是揣時變者負算略，語世事者極縱横，而儒生稽古以俗士廢焉。德操所謂俊傑【一九】，幸有亮在，然猶未免於縱横。若他人不足以語亮者，法正之流勿數可也。

余嘗論漢高無所能，而蕭何與之以天下。今觀諸葛亮之於劉備亦然。若光武、曹操、劉裕、唐太宗皆身自取，其臣助之而已。然漢高猶是大勢已成，何之與爲易。備漂流二十年，未嘗得尺寸，亮鑿空斡取，以無爲有，比於蕭何，其事倍難。至於始終任責，習坎心亨而行不尚，以古人之資而用後世策士之術，理不兩立所以盡力而少功也。

眉山蘇氏言：「《出師表》簡而盡，直而不肆，與《伊訓》、《説命》表裏。亮謀取益州，日月之食也，至是則人皆仰之，不復論前事矣」。蘇氏言之雖過，然大指亦近之。

亮自備死，閉關不出，五年一出而不可敵，何也？一出而敗，則其後錯落不復振，乃

【一八】東漢士貴　「漢」原作「都」，「貴」原作「習」，據文淵閣本、黄本改。

【一九】德操　「德」原脱，據文淵閣本、黄本補。

理之必至矣。湯、文王百里而有天下，孰謂益州之大不可以取？患不行湯、文王之道耳。亮區區信賞必罰，朝種暮穫，雖號治辨，而魏亦不至於亂，則安得以一隅之地而收克復之勳？如用魏延、楊儀，尚自不保其後，是亦與魏何以相過？非所謂以百而取一也。「臣死之日，不使内有餘帛，外有贏財，以負陛下」，及卒，如其所言，其小心克畏與蕭何同，此所以能服一世也。然以上當更有事。

《亮集》，荀勗、和嶠令陳壽所定。亮之言，魏、晉之人所不欲聞也，然且存之而不敢没，非亮至誠，孰能使之？壽又言「大晉光明至德，澤被無疆」，誠然。其好善忘讎，自是晉武及舉朝盛事，故其後雖亂而尚延也。

壽評亮文集古語中讚述亮美，皆當時親見實事【二〇】，所謂「經事綜物，公誠之心形於文墨」是也。至後世浮稱泛指，失之矣。嗟夫！三代之下道遠世降，本王心行霸政，以儒道挾權術，爲申、商、韓非而不自覺，以亮始末考之，歷歷可見。所以使其功烈不能究者，皆末俗餘論誤之也。余故諄諄具之。然則學者至是，更須自拔乃可爾【二一】。

「徽採桑於樹上坐，統在樹下共，語自晝至夜。徽甚異之」。徽行懿筐之間，乃有王霸之略，足以樂而無憂。然則貧賤誠不能爲士累也。唐人謂「開筵面場圃，舉酒話桑麻」，正是本色，韻勝者閑吟而已。

劉備言「每與曹操反，事乃可成」，此未必當時真語。然以詐取劉璋者，備之所不安

【二〇】親見實事　「見實」原作「實見」，據文淵閣本、黄本乙正。

【二一】更須自拔　「更須」原作「須更」，據文淵閣本、黄本乙正。

也。備周旋陳元方、鄭康成，群儒授記，其説寬緩。而諸葛亮、龐統定計數於前，必成敗於後，司馬德操所謂識時務者歟！恐如此俊傑比之古人，更當吉蠲以薦明德。

觀璋之所以失，備之所以得，事之成敗，真有計也。法正既與備以益州，又爲之圖取漢中，其「策淵、郃才略，不勝國之將帥」，乃審其必成而動，非苟好謀者。正忽死，則智算已隱而備之業止矣。如諸葛亮所謂「鞠躬盡瘁，死而後已，至於成敗利鈍，非臣之明所能逆覩」，此全不是議論。湯、武之仁義，伊、周輔之，自知必勝桀、紂之暴虐，百全而不失。後世無德，專用計數，李斯、張良以有勝無，亦百全而不失也。使成敗利鈍果不能逆覩【一二二】，但欲以身死爲恭，則何用勞師殘民爲？此不可必之舉，高不足爲仁而下不足爲智。況三代之君臣未嘗有此法乎？

許靖以汝南勝士著名，既嘗預漢謀議，及其流播無所，苟容其身者則臣役之，晚歲遂有翻成見薄之事。然則如荀彧之出處，殆未可以輕責也。法正薄夫，乃知靖爲當敬，發悟劉備用賢之機，諸葛亮之親厚正有以哉！

諸葛亮不以英特表群物，而以懇惻來衆智，參署之旨，敝屩珠玉之喻，誠有味之言也。用人固難，而爲人用者亦未易。末世材質委喪，萬人一律，以横論爲昌言，以膚説爲忠慮，而欲求亮虚受之益，吾見其多聽而終少成也。

廖立言「關羽怙恃勇力，作軍無法，直以意突」【一二三】，豈得不爲中羽之病？亮正以

【一二二】果不能逆　「逆」原作「力」，據文淵閣本、黄本改。

【一二三】直以意突　「意突」原作「笑」，據文淵閣本、黄本改。

其攬事廢之爾。至李平，則法當廢矣，罪功輕重曲折甚多，上世未嘗以此爲宰物之盛節，亦霸政之餘務耳。習鑿齒論甚淺，未能究其義也。

每念亮纔死，魏延、楊儀便敗國事。自戰國、秦、漢以後，爲一勝一負之兵，雖盡得天下，皆以幸劫不幸耳。獨亮欲節制而後用之，然亦止能及其身。武王既殁，三監、淮夷叛民猶罔不反，曰艱大，而況亮乎！

「代漢者當塗高」，是何語？漢光武嘗以問公孫述，謂「君豈高之身」？杜瓊乃以魏當塗而高，取類而言，復是何類？又謂「始自漢名官言曹，司馬當復何義」？譙周又言「衆而大，期之會，具而授，若何復」？天下會於晉，豈會於魏乎？《詩》云：「皇矣上帝，臨下有赫，監觀四方，求民之莫。維此二國，其政不獲。維彼四國，爰究爰度。上帝耆之，憎其弌廓。乃眷西顧，此惟與宅。」漢末諂附王莽者，始有讖緯先定之説，光武尊之甚於經典。班固父子希世論載，而後世以能摧析配合者爲精微，然則人才何由不陋乎？

孫盛論譙周畫降事，特可録。余觀諸葛亮奮惰媮之習，厲其衆而用之，戎車屢動，邦域不聳，至於一隅而抗天下，理猶未盡，比公孫述相去幾何？而費禕、譙周之流肆愚儒之腐説，逮其傾滅，禍實由此。然則秦、楚之自强，燕、齊之必復，其立國遠者數百十年，當時謀臣碩相，基事保業，要亦未易可輕也。彼實無箕子、周公之德者，不過爲譙周而已。以陳壽史考之，蔣琬、費禕略能繼諸葛亮，而於姜維亦無貶詞。然維與諸葛恪所以敗亡，則皆用亮意也。勤兵無名，勢自當傾。亮本謂益州，漢高祖資以成帝業，然高祖資蜀，纔數年爾。今以曠世累積之久，興無效未已之師，隙開於内，釁起於外，則君無桀、紂之暴，而國被覆滅之禍矣。惜亮之講亦有未至者也。

楊戲《輔臣贊》言諸葛亮「賢愚競心，僉亡其身」，張裔亦云，又《楊洪傳》亦然。蜀人之所以戴亮者，此一事尤著。及廖立、李平所以垂泣至死，亦皆此意也。古之稱官人者，舜、周公而已。秦、漢以後方有諸葛孔明，然義利之際，更當詳處。若其義不深，其效不遠，尺寸之能，竭命盡力，以用爲重，使後之所見者止於是，則材薄而功陋矣。

陳壽筆高處逼司馬遷，方之班固，但少文義緣飾爾，要終勝固也。近世有謂《三國志》當更修定者，蓋見《注》所載尚有諸書，不知壽已盡取而爲書矣。注之所載，皆壽書之棄餘也。士誦讀不詳，輕立議論，誤後生見聞，最害事。

# 卷二十九

## 晉書帝紀

史稱魏武辟帝，帝知漢運方微，不欲屈節曹氏，辭以風痺不能起居。魏武使夜刺之【一】，堅卧不動，再辟，勑使收之，懼而就職。及曬書殺婢事。按懿是時齒少名微【二】，豈爲異日雄豪之地，而曹操遽憚之至此？且言「不欲屈節曹氏」，尤非其實，史臣乃當時佞諛者，意在夸其素美而無辭以述，亦可笑也。

諸葛恪屯皖，懿將攻之。議者以「賊據堅城積穀，欲引致官兵，今懸軍遠攻，其救必至」。按吴晝江而守，魏人尚憂其越險致師。近世乃委淮與敵，自有城堡，亦預棄。雖古今之變，勇怯不同，亦由謀國者未嘗考論故也。

曹操盜漢三世四十年，諸將未有擅兵於外者，蓋人主自執其權也。懿累立大功，位極將相，年垂七十，欲取其兵柄而不能，忽值齊王童幼，爽、羲子弟，晏、颺文吏，皆莫以爲意，故懿父子得募兵於外【三】，以逆行之，然亦可謂危矣。使晏等有一人知出於此，第不至棄軍遊蕩，懿父子何由肆其志，正與吕須事同矣。然則虚談無據，遠於事情，豈非自昔書生

校勘記

【一】夜刺之　「刺」原作「制」，據黄本、《晉書・宣帝紀》改。

【二】名微　「名」原作「年」，據文淵閣本、黄本改。

【三】募兵於外　「兵」原脱，據黄本、敬鄉本補。

之戒也哉！

晉武禪代爲陳留郡王之詞，稱「粤在魏室，仍世多故，幾放顛墜，實賴有晉匡拯之德，用獲保厥肆祀，弘濟於艱難，此則晉之有大造於魏也」。按桓玄已篡晉，而劉裕起細微誅玄，復存晉名號，故恭帝云：「重爲劉公所延，將二十載，今日之事，本所甘心。」魏未嘗有内外之難，司馬懿受遺作相，一朝劫奪，弑二君，夷滅王凌、毋丘儉、諸葛誕等，皆决潰魏人膏肓，做自家計。以此反稱有大造於魏，舉一世之亂臣賊子，公肆誣罔【四】，是真以天爲可欺歟？「非我小國敢弋殷命」，何太懸遠耶？

秦漢之後，人主自非卓然英明，身握大柄，然猶亡徵亂本，相尋如髮。其餘平世守文之君，往往以小善蓋其大惡者多矣。如晉武寬雅平恕，未爲失君道也。不幸佞后、昏子、孽婦相與參會【五】，禍如魚爛，不可救拯，是殆有天意歟！而何曾乃謂：「上晏見惟説平生常事，不及經國遠圖，殁身而已，後嗣其殆，世因以爲知言。未知曾所謂「經國遠圖」，又將安在哉！

周幽以昏虐致夷狄滅宗之禍，惠帝所遭，略相似矣。然惠帝昏而不虐，夷狄之禍非其所自致。蓋戰國、秦、漢五六百年窮兵開邊，惟御不以道，至是横流偶承其會爾。

干寶《晉史》，名善議論，言「天下大器，群生重畜，愛惡利害攻奪，若積水燎火【六】，未嘗暫静」。此語亦爲見事機者。考於載籍，惟五帝相承治天下，周之先世治其國，用一

【四】公肆誣罔　「誣罔」原作「無妄」，據文淵閣本、黄本改。

【五】相與參會　「與參」原作「參與」，據文淵閣本、黄本乙正。

【六】積水燎火　「燎」原作「煉」，據文淵閣本、黄本改。

道，守一説，民生其時，安樂長久，故勢雖不暫静，而静之以人。然施之晉事，却爲迂濶無用之語【七】。且後世駁雜，粗相羈縶，姑復弭定，何暇遠登帝王耶！按晉武末年憂惠帝恃皇孫，慮賈后，懲創魏氏，尊任宗室，付授乖謬，開路殺戮，轉側數四，而盜賊敵國乘之，此禍亂之要也。譬如無病壯實之人既服毒藥，自當致死，所以猶未盡亡滅者，帝業寬厚，未至得罪於民爾。而實以爲禮法、刑政、民風、國勢皆已大壞於武帝之世。使武帝之世果以大壞，則晉之餘號安得尚存？斯蓋計數之失，非體統之罪也。

元帝鎮建鄴十餘年，遂躋位號。若論昔之君臣相與鋤荒剗穢，創立基本，就令簡陋，亦當微有規度可循，不應數年便已大亂。蓋初倚王敦共濟艱難，而王導本一家弟兄，意無同異【八】，但不反爾。止於趨和目前，何嘗却慮身後？所以未能有成而遽破壞至此，迄東晉之亡，無復寧歲。時人方謂江左有管夷吾，真尚名之弊也。

史譏元帝「元戎屢動，不出江畿【九】，經略區區，僅全吴楚」。晉人之患如逆風行舟，風不息，舟不止，雖破浪反風，功如劉裕，亦無止泊處，而況於元帝乎！其得免覆溺幸矣，何忍誚之哉！

明帝改荆湘以分上流之勢，蘇峻之難復以並陶侃。昔孫權既得荆州則都武昌，至孫皓猶然，所以鎮壓上遊也。坐受下流，制命强藩，召侮甚多，成功甚少。王導謂「仲謀、玄德俱稱王者之宅」，徒虚言耳。蓋晉君非幼則弱，不復知爲國家計，其勢然也。

【七】「然施」至「之語」十三字原脱，據文淵閣本、黄本補。

【八】意無同異　「意」原脱，據文淵閣本、黄本補。

【九】不出江畿　「不」原脱，據文淵閣本、黄本補。

升平三年，王公以下十三户借一人一年助運，此言運致敵境也。咸安元年權停一年運【一〇】。此言運致京邑也。不知晉運法如何？觀此雖曰勞弊，然尚有蘇息之時。近世國内漕輓流通，蓋皆舟楫之力，而比一用兵，州縣配民以二十萬錢轉米一斛，僅逾淮而止。余在金陵與漕司力爭，僅免再運。爲元帥而不先講運法，豈惟棄軍，並棄其民。若再三用，則化爲盜賊也。

## 晉書志

《晉志》敘天文經星甚詳【一一】，後世皆從之。蓋陳卓總甘、石、巫咸三家星圖，推演義類，附之人事，最爲易見故也。按《堯典》稱「歷象日月星辰」止於晝夜四時之别，四星殷正之名，由上而驗於下，天有是時則人必有是應。其或差忒，則人事爲之不齊。此古人所以有貴於知天也。過是則皆人所自爲，而天不預焉。至舜「在璇璣玉衡」而以「齊七政」爲文，則又不止於象之數。蓋其始以人事必有待於天【一二】，而其後以天道復有待於人【一三】，然亦不過五星而已，此可謂極天人之精者也。然則凡二《典》之所不言，而甘、石、巫咸之所具載者，皆學古求是者之所當審。不然則以天援人【一四】，而以人誣天，紛紛乎其不可合矣。奈何反以古人爲質略，而後世爲詳密乎？舜稱「肆類于上帝」，蓋言統天之最尊者。天之運動，大者日月，其次星辰，今術家乃以極星不動然後能役使群動，是

【一〇】咸安 「安」原作「平」，據《晉書・簡文帝紀》改。

【一一】晉志 「志」原作「書」，據文淵閣本、黄本改。

【一二】又不止於象之數蓋 八字原脱，據文淵閣本、敬鄉本補。

【一三】後以天道復有待於人 此句原脱，據文淵閣本、黄本補。

【一四】以天援人 「援」原作「授」，據文淵閣本、黄本改。

以星而統天也。夫上帝爲統天之最尊，聖人以德配之，以象事之，顧莫之敢名【一五】。而術家以星統天，與方士野人相爲攀緣以誤經説，至於宫廟、朝廷、百官、有司無所不備，則又以天而從人，故有「本在地而上發於天」之論，此尤學者之所當審也。

正始八年日蝕，詔問群臣得失。蔣濟言：「大舜佐治，戒在比周；周公輔政，慎於其朋。齊侯問災，晏子對以布惠；魯君問異，臧孫答以緩役。」濟旨譬甚切，而君臣不悟，終至敗亡。濟所陳謂敵國相圖可也。今司馬懿以臣篡君，由匹夫而奪其天下，比周之戒，其朋之慎，孰大於此？何丁謐、鄧颺之有？就如濟言，則天曾不爲弑逆不臣者示變，何也？

莊周言「昔者十日並出，萬物皆照，而況德之進於日者乎」，蓋周放辭云爾。而晉世遂有「三日相承出西行東」、「日隕」、「日光散」、「日夜出」，他變交錯，皆前此載書所無。古稱「神人雜擾，不可方物，乃命重、黎絶地天通」。然則上世之神靈，蓋夷狄之常，然至五帝人道始明，及三代不復見也。春秋日食三十六，地震五，劉向以爲增異。若見晉事，何以處之？夷狄侵擾中國，氣類所召至此，自不足怪。

永寧元年自正月至閏月，五星互經天，縱横無常。是時天下之亂固大，以理揆之，抑人鬭於下，星變於上，而後使星不得安其次耶？抑星先爲變於上而後兆亂於下耶？叔興既占齊、魯、宋，事無不驗，又言「君失問，吉凶由人」。蓋先王舊學，天不勝人，叔興尚有

【一五】顧莫之敢名　「莫」原脱，據文淵閣本、黄本補。

聞也。然既已知天，則占驗終勝，而人道遂不可立。故予以爲五星互經天，雖變異最大，苟人道有以消復，猶不當預占也。然則張華不去，何以應天？華欲以己無過爲德，不知當亂世據重位，其過大矣。

歲星犯天關，占曰關梁當分。是時石虎擾亂而江東安靜，故庾翼以爲「天公憒憒無皂白」【一六】，夫取必於天猶不可，而況取必於占以慢天乎！

《典》、《謨》首言萬邦，其後《詩》、《書》循而稱之甚衆。至禹弼成五服，則曰「至於五千」。是所謂萬者，舉數而云爾。孔子繫《易》，亦曰「地上有水，比，先王以建萬國，親諸侯」，此直以象立義可也。若禹會塗山，既言執玉帛而至，則宜有其實，而猶曰萬國，何也？使果傾竭天下，雜還並集，禮文煩瑣，交錯道塗，殆不勝其亂矣。傳者因此遂言黄帝方制萬里，得百里之國萬區，夏末止三千餘國，以漸削損，至於商、周，或言千八百國，或言八百諸侯，春秋時方稱無數十焉，此可據乎？封建雖上世明制，不知聖人要以何法爲準，將國國齊整，抑姑示大綱？已滅者有無復興？始封者於何取地？其禁令纖悉，蓋不得而詳也。後世徒見《周官》所立度數，便以爲封建成規。然當時既無空天下以待建諸侯之理，則此書已不可信，而況夏、商以前乎！然則所謂邦者，蓋區聚之衆名，無地理之實制，不可以周人封國言也。

按平州户萬八千而慕容廆用之建國【一七】，當是倚部落自强，猶可也【一八】。涼州三

【一六】故庾翼以爲　「翼」原脱，據文淵閣本、黄本補。

【一七】萬八千　「八」原作「六」，據《晉書·地理志》改。

【一八】猶可也　「也」原脱，據文淵閣本、黄本補。

萬七百，而張軌世襲號稱大邦，至李暠、秃髮沮渠，三方分割，爭爲雄霸，人衆土地幾何？按《李暠傳》中州、江漢流徙者不過二萬家。干戈日尋，攘奪歲異，生齒不加益而餘民靡孑遺，可悲也！

荀勗以漢、魏尺長於古尺，故舊樂不和。阮咸復以勗尺短於古尺，故新樂不和。不知晉人謂咸爲神解者，於舊樂直是之而無所非耶？抑舊樂自有不和，而譏勗不知所以和之也？古人分治、亂、亡國之音者，謂音樂如故，而世道感召不同【一九】，非尺度長短能致之也。故《五子之歌》曰：「關石和鈞，王府則有。」彼物猶是而世已非，其求詳器數之間而後爲存亡之所自哉？然則勗固非而咸亦未爲是也。

杜預論人主葬畢除喪，諒闇以終三年。按《説命》「王宅憂，諒陰三祀」。而《無逸》稱「作其即位，乃或亮陰，三年不言」。古人皆喪三年，而高宗之居處猶有異於常，蓋古人所不能行。其謂之諒陰者，後世不得而知其制矣。然周公美之以訓成王，使非人主之卓行加於人一等，則曷爲取之？孔子謂「何必高宗，古之人皆然」者，因冢宰總已有三年不預政之義，故有此答。且不敢以高宗絶天下，懼庸人將自安而不爲爾。是所謂諒陰者，蓋特過於三年，而預反謂「不能三年，既葬而除，以心喪終」，何其戾也！孔子言服美不安，故不爲之。孟子言「齊疏之服自天子達」。孔、孟所謂三年，專以服指，無服則無喪矣。安有葬畢喪除，服釋於外，哀忘於內，三年之久，其何以終？舜、禹終喪，皆避堯、舜之子，

【一九】世道感召　「世」原脱，「感召」原作「盛衰」，據文淵閣本、黄本補、改。

不得已而後受命，雖非事實，然推舜、禹之心必不輕其喪而重天下也。而預乃言「天子位尊政大，不同凡人」，則尤戾矣。

晉武泰始四年詔，言巡狩、述職及周典各爲一書。由其文則三國以來所無，由其實則或過於兩漢矣。武帝信不可謂無志於民者，後世子孫之憑藉，尚有此也。

《晉志》載置尚書本末甚詳，中書亦見事始。君相之職，自前世無的切證據，然君之所欲爲，必以命相，相之所得爲，必歸於君。此古今通義也。按舜以股肱耳目命禹，禹復戒舜而終以明良之歌。古文簡質，不能盡通於今。考其大意，似舜盡欲以其職委禹，禹戒以亦自聽覽，無專畀以臣下，安於縱逸也。然臯陶以爲：元首叢脞，股肱惰，萬事隳。則是君終當命其相，不當自爲也。伊尹、周公復子歸政，不知人主所親者何政。《周官》乃成王所自爲，六卿分職，各帥其屬，以倡九牧，成王不過訓飭之而已。春秋時方有「立而不從，政由寧氏」之語。靖郭君謂齊宣王曰：五官之計，不可不日聽而數覽也。王從之，已而厭之，悉以委靖郭君，靖郭君由是得專齊之權【二〇】。夫六卿各自以職倡九牧，相猶無所事，而況於君。收五官而自任，已不能久，又以與人，權有所專，而君相之職兼失矣。若秦始皇程書決事，蓋不足論。漢高、惠事盡出蕭、曹，文、景雖稍自親，然陳平猶謂有主者。則是時公卿各自分職，丞相至欲斬鄧通、晁錯，尚循古義也。孝武初年，便用一項文士，中外相應以分外朝之勢。及趙禹、張湯更進，宰相束手，遂置尚書，列屬分曹，都受外

【二〇】靖郭君由是　「靖郭君」原脱，據文淵閣本、黄本補。

事，與靖郭君所言意同。自是人主宰相之職，涣然離異【二一】，君所欲爲，不復以命相，相一切聽其君所爲矣。其後尚書權益重，領録出宰相上，往往奪國。魏初别置秘書，仍典尚書所奏，尋改爲中書。劉放、孫資傾動中外，侍中給事黄門，通掌門下，最爲禁密。則尚書更是外朝，而中書門下者乃天子之私人也。然其後又有内尚書，由外達尚，轉尚入中，所行可否，皆自内決【二二】，人主之職十倍宰相，已增者不可損，已成者不可改也。然則舜、禹、臯陶所論何事，成王、伊、周所治何業，必不疏略於秦、漢，而鹵莽於魏晉矣。

《周官》雖云六卿分職，天官事最繁重，皆體要所關，而公、孤職任甚簡，故學者多云冢宰即宰相，或云公、孤兼行，非也【二三】。按《周官》謂公不必備猶應一二有。若孤弘化，寅亮天地，無不備官之理。則所謂冢宰乃有司之長，職自當然，何必致重於一官而使公、孤下兼？若公、孤闕，則又將以冢宰上兼乎？夫治其事以佐上者有司也，明其道以弼上者宰相也。以後世疑唐、虞、三代，學者大患也。

曹操用衛覬議，置使賣鹽買犂牛，供給流人，關中由此豐殖。昔日上必有遺利，可指爲養民之具。後世盡以爲粥飯經費，一朝有百姓之事【二四】，資用無所從得，徒手而止。凡魏、晉間所以强本制敵者，自嗤爲迂遠不經事之談，而況其上者，則何由行之，是真可悲也！

杜預言「分官牛付兖、豫將士春耕，穀登之後，頭責三百斛」；「三萬五千頭得運水

【二一】「遂置」至「離異」三十二字原脱，據文淵閣本、黄本補。

【二二】「尚書」至「内決」九十八字原脱，據文淵閣本、黄本補。

【二三】非也　「非」原脱，據文淵閣本、黄本補。

【二四】有百姓之事　「司」原作，據文淵閣本、黄本改「百姓」。

次成穀七百萬斛」；一牛賣三百斛穀，豈穀患太賤而牛貴乃爾耶？又言「留牛萬頭佃於牧地【二五】，歲當復入數千萬斛穀」，不可曉，恐誤。《魏志》黄初初復五銖錢，穀貴罷，太和乃卒行。《晉志》乃言魏武罷董卓小錢，還用五銖，至魏文以穀賤罷。以其言考之，若自初平至黄初穀皆賤，太和相去數年，非因饑荒，安得陡貴【二六】？亦是懸斷語。蓋《晉志》誤也，不知漢末元不用五銖錢也。

《夏侯后傳》稱魏明帝世宣帝居上將之重，諸子並有雄才大略。后知帝非魏純臣，而后既魏氏之甥，帝深忌之。青龍二年遂以鴆卒，年二十四。按青龍二年距魏明帝即祚八年，去其殂五年，長君在御，國權未失，而懿父子篡迹已萌，舉魏國無知之者，而其妻婦獨知之，是以朝廷之衆而一女子之不若。故繞朝言「子勿謂秦無人」，甚矣賢智之難得也！后盛年，計其房闥衽席，幾微之見非一，不屈而先遇鴆，與死節者無異矣。

武帝未有失德，而楊元后以市井庸婦人見識佐之【二七】，以嫡立惠，以妹繼室，以賈爲婦，三哲同意，亂本既成，無可救者，禍流生民數百載。然則謂「王化自后妃，治道首《二南》」，古人常語，信萬世不易也。

讀劉暾奏羊后事，使人悲嘆。幽王之詩稱：「周宗既滅，靡所止戾。正大夫離居，莫知我勩。三事大夫，莫肯夙夜。邦君諸侯，莫肯朝夕。」蓋其時幽王見殺，太子外遷，而其辟公貴人首鼠自便，莫以傾覆爲念，故其人怨刺之如此。暾爲留臺，而能抗拒强臣，存活

【二五】留牛萬頭　「萬頭」原在下句，據文淵閣本、黄本移正。種衍當删。

【二六】非因饑荒安得陡貴　此句原脱，據文淵閣本、黄本補。

【二七】以市井庸婦人　「庸」原作「中」，據文淵閣本改。

廢后，視是詩所稱，過之遠矣！　荀藩、周馥亦皆志士也。

王祥不拜而長揖，世以爲雅談，此固無忤時之患也。以爲賢於何曾、荀顗則可，若遂以爲名節，未知只如此當得甚事，亦學者所宜知也。余於袁涣、張範、邴原已論此意。王戎言「祥在正始時不在能言之流」，王敦亦言「不意永嘉之末，復聞正始之音」，正始乃爲人所慕若是耶！

石苞爲司徒，遣椽屬循行州郡，殿最農桑，蓋秦、漢以來三公常事也。後世但取帳狀腐積架上，而以此等事爲笑。然而苞以忠勤見稱於時，如此舉動，必是實有益國便民，非虚文也。

羊祜，舅也；杜預，壻也。裴頠亦與賈后有屬，雖其材德皆能自致，然人情上下所以易於信服者，以其在親戚之地故也。預言「立功立言可庶幾」，又言「禹、稷之功期於濟世」。秦、漢以後，儒者守師傳而遺實用，號爲通人，又輒放蕩疏漏，取辦一切，道德滯固，功名淺迫。如預密而有意，博而能成，智立而不遺【二八】，有功而不伐，近戰國春秋時人也。

衛恒等所著《書勢》，自古文、篆、隸、草書皆具。文字之興，蓋莫知其所從始。而漢以來則謂伏羲始畫八卦，造書契以代結繩。後者學者信之，至言沮誦、倉頡因鳥跡以興思，按《易傳》雖稱「包犧氏觀鳥獸之文與地之宜，始作八卦」，又稱其他卦義在八卦之外。

【二八】智立而不遺　原作「材是智也而不遺仁」，有衍文錯字，從黄本改。

故《周官》「太卜掌《三易》，其經卦皆八，其別皆六十有四」。夫《易》，學者以爲文字之初。然上古之《易》，卦義已備【二九】。學者乃謂伏羲始畫，文王始重，是古人文字簡略未具，方有待於後人而具也。孔子序《書》起於唐、虞，今考《典》、《謨》，凡後世所謂文字義理【三〇】，是時皆已備盡，不可復加。人文乃自然之理，聖賢得其精，庸人並粗失之。蓋有古人所能而後世不及，未有古人不備而猶待後人備之者也。至於字之形製，隨世不同，篆、隸、真、草，其體愈降，華夷異用，古今各行，而工拙妍醜因以自見。此則恒與崔瑗、蔡邕輩之所以詠歌形容，而遂欲以是論文字之源流，失之遠矣。

衛玠雖少年未練世故，不究其德而死。然清遠冲約，識過老成，與黄憲何必遠也！

劉卞狂謀，欲以子脅父而廢其母，此非權道之所許，張華拒之是也。及愍、懷既廢，衆怒集於賈后，華於是時以人主命廢后復子，以安人情，此權道之所許也。猶且安常襲故，既不能去，復不能謀，坐視倫、秀成其逆節，大柄外移，身既夷滅，而國亡遂不可救，可哀也夫！蓋倫事就而後篡，篡而齊、成都爭起，然後晉勢陵夷，至於南遷。然則不明於常變而欲居大臣之位，難哉！

安平獻王仁不遺親，義不背君，耄期稱道，本末可考，孰謂司馬氏之門乃有斯人乎！至順族人子，當化家爲國之時，光艷翕赫，不以自喜，執意求實，非其所立，以至困窮，悲夫！

【二九】上古之易卦　此句原脱，據文淵閣本、黄本補。

【三〇】文字義理　「理」原作「爲」，據文淵閣本、黄本改。

晉武帝時大議論有四：惠帝定嗣，一也；賈后爲冢婦，二也；賈充、荀勗進退，三也；齊王攸去留，四也。晉之治亂存亡雖在此四者，然不過一本。昔周子有兄而無慧，不能辨菽麥，故不可立。武帝二十五子，惠之無慧，帝自知之，而終不決者，恃愍、懷爾。又明見充女不可，然竟納爲婦以成愍、懷之酷，實勗輩彌縫其間。末年恐攸挾衆望奪嫡，又爲逐去以速其死。帝本於一事不了，故四事無不然【三二】，遂至舉天下而棄之。然則堯、舜之所以不與其子者，豈以爲聖，殆亦審慮定計當然耶！

史載項城失，賈充、周勤覩夢道事甚怪。如懿與師、昭既死之靈切切欲爲其子孫慮而終不免，彼不畏殷多先哲王在天耶！

王濬兩表自愬，詞不可已，所謂口不言平吴之事者，自當在歸洛後也。杜預謂濬既摧西藩，便當徑取秣陵，討累世之逋寇，釋吴人於塗炭，自江入淮，逾於泗、汴，泝河而上，振旅還都。凡濬所未至者，皆迎以與之，此亦節度之所得施也。使皆如王渾制人以聽己，功何時可成？人之相遠乃至此乎！

魏晉之際以名用人，加以親舊繾綣，篤老不捨，故得極其材任所至。山濤、魏舒、鄭袤是也。若人主本無其意，而年至不去，則但有減損，無可稱矣。史言濤與盧欽論用兵之本，以爲不宜去州郡武備，其論甚精，惜不存也。

王衍貴無，裴頠崇有，是非相攻，終不能定。凡天下義理始於堯、舜、禹、皋陶，使其見

【三二】「帝本」至「不然」原脱，據文淵閣本、黄本補。

義不明，析理不精，安得致唐、虞、三代之治？ 孔、孟猶是祖述之爾。 老、莊妄作，晏、衍隨和，區區對起有無之間，自不足論也。 然獨有一事，秦、漢以後學術之所立，皆人材之所趨，所以好尚崇長，門户師承，大抵亦欲爲進取地，顧其品局高下如何耳。 苟國家大計不與之共則興廢之責，豈其所關？ 正始中雖以虚無起義，然諸名士即爲司馬父子鋤剗。 及惠、懷時雖以矜誕成俗，然晉業已壞於武帝之世，楊駿與諸宗室禍機交發，如激水轉輪，正復如張、裴不能措手足，而況衍輩！ 後世乃以興亡事歸罪於彼。 夫始蒙其禍而終任其責，不知人皆欲爲進取地，而世論何獨督過之深！ 豈夫以澒涊鄙陋安取榮達者自爲宜得，而後顯勝特之士終無以自容耶！ 是真可憐，而務爲篤論者之所當職也。

史言樂廣每以約言析理厭人之心，其所不知，默如也。 孔子稱「君子於其所不知，蓋闕如也」。 以此自修可，以此綜物可乎？ 裴頠豐博，廣不能屈。 王敦又謂樂彦輔短才。

温羨《駁張華復官爵議》引晏子、里克、陳乞，不二百言，而古人事節曲盡。 羨少以朗若以有限之知而取不讓之名，誠聖賢之所賤也。 恐史家所載亦有未必然者。

窹見稱，觀此文定不虚也。

劉毅論九品，稱「所立品格，還訪刁攸，攸非州里之所歸，非職分之所置」，莫曉此語，似是爲中正者私問之也。 又言「劉良上攸之行下，石公罪攸之所行」，尤不可解。《傳咸傳》：臣識石公，前在殿上，脱衣爲荀愷所奏。 若非人主素所知名，豈應但略疏而不析言也？ 毅陳八損雖精詳，然不如衛瓘。瓘言魏氏承顛覆之運，起喪亂之後，人士流移，考詳無地。此九品始立有爲爲之也。又言魏始造，考鄉邑清議，褒貶所加，足爲勸勵【三二】，猶有鄉論餘風。中間漸染，遂計資定品【三三】，使天下觀望，唯以居位爲貴。此論九品得失之要也。李重又言九品始於喪亂軍中之政。詳此，是漢末用兵久，人材自行伍雜進，莫能考察，故以中正鄉論品之，使不得盡由軍功【三四】。及其敝，則反以位定品，並門地子孫皆然，而素行無施，名實亂矣。然則瓘之論又不如重之簡而可考也。按操雖以百戰篡漢，而能立中正九品，清濁不雜，仕進者賴之，正始以後勝流爭出，標宇離俗，爲國光華，後世固不及遠矣。

史稱任愷有識量經國之幹，以社稷爲己任，後爲賈充所抑失職，見武帝無復言，惟泣而已，竟以憂卒。未知若此者爲身耶爲國耶？與《柏舟》、《離騷》同耶異耶？

劉頌當時謂其能辨物理，論事有可採，史家刊剪不精，故後世諷讀無復氣勢，此亦晉議論盛時，未可輕也。言武帝爲時遇叔世，他人固無此言。至言五等封國，謂聖王立相持之勢，建邦苟盡其理，則無向不可，雖昔人之論多如此，然未可謂辨物理退者也。以其事考之，則桓得退之義，蟠得退之時。方漢人以名相高，故避名爲難。名不可避，而退之所得多於進矣。然當時知此者甚少。

兩漢之衰，大臣與小人爭不勝而死亡者，蕭望之、王商、王嘉、袁安、楊震、李固、陳蕃、

【三二】足爲勸勵　「勵」原誤在下句，據文淵閣本、黄本移正。

【三三】遂計資定品　此句原脱，據文淵閣本、黄本補。

【三四】使不得盡由軍功　此句原脱，據文淵閣本、黄本補。

七者皆其國之所以存亡也。孔子曰:「天子有爭臣七人,雖無道不失其天下」;又曰:「所謂大臣者,以道事君,不可則止」;又曰:「無求生以害仁,有殺身以成仁」;又曰:「民之於仁也甚於水火,水火吾見蹈而死者矣,未見蹈仁而死者」。參以數端,大節可見。蓋殺身以存國與殺身以亡國,極當審處。若人主聞此,惕然知懼,則雖無道者可以就有道。以至於履危蹈難,其職當死,則更無改移,又不與此並論。

王暢疾惡,有發屋、伐樹、堙井、夷竈之事,其功曹張敞以爲「懇懇用刑,不如行恩;孳孳求姦,未若禮賢」。暢從之,「更崇寬政,教化遂行」。東漢中世以後,名士之患,大率如此,又不知當時所謂豪强者如何。而疾之已甚,若以今世所見,則極有可議。蓋以善刑惡,自是義理中偏側之累,故孟子亦謂「以善養人然後能服天下」。孔、孟在春秋戰國,其亂豈不愈於順、桓之世,然善既不可屈於惡,又不能勝惡,其道只得出此。而東漢儒者欲以不平之意加於敝法之上,求以勝天下之不肖,宜其屢發而屢挫也,悲夫!

永初中羌胡殘破並凉,鄧隲欲棄凉救並,會公卿集議。隲謂「譬若衣敗,壞一以相補,猶有所完,若不如此,將兩無所保」,議者咸同。虞詡説李修,辟凉土豪傑爲掾屬,拜吏子弟爲郎,議與隲異也。余於《史記·表》已見之。

傅玄、皇甫陶以諫官論事,觀所下詔,謂武帝無意於聽言,可乎?詞篤旨順,過漢詔令矣。玄言魏初課田不務多頃畝,但務修功力,故白田收十餘斛,水田數十斛。頃自增田頃畝，然畝纔數斛以還【三五】。夫地力有限，雖人功修治，未有增損十倍者，恐此言當更審。

傅咸言正始中任何晏以選舉，内外衆職各得其材，粲然之美於斯可觀。按陳壽《志》、習鑿齒《書》及王肅、傅嘏等所論，皆不如此。然則成敗之毁譽，好惡之是非，蓋未足以爲千載之準的也，而學者信之，過矣。

【三五】數斛以還　「以還」原脱，據文淵閣本、黄本補。

# 卷三十

## 晉書列傳

阮籍以酣縱逞人欲，而以慎密防世患，進不成顯，退不成隱，岌岌乎刑戮之間，深昵權强，粗免其身，奚異乎群虱之裩處，而所謂大人先生者烏在也？史稱「本有濟世志，屬魏、晉之際，天下多故，名士少有全者，由是不預世事」。又言「率意獨駕，不由徑路，車跡所窮，輒慟哭而返」。又曰「時無英雄，使豎子成其名」。嗟夫！世固未易濟，而英雄亦多途，未知籍所存意如何，而不自容至此？亦可哀也。若稽康則一志陸沉，性與道會，信無求於世，不幸龍章鳳姿，驚衆衒俗，世獨求之不已，使不以正終，蓋非其罪也。昔孔子患世俗之多故，其教必以厚人薄己，遠慮近憂，立則參前，輿則倚衡，凛然若兵之加頸。而又曰「鳥獸不可與同群，吾非斯人之徒而誰與」。蓋人道之難甚哉！然則康雖欲采薇散髮以頤天年而不可得也。悲夫！悲夫！竹林之賢，過是無觀已。

《秦秀傳》，史稱朝野以充位居人上，智出人下，僉以秀爲知言。夫以鯀、驩兜之姦，在朝所不能知，而充之不肖，野人何由知之？其通於天下如此夫！然則晉本與充共興其國，而亡形已見矣。

「賤者，道之實；　退者，命之實也」。朝貴致功之臣，草野美全志之士，上有寬明之主，下有聽意之人。「聖帝之創化也，參德乎三皇，齊風乎虞、夏。欲温温而和暢，不欲察察而明切也；　欲混混若玄流，不欲蕩蕩而名發也；　欲索索而條解，不欲契契而繩結也；　欲芒芒而無垠，不欲區區而分别也；　欲闇然而内章，不欲示白若冰雪也；　欲醇醇而任德，不欲瑣瑣而執法也。故有獨定之計者，不借謀於衆人；　守不動之安者，不假慮於群賓。故能棄外親之華，通内道之真；　去顯顯之明路，入昧昧之埃塵；　宛轉萬情之形表，排托虚寂以寄身；　居無事之宅，交釋利之人。輕若鴻毛，重若泥沉，損之不得，測之愈深」。此皆謐道自分界中言語，固非耀文華者所能至也。自韓非、賈誼、枚乘、東方朔、楊雄、班固、張衡、蔡邕、韓愈之流作此一種，自喻文字雖工拙不同，然意足語真，無及皇甫謐者。蓋推之使去，異乎求而不得，有望望戚戚之情也。或謂晉無文章，惟陶潛《歸去來》，潛亦是道自分界者，然恐當更詳爾。謐生既不仕【一】，臨終薄葬，尤可稱，所謂一介不取與，旅泊天地，固無欠餘，比之管寧，更有職業爾。

自魏至隋唐，曹植、陸機爲文士之冠。植雖波瀾濶而工不逮機，但植猶有漢餘體，機則格卑氣弱，雖杼軸自成，遂與古人隔絶，至使筆墨道廢數百年，可嘆也！　然機於文字組織錯綜之間實有其功，雖古今豪傑名世者，亦有所不能預【二】，此不可不知。觀其譏切曹

【一】不仕　「仕」原作「任」，據文淵閣本、黄本改。

【二】不能預　「預」原作「復」，據文淵閣本、黄本改。

冋，以退爲高，而托寄非所，勳烈不就，竟夷其族。乃知文人能言者多，能行者少，固無取於智也。

江統《徙戎論》敘上世事雖略，已得其理，敘兩漢事極詳，不獨漢、魏人能爲此議論者絶無，而能知此本末者絶少也。漢宣、光、魏武號爲有識，然皆身以戎狄之患遺後，使其國尚未亡，則子孫自當之。蓋天下利害，國家大體，思患預防，非聖人不能也。統與郭欽論此事，相去纔一二十年間，固不爲深識，然當時無一人知者，是則雖一二十年，正與數百年等矣。

江惇《通道崇檢論》今所存者纔數十言，通明簡暢，足以箴極時病，裴頠雖數千言，不能及也。

馬隆募限腰引努三十六鈞，弓四鈞，立標簡試，自旦至中得三千五百人。蓋設厚賞取於諸軍，所以得人速也。戰國時兵無不募，募者，教之揵也。三代兵制，後世不復，苟有倉猝之變，求必勝之戰，非募無由。何者？卒雖成列，久不見敵，安重畏事，勢同市人，此姦猾亡命之所侮易也。小挫沮氣【三】，觀望怯心，雖擁十萬之衆，與棄師無異矣。不特隆當以成功也。寡少奪衆，勇奮倡行，先登得勝，後進募之，雖有敗兵，可使復振矣。

漢光、晉武銷兵，本欲休息百姓，而學者尤其以弛備致患。然則左射貍首，右射騶虞，裨冕搢笏，明堂耕藉，此先儒言成周銷兵節次也。然則銷兵未必非，視其君思治進德如何

【三】小挫沮氣　「沮」原作「阻」，據文淵閣本、黄本改。

耳。不然，則後世能不忘戰者豈少耶？

周札開門，王導加贈，蓋怨劉隗、刁協以及元帝也。用心如此，去王敦幾何？然則晉雖欲中興可得乎！

按八王既皆專朝挾主，甚者簒奪，而成都始召王浚之亂，東海終成石勒之禍，《晉史》猶以琅邪復興爲樹置藩屏之力。不知元帝自立於江東，乃諸侯之利，於晉存亡何預！周馥欲遷都，華軼不從命，皆致討滅。使懷愍果南，未必能委心推奉也。成周以至公大義建侯，尚止僅存名號，而況後世。此事殊未易論。

劉、石雖並據北方，而元帝《勸進表》，河朔征鎮，夷夏尚一百八十人【四】。是時晉亂十五年，北方人材猶在，國家名號未改，但須思慮縝密者經緯其間爾，故祖逖能取河南也。若王敦不自欲作賊，如逖輩計尚有十數人可任。江東基址完牢，爲之著定諸鎮，隨地以漸收復，聲實相兼，夷晉表裏，石勒父子必不能雄張。然則王導雖以匡弼自許，恐未能望古人藩籬也。

桓温幸自死，且有淮淝之捷，而晉祚竟亡，事具《司馬道子傳》。是時謝安自謂功盛畏讒，至攬桓伊之鬚【五】。然晉世事柄悉在諸臣，安亦未至於不可爲。大抵功成意衰，衆人常情，況又虛曠依違在有無之間者，乃當時士大夫膏肓之疾耶！然則周公留君奭於危疑已定之後，雖非安輩所能知，而忠臣慮國，始終存亡所繫，不得不然，亦非周公獨聖也。

【四】八十人　「八」原作「幾」，據文淵閣本、黄本改。

【五】至攬桓伊　「伊」原脱，據文淵閣本、黄本及《晉書·桓伊傳》補。

王導，東晉元臣，然有合商量處。王敦本司馬越用爲揚州，而元帝移鎮建業，敦素不臣，而導以兄弟遇合，一時相推，討華軼，滅杜弢，使爲不世之勳。中興甫建，已著强僭之迹，致元帝疑憚，别用劉隗、刁協之流以成大亂。不知導初以敦爲忠良，故同心共輔成晉業耶！當是時，導之怨與王敦等，敦攻下石頭，隗、協走死，遂劫制人主，導初不謂不然也。使敦不死，終肆其志，晉必不能抗，未知敦事成之後處導何地？而導亦將何以自處乎？導當事任之際，簡遠無競，以弘量鎮物，自其所長。至於總統衆務，綱理細微，又多以所長失之。然則謂導賢於一時可矣，謂之元臣，則未有逆順不分，强弱不辨，委柄物外，因事順心，而可以任人家國者也。

温嶠智以緯忠，弘而能整，再匡晉室，量在功外，取與伸縮，一本至誠，充其所能，非東晉人材也，一人而已。郄隆德業居正，幹用不闕，深見大體，以德助人，蓋其次也。然則晉人雖欲以勝會自處，超絶塵累，而無益於隱顯用捨之間者，固不足進於此列矣。

明帝嘗獨引紀瞻於廣室，慨然憂天下曰：「社稷之臣欲無復十人，如何？」大哉斯言！可以興晉室，惜其早亡也。

元帝於顧榮、紀瞻、賀循、薛兼、杜夷，皆隆師友之義，篤布衣之好。劉隗、刁協親信繾綣，言聽計從。戴淵、周顗一顧如舊，始終無改。可謂得帝王用人之度矣。不幸與王敦共造基業，臣主之分不明，凡敦兄弟所不便者，指爲朝廷刻薄之政，以下陵上，由外制内，當陽始爾，遂陷幽辱爲天下笑，皆王導之罪也。余固言之矣。然猶有一説，當晉壞亂，姦人窺伺，誰無此心！若乃竊名人之目，肆無君之暴【六】，非常理所能駕馭，未有如王敦者，蓋師，昭以上人也。導能於群從中取其國以還司馬氏，爲之布腹心，樹手足，紀綱粗定，名位既成，凛然傾揺，根本自立，而敦至死不疑，以此爲社稷臣可也，又不可以常理求矣。蓋與蕭何、鄧禹、荀彧、諸葛亮之流，時有不同，學者又須别看。

周顗答温嶠：「君少年未更事，人主自非堯、舜，何能無失？人臣豈可得舉兵以脅主？共相推戴，未能數年，一旦如此，豈云非亂乎？」顗雖竦，然此語足以定時是非之實矣。蓋王氏威勢所脅，人不知有君，嶠未免設語以觀人情也。使導一反手，則無晉矣。

傳玄言「魏文慕通達，而天下賤守節」，相承不已，「而虚無放蕩之論盈於朝野」。應詹言：「訓導之風，宜慎所好，魏正始之間，蔚爲文林。元康以來，賤經尚道【七】，以玄虚宏放爲夷達，以儒術清儉爲鄙俗」。然則虚無放蕩是魏末晉初之患，而元康之俗，正始之所不爲也。學者盡歸罪王弼、何晏，恐亦未考。

劉超爲句容令，常年賦税，主者常自四出結評百姓家貲。超但作大函村别付之，使各自書家産，投函中，訖送還縣。百姓依實投上，課輸所入，有逾常年。春秋有履畝，秦有頭會箕斂，漢不加賦，或以算商鹽鐵足之，皆令出於上。今此聽吏自由，隨其優劇，疑喪亂後迫猝，賦調無常制故也。其後畝税及布，乃有定數可見。

【六】肆無君之暴　「暴」原作「報」，據文淵閣本、黄本改。

【七】賤經尚道　「經尚道」原作「高蹈」，據文淵閣本、黄本改。

陰陽之事有數無道，政教之事有道無數。京房、劉向以道合數者，非真能知之，蓋意之也。郭璞筮占，明有證驗，象數的然。使由其術，道自爲無用，而亦援房、向之遺説，引義訓以救災，乃士人故步不敢忘爾。然璞既以數術自亂，遂終不得爲士人，可憐也。

庾亮欲廢王導，郄鑒固拒乃止。亮以方峻格物，既不容蘇峻，又不容王導耶！然導無其德則不可受師保之禮，無其材則不可任冢宰之重，柄下移而尸其上，取侮方鎮，見嫉舊僚，皆其力用所限，而猶欲以無心處之。蓋衍、澄餘習，不能自拔，如是而謂之元臣，去蕭何、諸葛遠矣。

庾翼言「偷石頭倉米百萬斛，皆是豪將輩，而直打殺倉督監以塞責云云【八】，雖皆前宰之惛謬，江東事去，實此之由」，正指王導也。信如其言，則陳壽所謂「政不容姦，人懷自厲，路不拾遺，强不侵弱，風化肅然」者，誠不易致矣。傴僂豪强，法行寒劣，雖末世政事之通患，然改絃易轍，使視聽一新，蓋有甚難，惟子産能行之，叔向、晏子徒能言之爾。況王導、謝安妄指玄遠，空想清静，欲恃此以銷刻薄之習【九】，既不可得，但爲姦蠹之藪。而亮、翼兄弟及劉隗、刁協之流未足整齊，先致敗亂者多矣。

王坦之著《廢莊論》，文意大抵出於莊周，猶後人以科舉論學，揞泥而揚其波耶！然當時能如此者，便已自立於流俗，士安可不振塵濯纓，加於人一等哉！

范寧論太元弊政，言「選舉制有六年，富足便退」。「先起廨舍，皆爲私家，後來新官，

【八】直打殺倉督監　「打」原作「行」，據文淵閣本改。

【九】欲恃此　「恃」原作「持」，據文淵閣本、黄本改。

復應修立」。「方鎮去官，皆割精兵器杖以爲送，故米布之屬不可稱計」。「兵至千餘，力入私門，復資官廩布」。「宜以三年爲斷」。略見當時寬縱，雖賦禄於公者狹，而雜取於私者無算矣。世事得失隨時不同。叔向、晏子言齊、晉，董仲舒、貢禹言漢，大要失於下而不能收於上者爲亡國，至秦上已盡收而無所失，然亦恐不免於亡，此當並論。

明帝與温嶠書言謝鯤、王廙，雖當時君臣親故間上下不至隔絶，情義自應有異。然其英度包括不減漢光武，而風致過之，惜盛年不究，不然，東晉事不止如此也。

按《王棱傳》「知從兄敦驕傲自負，有罔上心，日夕諫諍，以爲宜自抑損，推崇明主，且群從一門並相與服事，應務相崇高以隆勳業，每言苦切」。棱此語得當時利害之實。周瑜獨先盡敬，便執臣節。魯肅乞爲鈴下督，故孫權之事可就。君臣上下，惟立則成，使有一人欲破壞，則盡衆人之力不足以救矣。此東晉之所以甫號中興而便致禍亂，史謂恭儉有餘而明斷不足，蓋非事實也。

陸玩、蔡謨不敢爲三公，考當時居是官者，亦未有以過二人也。凡人操欲利之心，往往視人以爲無以逾己，故援而求之【一〇】。又其甚者，不復顧人，直自厭其所欲而後止矣。觀謨戲侮王導，評量世事，非自屈於人者。蓋其本望有限，仕不過量，雖至得罪而猶不悔，更以爲得也。

量力度能，知難而退，東晉惟蔡謨、王羲之能爲此論。後世而言，以爲明智之極。然

【一〇】故援　「援」原作「授」，據文淵閣本、黃本改。

當時之人未聞以爲賢者，蓋舉一世皆囂然有欲進之心，如二人之論，乃其時所謂怯懦而不武者也。夫置獨怯於衆勇之中，要爲有益。若後世，則其智愚、賢不肖無不畏事而懼敵者，有一二人不然，方群聚而攻之，是置之於衆怯之中，最爲大害，不可回轉也。

當時之人如殷浩者多，就有負敗亦常數，偶值桓温摧折之，故令不光明於後耳。余每論東晉人一進一退，乍却乍前，風俗所驅，如在衝風駭浪中立身，不自求定，與諸葛亮「鞠躬盡力，死而後已」是一種見識，殆與浪戰無異。若春秋戰國人，先做一二十年工夫，使出必有成者，不獨東晉人不能辨，雖亮亦未能也。

東晉以名用人，而士大夫亦以名自用。周顗、戴淵、庾亮、阮孚、阮裕、劉惔、謝尚、殷浩、王述父子、王羲之、謝安之流有遇有不遇，或成或否，獨謝安一人收用名之效。蓋自何晏、夏侯玄、嵇康以來，更變故翦伐，而卒不爲之衰息，至是而安獨有成，既成而後亦莫之繼也。有其實者，唯温嶠一人，但太明鋭爾。以名用人，累世多，歷年久，心誠好之而不倦，自是爲國者大根本，此事未易輕論。要亦兩漢所無，遷、固裁量所不到也。

淮淝之役所以勝者，苻堅既使却陣，而大衆已亂，不復能整，故玄等決進，與其前鋒交戰，而苻融被殺，堅中流矢，遂至崩潰也。若堅部分無擾，十陪之衆得用，則玄等兵力有限，雖極其精鋭，亦難以必得志矣。晉人積百年間兵之習，敵人正以百萬來，士心終不沮喪，此爲待敵之本。而兩軍相交，自非節制素定，臨陣必有變態出於規慮之所不及者，如堅因麾却遂動陣面是也。或者不講，謂大衆難用，固有自敗之勢。且白起、王翦皆用大衆，本無敗形，堅之兵要未練耳【一】。甚者至謂玄等特幸勝。此又非也，勝亦何可幸致乎？

殷浩之敗，王羲之謂「保淮非所復及，莫如保江，江外羈縻而已」。自今觀之，其言深切，存亡在目，乃必驗之智也。然浩雖以此廢，而桓温用之【二】，又甚於浩，晉仍自持如故，何哉？余故謂晉人囂然欲進之心上下略同，而浩與桓温特以强弱爲成敗爾。

桓伊撫箏，謝安涕泣。雖君臣有間，然安驟得成功，自處驕滿若童孩然，平生之量至是窮矣。

《朱序傳》稱「苻融以三十萬衆先至，堅遣序説降謝石」。序謂石曰：「若堅百萬之衆悉到，莫可與敵，及其未會，擊之可以得志。」此述淮淝勝負要語也。古人論兵，後世不可復及。然能勇，上也；無怯，次也。謀慮變化皆出於不怯者也。及其勝百萬之衆，人或以爲幸矣。不怯而後幸可待也，怯則無幸也。

東晉權歸王、謝、桓、庾四族，而四族亦人材所自出，殆如齊諸田、魯三桓、晉六卿矣，漢、魏無是也。材非偏聚也，勢之所趨則激而爲材，其不得爲櫄櫟臃腫者亦勢也。謝玄綺紈子弟，克成儁功。而諸葛瞻乃以敗辱殞身，事固惟其時耶？

余觀陳壽論諸葛亮，已實録不誣其美矣，而當時乃謂壽毁亮，報其私怨。蓋亮名重於

【一】未練耳　「未」原作「不」，據文淵閣本、黄本改。

【二】桓温用之　「用」原脱，據文淵閣本、黄本補。

實,不待史而有傳,雖千載之後猶然也。人心所歸不可以幸致,此固學者之常語。然亦有不盡然者,如亮雖不至於名浮其實,而世之有實而名不副者多矣,可勝歎哉!

余嘗疑《晉史》言司馬懿托風痺、辭辟、殺婢、曬書爲非實。及觀習鑿齒以越魏繼漢著論,卓詭不常,意此等敘事,殆齒所爲也。又庾兖、夏統、辛憲英等《傳》皆浮誇,往往一體。裴松之謂王淩子廣論何晏、丁畢爲齒自造者,略相類。

司馬元顯一日殺二士。江績,御史中丞也,車胤,吏部尚書也。晉安得不亡!士當此時猶立人之朝,豈其得止而不止也!

王雅當時號爲佞幸,而能測知王恭、殷仲堪必爲亂階,士固未易論也。然風俗既壞,好惡相驅,雖有清議,竟未知孰是。

劉殷稱「事君之法當務幾諫,凡人尚不可面斥其過【一三】,而況萬乘」,此論往往已行於世。按《書》「木從繩則正,后從諫則聖」,繩之於木,未有以幾而見從者,直削之而已。孔子言「勿欺也,而犯之」。蓋諫則犯,懼犯則不敢諫,而君不免有過矣。君之得失,非止一身,天下治亂繫焉。然則臣諫不爲犯,君從不爲怒者,皆非一身計。殷所言不可用也。

李暠言「經史道德如采菽中原,勤之者則功多」,此語當記。然所謂勤者,非漁獵搜取,課勞計獲而後能也。

劉弘以徵士伍朝爲零陵太守,主者限以選例,尚書郎胡濟奏從之而朝不就。魏、晉權

【一三】面斥其過　「面」原脱,據《晉書·劉殷傳》補。

在選曹，所用即爲例，而未有方鎮如此用人者，此古嶽牧事也。天下愈亂，纔舉其一，未足以還古道。而王敦、桓温方襲跡而起，以成專擅之勢，開下比之門。朝之不就，自足以爲法也。

劉毅抗論於朝，謂「范武威疾若不篤，是爲伯夷、叔齊復存於今。如其信篤，益是聖主所宜哀矜」。毅以剛狷輒發，不爲一時通人所尚。觀此語，該涉甚多，所存遠矣，通人之識固未能至也。

魯褒《錢神論》，史謂「疾時者共傳其文」，而復不全，惜哉！惜哉！《易》稱「利者，義之和」。孔子言「小人喻於利」。體其所和，聖賢之用也；察其所喻，小人之歸也。信如褒之論，則利固爲實，義者名而已矣，而何以疾爲？《易》又稱「理財正辭，禁民爲非」，其嚴如此，而後世猶以利爲義，況此論乎！此尤可歎爾。

中世之士或必於顯，或必於隱。必於顯者，榮耀甚而不退；必於隱者，憔悴極而不行。雖皆不概乎中道，而以失己者較之，其利害得喪固不同也。陶潛非必於隱者也，特見其不可而止爾。其所利所得，雖與必隱者無異，其所守則通而當於義，和而蹈於常，所以爲優也。至於識趣言語足以高世，而詠歌陶然順於物理，則不惟當於義而又有文詞之可觀焉。蓋中世之士如潛者一二而已。潛之所稱山林居處，殆孔子所謂不堪顔子之憂者，潛能樂之。而後世乃欲以徇利不已之心，過奢無制之物，有羨於潛而庶幾之，豈不誤哉！

或問:「子所謂中世之士若此,上世如之何?」《詩》、《書》所稱隱者皆有故,非不顧其時而自必其身者也。

## 晉書載記

三代以後,盜賊夷狄皆取天下,强者爲雄。石勒、苻堅既有十分之八。勒、虎極其殘酷,以力自斃,固無可言者。獨堅雅有並包之度,綏懷之略,雖暮年一敗,亦古今常有,而遂紛披摧折,魚爛土崩,不可救止者,蓋堅所取者廣而所守者狹,其所以並包綏懷者,乃其所以失之也。觀良、平、蕭何爲漢高計慮,其補綻調柔者,盡婦女箱篋之智,決裂震服者,皆市井屠儈之術,然不得不出於此。而光武身所戡滅雖多,用兵雖久,未嘗不隨事裁割,使倥傯之時便享平寧之利。二漢之所以取而成,傳而久者,臣以是道謀之於前,君以是道行之於後也。堅既廣大闊達,事無止法,而王猛復明鋭果決,動欲必成,君臣豪俊俱無堅凝之策,此正後世取天下之深忌,宜其一跌而不足以免身也。學者皆謂猛臨没勸堅勿以晉爲圖,堅不從故敗,此爲晉計可也,若爲堅計,不過欲並天下爾,雖圖晉何害乎!

崔浩言「慕容恪之輔幼主,慕容暐之霍光也」,浩蓋妄矣。恪,秦漢以後所未有,霍光何足比乎!

姚興以國用不足增關津之税,鹽、竹、山、木皆有賦。秦、漢後加增税賦,皆爲變政大事【一四】，故其群臣咸諫，與桑弘羊、朱暉同意。以此知衰世之法，古今一轍也【一五】。

苻堅在新平寺猶奇待尹緯，以爲王景略之儔，自愧其不知，念此令人酸楚。云古之王者知命之不長，並建聖哲，此意當無極。然後世人主苟計數定，自足以守。堅之不亡，要不在此，乃齊桓、劉備一節常留胷次而然也。

李雄無事小出，其丞相楊褒於後持矛馳馬過雄。雄怪問之，對曰：「夫統天下之重，如臣乘惡馬而持矛也，急之則慮自傷，緩之則懼其失，是以馬馳而不制也。」雄寤即還。史稱雄爲國無威儀，人主方出，丞相持矛馳馬過其前，此無威儀之一事也。然如褒所諫，雄所聽，乃春秋戰國間事，秦、漢以後固無之。使君臣簡質而可以聞善改過，區區之威儀又何足貴乎！此爲史者所不知也。

苻堅之遺慕容垂，夙度不疑可也。然百萬之衆一朝傾敗，度雖不可改，智自當及之矣。至丕使垂討翟斌，乃令苻飛龍爲副，又加以委飭，此尤疏謬。石越言：「公父子好存小仁，不顧大計，吾屬終當爲鮮卑虜矣。」夫大計有是有非，若越此言，真中堅病也。

晉有正始微言，勝會韻士，至於江左，雖安民之道不足，而扶世之志未衰。學者未宜略也。敘事雖煩猥無刊翦之功，然成敗得失之際，十亦得七八。史臣語陋，無一可採，然予奪亦不差，信孟子所謂「是非之心，人皆有之」也。舊傳有少年見一長者，問讀何書，云《晉書》。問晉書有幾個好亭子名，少年惘然無以對。方悟前輩讀書之法。使其果然，甚

【一四】變政大事　「大事」原作「事大」，據文淵閣本、黄本乙正。

【一五】古今一轍　「一」原脱，據文淵閣本、黄本補。

誤學者。韓愈自謂「上規姚、姒」，及誦其所學，乃云「記事者，必提其要；纂言者，必鉤其玄」。恐如此用功，亦未足以規姚、姒。就能規之【一六】，不過語言之不似近世者耳，而況於亭子名耶！

【一六】就能規之 「規之」原脱，據文淵閣本、黄本補。

# 卷三十一

## 南史宋書

魏、晉以後惟劉裕之取差或無愧，蓋晉已亡而裕非其叛臣也，但力尚不足自得，故必假晉爲名爾。取天下未論義得與篡盜，而實欲有之甚難。曹操、司馬氏皆數十年，劉裕亦然。人以爲不能致者，須勤身苦力以致之，不如是無以定民故也。而王莽、王敦、桓温父子，直以很抗陵上【一】，暴衆害物，豪奪經有，損身滅族不克主民，悲夫！

裕本劉牢之所拔，習見百年經略中原舊事，勇智兼人，宇量閎絶。若使息圖僭奪，專意經綸，其於恢復混一之功不難成矣。裕非無此資，故前取燕，後取秦，皆欲頓駕立足爲遠大之基。所以隨事淪胥，既得復失，終於割據分裂者，乃劉穆之教誤之也。取天下自蘇秦、張儀説破，蕭何、張良做出，後世相承，蓋有定説。英傑之士，必先識其大勢所歸，運動開闔，在本身材分之外，而穆之乃欲以區區應用刀筆小能，輒當豪傑佐時之目。嗟夫！彼謂如鄧禹、荀彧者，無以異於賈充、鍾會耶！

江左之政以元嘉爲首。史言其「綱維備舉，條禁明密，爵有常科，罰無濫品」，建武、

### 校勘記

【一】很抗陵上　「很」原作「狠」，據文淵閣本、黄本改。

永平之後無及焉。今考其最可見者，責成郡縣及守宰以六期爲斷而已，大抵上持其要，而下姑以苟安爾。若夫寬恤之政，勸相之方，先民後己之誠，損上益下之術，固未及也。況於道德文物，使之知教而有禮乎！自戎狄迭據北方所不論，蓋至唐僅以貞觀、開元爲稱。然則善政不常有，非特賢君難遇，亦由任己以亂俗者多，而識治以靖民者少故也，豈不惜哉！

宋文帝雖勤苦求治，不過獄訟而已。武明淫侈猜酷，殘民如不及，兩廢主童孺極惡，蕭氏遂劫而代之。及於梁、陳禍福欻忽，學者以其微淺，不能置論，然於世教所繫甚重。古人之於天下，固有常道，故伊尹謂「肇修人紀」，「以至於有萬邦【二】」。後世雖不足議此，然周之諸侯，大者秦、楚，小者魯、衛，傳世數十，蓋其爲國尚皆有本末，更仆迭起，而維持制服之具與之並行，所以久而能猶存，不止是富貴自身一路也【三】。李斯首破壞此事，君臣俱得富貴，然亦相隨而亡。兩漢雖皆李斯餘本，但時作一二，亦爲有所憑藉，故比其他享國者粗長久。曹操之興，荀彧本欲扶持，接續漢事，操不用，又殺之。陳群、王朗之流隨時好惡，舊論盡矣，此後無有知者。只如劉表要依文按本作昔人樣致，雖未必是，其徒不能隳括，與之共守，反與共亡。雖諸葛亮亦然，然則管仲、樂毅、亮雖以自比，恐未必及也。故三國各不數十年而亡。況劉穆之比以前人更隔數十重見識。劉裕本有闊達意度，而穆之以狹劣教之。其君臣上下自富貴娛樂，一身之外更無他説，以致國祚短促，皆其自

【二】以至於有　「於有」原脱，據文淵閣本、黄本及《尚書·伊訓》補。

【三】自身一路　「自身」原脱，據文淵閣本、黄本補。

取。民生其間，受禍迫數，可勝嘆哉！然則居王導、謝安、王儉之地者，安可不深念夕惕以爲警戒歟！若學者但誦習三代有道之長，不知如此短促卻在甚處，既無經通弘濟之念，而波流風靡，與世推移，又或迂鈍疏野，以古自絶，則與江左人材何以異矣！

自蔡邕、杜預用新術治曆，至何承天、祖沖之考索愈精。承天以月蝕之沖推日躔次，沖之言古術之作在漢初周末，所謂求詳於未差之前，蓋劉歆、班固所不能到也。沖之與戴法興更相論難，宋孝武殂，不復施用，然曆家傳之具存。一作「梁卒用之至陳」。

沈約敘祓除，引《周禮》女巫、《韓詩·溱洧》、《論語》浴沂，約固非知經。然近世學者以浴沂舞雩爲知道一大節目，意料浮想，遂爲師傳，執虛承誤，無與進德，則其陋有甚於昔之傳注者，不可不知也。

遷、固爲書志，論述前代舊章以經緯當世，而漢事自多闕略。蔡邕、胡廣始有纂輯。陳壽、范曄廢不復著。至沈約比次漢、魏以來，最爲詳悉，唐人取之以補《晉記》，然後歷代故實可得而推。雖去遷、固本意已遠，然古事既不能追，則所當存者，隨世有無而已。但其體煩雜，非復前比，殆成會要矣。學者立乎千載之後，考見始末，當使相承如一日。若姑競遷、固之華而不求其實，則失之遠矣。

漢魏雜歌詞，多曹氏父子所作。昔文王、周、召皆自爲文字，褒功表德，協俗訓民，正聲入於人心，百世賴之。曹氏以俠氣動哀思，激揚頓挫，而千載之下文人才子奮其筆墨，欲以名世。嗟夫！人材固繫於所祖耶！若《洛陽令》、《羅敷行》、《陳安隴上吟》，民俗之詞，本乎風土，自不可廢。惜其零落，僅存一二，觀者詳之也。

魏文居諒闇之始，便數出遊獵，體貌不重，風尚通脱，故戴凌以直諫抵罪，鮑勛以忤旨極刑，天下化之，咸賤守節，此貌之不恭也。按傅玄有慕通達之論，而言之不詳。此自魏、晉相承記魏文云然，宜得其實也。《晉志》削不載，今當復存，乃正始玄虚本原所自也。

太康中天下爲《晉世寧》之舞，手接杯盤反覆之，歌曰：「晉世寧，舞杯盤」。史以爲「樂生人心，所以觀事」。接杯盤於手而反覆之，至危也。晉世之士，偷苟於酒食之間而知不及遠，晉世之寧，猶杯盤之在手。切事中理，蓋亦君子之言也。流傳至今，猶有《杯舞》，又云《巾舞》【四】，古《公莫舞》也。

宋元嘉末日蝕，星辰畢見。孝建初蝕，列宿粲然。前代之異未有巨此者也。吁！是時陽德盡耶？

史稱「地理參差，其詳難舉，實由命號驟易，境土屢分，或一郡一縣割成四五，四五之中亟有離合，千回百改，巧曆不算，尋校推求，未易精悉」。蓋於是時，江淮以南爲十九州矣。時代遷換，南北割裂，而地之去留無常，是人事之不能免。至於欒變慕廣，不求於政而求於地，則後世之通患也。其後又不止此，或州增複名，郡累冗號，無益而衹爲異，去古愈遠矣。書地之法，當存舊繫雅削浮没猥而已。

【四】巾舞 「巾」原作「中」，據文淵閣本、黄本改。

宋明帝留心後房，擬外百官備置内職，有通尹、列敘、司儀、司政女林、侍御、殿中、祭酒之目。史以爲「元嘉以降，椒庭綺觀，千門萬户，淫妝怪飾，變炫無窮，自漢昭陽、魏九華不能概其萬一」。昔衛靈公與南子駕雍渠乘，招摇市過之，孔子醜之曰：「吾未見好德如好色者也。」古者后妃通稱，本無内職，儒生妄説文義【五】，承誤流轉，後世遂無所不有，何止好色哉！

漢魏以後，天下共稱諸葛亮，次則劉穆之。亮雖用其民不息，然民德亮，故不忘也。穆之未可語此。亮雖束縛豪貴使洗手聽法【六】，穆之安能？亮任人能盡其器用所至，材者知不見遺，不材無所儌倖，穆之亦未至此。若夫佐裕大合英豪，竭力經營，使天下定於一，尤非穆之所知也。自曹操不能一天下，余豈以一空談責穆之！蓋裕實有可致之資，其時亦易，然卒以不就者，既殺謝混，除劉毅、司馬休之，自應止此，規小意狹，又再費日月故也。沈約曰：晉綱弛紊，其漸有由。孝武守文，化不下及，道子昏德，憲章墜矣。重之以國寳，加之以元顯，祖宗遺典，群公舊章，掃地盡矣。主威不樹，臣道專行，國典人殊，朝綱家異，編户之命竭於豪門，王府之蓄變爲私藏。由是禍基動摇【七】，難結天下，蕩蕩然王道不絶若綫。高祖一朝創義，事屬横流，改亂章，布平道，尊主卑臣之義定於馬棰之間，威令一施，内外從禁，以建武、永平之風，變太元、隆安之俗，蓋文宣公之爲也。此當時人稱穆之實録。然尚有當論者，孔子謂「如有用我，期月而已」，豈聖人之智不及也？《詩》

【五】儒生妄説　「妄」原脱，據文淵閣本、黄本補。

【六】束縛　「縛」原作「練」，據文淵閣本、黄本改。

【七】動摇　諸本作「東妖」，按文義當爲動摇，存疑。

云「誰能烹魚，溉之釜鬵」，然則何天下之亂而能治之者少耶？

史稱「王弘博練治體，留心庶事，斟酌時宜，每存優允」。未知斟酌優允者何事，當只指與八座丞郎疏議者耶？當時政體，此爲大耶？然後世又有不能如此而稱賢者矣，故可歎也！

徐羨之、傅亮受顧命事，營陽、廬陵皆當廢，但不當殺爾。既至於殺，則文帝無以自處，不待王曇首輩迫促也。猶然遲回不忍者累年，蓋亦難之，所以致帝於有過。乃三人自爲，觀其負荷大事，亦秦、漢以後所少，至於二王之不當殺，不待智者而後知。宋武禪代，鴆毒舊君，戕剥遺胤，不翅如狐豚，其臣習見，方爲新君地，不暇爲舊君計，故蹉跌至此也。或以晉惠公、里克爲比，又言《春秋》之義不當殺，皆非也。人道所係，豈可以禍福影響附合耶！

謝晦自知不反，而猶舉兵犯闕，爲徐、傅陳寃，未審克捷之後又將何計？其愚如此，殺二王蓋不足道也。然以沈約所論，則當時亦無以三人爲非者，豈托孤寄命之地，古人遂無復令終歟！

劉德願善御車，嘗立兩柱，使其中僅通車軸，乃於百餘步上振轡長驅，未至數尺，痛與牛杖，奔從柱間直過，其精如此。德願以此擅寵於時，然則古之所謂東野畢者，將空言而非實歟！

朱齡石取譙縱，復從外水。朱超石取姚泓，奔却月營。智勇兼奮，項籍、曹操無以過之。江左用兵如劉裕，古今所未有也。然及其意衰氣沮，爲勃勃所禽，土梗之不若，皆前日之人耳。兵固無常勝，而亦無常形也。

張興世於敵上流立營，卒以破賊。昔人以智使勇，後世須有勇乃有智耳。

曹操既得重位，父子自作風流，領接一世。劉裕已有權任，父子慕當時風流，與兵力參用。成魏、晉之俗者，操也；不墜晉之遺風者，裕也。

爲國自有禎幹，得之者興。人主不知此，難以言御物矣。因謝景仁、謝述、謝弘微事書此。然宋武又謂「蔡廓自是蔡家佳兒，何關人事」，竟以會稽與褚淡之，悲夫！若更透過功烈，何止如此。

《張永傳》「時將士休假，年開三番，紛紜道路」，永請以一年爲制，從之，乃孝建初也，不知前此云何。然外則萬里從征，内則宿衛迭上，自昔而然，但有緩急耳。

《謝方明傳》數百字，詳看，後稱「性尤愛惜，未嘗有所是非。承代前人，不易其政，有必宜改者，則以漸移變，使無跡可尋」。謝氏前一行人以風尚自高，實政疏闊，而後輩乃精密如此。

沈約論江南貧富，元嘉、大明盛衰，及常平不興，沈曇慶議。謂「籠以平價，則官刻民優，議屈當時，蓋由於此」。夫殘民百年之命以豐其國，而不思立一日之法以庇其民，故稱管落莫失權，是其上者皆淪滅不復見，君德天道，誰與助成，極當考詳。

相職業，不在進用百官，余固論之。後世盡奪吏銓歸廟堂，宰相事但有此一條，不然則爲

廓謂選事不悉見付，不作吏部尚書。蓋魏、晉吏部郎已專用人之柄，況尚書乎！宰

每至歲時，皆束帶到門」。立人之朝，通塞交戰，惟無欲於其間者，庶幾爲人所信耳。

元嘉亦自無屠戮之禍。然盧陵要是可廢不可殺也。史稱「廓年位並輕，而爲時流所重，

得耶」？傅亮使止徐羨之不及。此與霍光說同耳，不必便謂爲有學術也。若止殺盧陵，

蔡廓言「營陽在吳，宜厚加供奉，營陽不幸【九】，卿諸人有弑主之名，欲立於世，將可

流通路絕，恐開壞亂之門，又在建安、黃初下矣。

本」，此自戲論，無可言者。然錢與物相權而行，古今正法也。後世窮於用錢，不能思變，

食貨以來，罷錢專用穀帛者，惟漢末魏初，孔琳之議甚詳。沈約謂「覩其末而不統其

衰也。

也。時主苟不至如秦燒書殺士，則學以人興，傳之久近，自繫其道之精粗，不以利祿盛

天，雷次宗、庾蔚之、周野王、周王子、向琰、賀道養雖未及古人，然立名當世，固不得而略

沈約言「自黃初至晉末，百餘年中儒教盡」，所記臧燾【八】、徐廣、傅隆、裴松之、何承

刻民而後可耶！

民輕重，李悝平糴，壽昌常平，數千年間僅存，而其終也又反爲民患。嗚呼！必優官

【九】營陽不幸　據文淵閣本、黃本補。「營陽」，原脱。

【八】臧燾　「燾」原作「壽」，據黃本及《宋書》本傳改。

《蔡興宗傳》載爭選事尤詳悉。蓋散騎常侍、中書令、秘書監雖非要塗，然皆三品，與八座征鎮並列，選曹所擬授也。上二品公相都督，主相所自用者殊少耳。興宗幸死於廢帝初，不然，當末年之事，未知何以處。

余每恨荀淑、李膺之流，師友言議不傳於後。觀《謝弘微傳》載謝混烏衣之遊，益令人慨然！如言阿遠剛躁負氣，阿客博而無檢【一〇】，曜恃才而持操不篤，晦自知而納善不周，設復功濟三才，終亦以此爲恨」。又云「微子異不傷物，同不害正」。皆混語也。混已如此，況膺等乎！

晉懲魏失，寵樹宗藩，遂速亂亡。末年，道子、元顯，公卿不復措手足，同歸於弊。劉裕益甚，子弟孩抱，皆使驅駕士大夫，既不足以鎮繫人心，徒扇動同異，反叛屢起，上下猜防，過於庶姓，國祚長短，竟何所較！昔在禹、湯，維御之制無聞，然亦能永世，周雖以同姓至八百，昭、穆之後，不絕幾何？人主不以道德囿天下，而欲講自固之術，雖文、武、周、召，吾未見其工也。

「親禮國士，友接佳流」；「性之所滯，其欲必行，意所不在，從物回改，此最弊事，應宜慨然」；「至訊日虛懷博盡，慎無以喜怒加人，能擇善者而從之，美自歸己，不可專意自決以矜獨斷之明」。此宋文帝《誡義恭往荆州書》中語。宋文帝多恕人之言，如慰勞孔熙先，「以卿之才而滯於集書省，理應有異志，乃我負卿」。此亦他人主所不能，宜其致元

【一〇】阿客博而無檢　「阿客」原作「何顒」，據文淵閣本、黄本及《宋書·謝弘微傳》改。

嘉之治也。佳流謂時之名勝，然未必有幹用之實，正人主勵精者所簡薄，而帝能親接之，蓋加於人一等也。

王微《與江湛辭吏部郎書》及《王僧綽、何偃書》，雖不弘暢，然無一點俗也，惜其所知未遠，而所立已過爾。微言「諸葛孔明云來敏亂群過於孔文舉」。孔融奇逸，天下歸心，而亮之言如此。蓋秦、漢以後，執權當位者皆有一種操刀裁制之習，雖亮亦不能免也。推亮此意，未必逮管、樂也。

《鄭鮮之傳》言劉裕「少親戎旅，不經講學，及爲宰相，頗慕風流」。漢高祖乃謂「以馬上得之，安事《詩》、《書》」！然則絶學之後，多士之余，氣習聞見自不同也。按《王景文傳》，「伯父智，少簡貴，有高名，高祖甚重之，與劉穆之謀討劉毅而智在焉。他日穆之白高祖曰：『伐國重事也，公云何乃使王智知？』高祖笑曰：『此人高簡，豈聞此輩議論！』」故余謂穆之教誤劉裕也。

宋文帝既殺徐羨之等，分遣大使巡行天下。當時惟稱裴松之得奉使之義，觀其奏文，雅有意裁，依事爲書，必有所考，惜乎不傳也！州縣監司雖已備列，特遣使命有所觀省，自足以新一時耳目。況人主初即位，天下無不想聞德音乎！誠有願治者，必自此始。往歲光宗將内禪，或勸宰相以赦文宜搜訪巖穴，宰相色不怡，答云：「此常談爾。」或者方爭論變色，余笑解之，以爲今時在客店求差遣者，尚不能疏理，何暇論巖穴，宜丞相以爲常談也。及既求言，而有應詔論事者，不特不能延納，又從而竊誚之。然則如宋文帝、裴松之事，蓋常人所共嗤點矣。

親戚執權能以令終者，周公之後惟東平王蒼、慕容恪。恪別論。蒼亦爲文而已，且又速退，所以兄弟無隙也。宋文帝本無猜心，而義康擅政十餘年，威福在手，事會既逼，生疑起釁，致成大戮。當是之時，蓋無所用力，徒使巴令育隨死，悲夫！

何承天《安邊論》，學者多遵用。按沈約稱宋人「綿河作守，兵孤援闊，盛衰既兆，用啓戎心」。又「分青置境，無圉守之宜，闕耕戰之略，恃寇不來，遂無其備，周漢二策，在宋頓亡」。故載此論，以爲博而篤。承天亦自言和親事重，遠征不可，「安邊固守，其計爲長」。如欲「移遠就近，浚復城隍」，固守邊之常經。若纂耦車牛，課計丁仗，盡責之民，則事既難從，於守備之計亦不周徧矣。此是昔人已行之粗説，必須用之，又當增益推廣而後可。大抵謀邊規敵，策貴因時，有徑切的實用之即驗者，如晁錯、侯應、揚雄、江統之説是也。施之異日，則或不然。只如趙充國屯田，當時已不可盡用，而後世欲拾其遺説，步武從之【一二】，蓋已疏矣。若今世詳究此論，則又大異。古者和親不能專一，自春秋至唐皆然。而今二百餘年，虜更兩姓，議和株守不變，華戎所同，稍一渝改，便致大禍。身播國亡，主謀者梟誅刊翦，罪同叛逆。一異也。疆埸之事，一彼一此，南北互屬，前代多有，而昔者河東北，今也淮漢，限以溝塹，分劃堅明，無復犬牙相錯之形。二異也。漢文帝言和

【一二】步武從之　「步」原脱，據文淵閣本、黄本補。

親之後，漢過不先，蓋中國惟恐夷狄背約。而今乃虜自執盟誓，懼我移易，聲彼之直，歸曲於人。三異也。又承天所言，正以和爲未易，故欲治守策。若和親已定，信如四時，邊城晏然，和樂萬里，區區守禦，何所用之？過計私憂，勞弊邊民，貽笑多士而已。頃者朝廷方舉復讎之義，余深患之。欲先擇沿淮、漢十州郡堅牢做家計，州以萬家爲率，國家大捐緡錢二千萬，爲之立廬舍，具牛種，置器仗、耕織之外，課習戰射，計一州有二萬人勝兵，通家丁得此數。三數年間，家計完實，事藝精熟，二十萬人聲勢聯合，心力齊同，虜雖百萬，不得輕撓。當是時，我無渝約，挑彼先動，因其際會，河南可復。既復之後，於已得之地仍作一重，氣壯志强，實力足恃，雖無大戰，虜當銷縮，謀因力運，戰亦無難。如此則藩牆扞城，堂奧不動矣。今虜雖已復和，尤當用此策。且春秋戰國圖人之國與自守其國者，皆數十百年單行一說，世守不易。雖三代以仁義致天下，亦皆如此。而後世乃施浮遊嘗試之計，朝責夕效，後毁前功，所以更無湊止處。況今阻水爲境，山水寨忠義民兵自備器用之類，在承天四事中略皆施行。然虜嘗一至，則生聚以百萬計，席卷渡江，天下騷動，竟亦何補！故余謂策貴因時，取其徑切的實可也。

謝靈運《撰征郊居賦》雖體裁下而意韻高，視漢人規模前作者，反當勝也。沈約論詞賦之變，謂「玄黄律吕，各適物宜，欲使宫羽相變，低昂互節，若前有浮聲，則後須切響，一簡之内，音韻盡殊，兩句之中輕重頓異，妙達此旨，始可言文」。余觀詩人之音節未有不順者，至騷始逆之。騷體既流，詩人之順遂不可復。自約以後，其聲愈浮，其節愈急，百千年間天下靡然，窮巧極妙而無當於義理之毫芒。其能高者不過以氣力振暴之，暫稱雄傑。而約方言「靈均以來，此秘未覩」，蓋可歎也。

「建國之道咸殊，興王之道不一。至於開諫致寧，防口取禍，固前王同軌，後主共則。秦、殷之敗，語戮刺亡【一二】；周、漢之盛，謗升箴顯」。建平王宏獻議語也。江左之文，雕靡無實。如此數十字，簡矣，而該切義理，固無害於文也。

劉璡《爲建平王景素訟寃書》敘事博雅，引義切近，可追漢人餘風。雖間有琢刻，少矣。比齊、梁間豪於一時者，絕出倫類，不可同稱。然璡與兄瓛皆儒者，不以文名也。

顏延之《五君詠》怨憤斥外而作耳。《柏舟》、《簡兮》、《君子陽陽》、《丘中有麻》等詩，使其當時皆如此，則亦何貴也。夫高人之思，遺世之音，尚病其偏，況如此等，後人不必擬也。

「欲者，性之煩濁，氣之蒿蒸」，「雖生必有之，而生之德猶火含煙，桂懷蠹，故性明者欲簡，嗜繁者氣惛」。文士前稱潘、陸，後稱顏、謝，而延之頗存理義，不獨以文也。《庭誥》雜言，會最成篇，却煩累難讀。

顧覬之爲山陰令，務簡績修，著名於世。後世三萬户邑極衆，而宋獨以山陰爲最劇。其言「晝夜不得休，事猶不舉」，誠古今同患。至於理繁以約，晝日垂簾【一三】，門堦閑寂，

【一二】刺亡　「刺」原作「制」，據文淵閣本、黄本改。

【一三】晝日　「晝」原作「盡」，據文淵閣本、黄本改。

惟覬之能之。蓋世之以身累事者【一四】,不獨庸人污吏爲然,而以政自喜者,往往皆然也。蔡興宗乃以覬之風節過峻,豈其謙耶?抑興宗猶有以自將耶?

覬之嘗謂「秉命有定分,非智力所移,惟應恭己守道,信天任運,而闇者不達,妄求僥倖,徒虧雅道,無關得喪」。乃以其意命弟子願著《定命論》。《論》猥駁無可觀,不如此數十語也。説到命處,著語不得,雖聖人難之。覬之執命是實物,故言愈多愈滯耳。

劉道産在雍州,有惠化,遠蠻悉歸,緣沔而居。故當時有《襄陽樂》之謡。道産死而群蠻大動,柳元景、宗慤、沈慶之窮兵力取之,僅克。若後世之論,則道産爲姑息引寇,遺患後人,方爲大罪,不得有良吏之稱也。慶之以爲「前後伐蠻,皆山下安營,蠻得據山爲阻,矢石有用」,乃斬山開道,不與蠻戰,鼓噪上山,衝其腹心,連營山中,開門相通,穿池於内,以防蠻火。竟以此困蠻,恐後人或未用也。余嘗論智用非勇不成,世固有有勇而以無智敗,未有有智而能以無勇成者。後世智謀短闕,每事挫辱,正坐瞻力久喪,不復生發耳。

顔師伯用寒人張奇事,江左以爲口實。人主不能以道御臣下,而與之爭職事,以此爲收攬威柄,自韓昭侯、漢武、宣之流猶不能禁止,况宋孝武昏德耶!學士大夫每於商論世故,無不推墮,如魏徵、陸贄乃當免耳。

周朗所言雖未盡當世務,然世主真欲論治,必由此門,要不自庸人出,不可謂江東無

【一四】累事者　「者」原脱,據文淵閣本、黄本補。

人也。王吉但泛指大概，猶得廢棄。朗觸忤多矣，宜不免死，真可歎也。沈懷文持論正平，亦復併命，士君子居世，若之何而可？晏子、叔向特幸耳。

宋明帝殺吴喜，手詔二千四百餘言【一五】，稱其能將數十人，降群賊三百人，平十郡，「妄竊善稱，聲滿天下，密懷姦惡，人莫之知」。「吾壽百年，世間無喜，何所虧損」。「疾患不治，天下豈可有喜一人」，「將之爲用，譬如餌藥，嬴冷資散，熱動去堅，豈憶始時之患，不計後日之損」。宋人詔令多有此比，可謂瑕不掩瑜，殺人自生也。昔楚子囊謚君爲「共」，孔子謂楚昭王知大道。蓋自古人君能知君道者甚少，而存亡延促，更視其力之如何，不以道有無爲斷，此尤可嘆息也！

劉勔降壽陽，約三軍不得妄動，城内士民秋毫無所失，百姓感悦，咸曰來蘇，生爲立碑。不惟江左纔有此一事，載籍間自少見也。理雖具在，要須人與理會，然後道義可行。觀勔條答鄧元友事，其自得之者多，而處之若無。惜其遭時愈下，不得寘品於羊陸中也。袁粲自待甚高，遺落世故，其終能立節，固宜。然既已委權於前，方欲作異於後，自無可成之理，此清談高詠誤之耳。

龔穎，蜀之辟吏，全節故將，九載不渝。郭原平，越之鄙人，篤行事親，三世無改。

晉、宋以前至於堯、舜，居官無代，但不爲民計者，更易頻耳。故沈約稱宋文帝「守宰以六期爲斷，雖没世不徙，未及曩時，而民有所係，吏無苟得」，止言非六期不得去，亦不

【一五】二千四百餘言　「言」原脱，據黄本及《宋書·吴喜傳》補。

言及六期便當代也。然是時如顏延之便已除代，其後遂稱三周年一小滿。而後世立爲代法，乃至前授未上，後代已除，甚至再三，人欲其處，殆將五六。雖有志之君欲爲民計，不材者既不可禦，而善於職者欲久而不可得。古今之變如此，可畏也。

王鎮之王氏衣冠家，爲廣州，蕭然無所營，去官之日，無異始至。能此自應。杜慧度【一六】，朱戴遠人【一七】，文武兼著，清節皎然，可尚也。

陶潛卒於元嘉四年，故《宋書》稱其「弱年薄宦，不潔去就之跡。自以曾祖晉世宰輔，恥復屈身後代，自高祖王業漸隆，不復肯仕。所著文章皆題年月，義熙以前，則書晉年號，永初以來唯云甲子」。所載宜得其實，而《晉書》不取，彼謂逸民於存亡之義無關故耶。

沈約《恩倖序》稱「魏立九品，蓋論人材優劣，非爲世族高卑」。歲月遷訛，斯風漸篤，凡厥衣冠，莫非二品，自此以還，遂成卑庶。周、漢之道，以智役愚，臺隸參差，用成等級。魏、晉以來以貴役賤，士庶之科，較然有辨。自劉毅、衛瓘、李重論中正，至約盡之矣。此魏、晉江左大事也。不然，則戴法興、徐爰、阮佃夫輩皆士大夫之選，豈得尚爲恩倖耶？

魏太武言「彼常願欲共我一遇交戰，我亦不癡，復不是苻堅，何時與彼交戰？晝則遣騎圍繞，夜則離彼百里宿」。又謂「吴人止有斫營伎，我亦知彼情，離彼百里止宿。彼軍三里安邏，使首尾相次，募人裁五十里，天自明去此，募人頭何得不輸我」。斫營者江南之所長，大戰者虜人之所畏，故魏太武聲欲渡江而已，其計正在擄掠殘壞爾。夷狄之

【一六】杜慧度 「杜慧」原作「社惠」，據黃本及《宋書》本傳改。

【一七】朱戴遠 「戴」原作「載」，據黃本及《宋書》本傳改。「遠」疑爲衍文。

情，古今一致。然後世智慮變易，既不知斫營，尤畏大戰，不論士大夫，雖爲將者皆不能言兵，是以虜累數百年陸梁無所憚，信天地間異事也。約爲《索虜傳》載事情精實，與中國利害相接，瞭然若身履其時，班固《匈奴傳》不能及也。

西南夷、訶羅陁、呵羅單、婆達師子天竺、迦毗黎所通表文，皆與佛書之行於中國者不異，蓋魏、晉前所未有。然則今釋氏諸書，是其國俗之常文，中國人不曉，轉相崇尚以爲經爾。微言妙義與夫鬼神之貫通，誠無間於夷夏。然彼可以施之於我，而我不得以革之於彼，其淺深之不同，雅俗之不合，孟子所謂「未聞變於夷」者也。

遷、固相踵作諸志，存上古大意，於漢事猶多闕略，後漢便失比次。至約撰《宋書》粗完實，而事多義少，其後遂爲會要矣。然備一代之故，使後人自擇其體，亦只宜如此。每見學者於《史記》、《漢》、《唐》之外，往往遺忽，既墮熟處，又統紀不全，極失典學之義。按孔子自唐、虞至《魯春秋》無不論敘，距孔丘卒纔二歲，豈以爲博？正謂學之次第當如此。學者不知，遂多異說，乖本旨矣。

# 卷三十二

## 齊書

按漢、魏之季，皆以君弱不能主斷爲强臣劫取。至宋非專取之於晉，差若無媿，余固論之矣。及其後世三遇淫虐，營陽見廢早故，毒未加於人，使縱其惡，非桓、靈所能當也。前廢殞首，雖授之湘東，而子房、子頊禍遍天下。蕭道成材非雄特，仕於亂世，懼不獲死，密有狂心，殆與莽、卓、操、懿之流異矣。未有桀、紂之暴，以殺爲能，德如湯武，則曰爲天下誅之。苟非其人，姑以自救取位，如道成是也。況休若景素既已再奪，猶不知懼，好殺愈熾，凶窮虐極【一】，不可復存。是則蕭氏之篡，雖義所不許，而勢有所必至矣。但其父子智識凡猥，曾無毫髮爲民請命之念，放飰大物，流啜於高位，武帝謂豫章王嶷：今夜行，無使爲尉司所呵。嶷言：封畿之内，皆屬臣州，願陛下不賜過慮。上大笑。促亡之象，近在目前，而其臣方爲之稱奇數瑞，封樹枯骨，陳説蛟蛇以神怪之。嗚呼！自司馬遷以來如是矣。

余嘗論宋元嘉守宰以六期爲斷，非欲久之，乃速之。及齊永明一以小滿爲限，則遂以頻替速易爲永制，而魏、晉以前事不復行矣。至其後三周習熟，反謂近於古人之考績，而

### 校勘記

【一】凶窮虐極　「極」原脱，據文淵閣本、黄本補。

以憐其久滯之失職，用其初至之鋭心，爲論治之善者。嗚呼！聖人之法淪墜不得見【二】，而以俗説文於方策，其條有幾，不可不思。

《海陵紀》言「正厨諸役，舊出州郡，徵吏民以應其數，公獲二旬，私累數朔」。「今可長停，諸縣使村長路都防城直縣，爲劇尤深，亦宜禁斷」。所謂正厨者，當是元會宴設之類耶？國饗而民供之，不知何所始也。若防城直縣，則後世亦未嘗不然，但有委曲，不公言役民耳。

永元三年有物絳，色如小甕【三】，漸大如倉廩，隆隆聲如雷，墜大湖中，野雉皆雊。按劉聰流星起牽牛，入紫微，龍形委蛇，其光照地，落平陽北十里，視之則有肉，長三十步，廣二十七步，臭聞平陽，肉旁常有哭聲，晝夜不止。使永元之隕不在震澤，亦爲平陽之肉矣。劉聰之亡，東昏之滅，震干怪物，自應如此哉！

余既論蕭氏之篡，雖義所不許而勢有必至。然則褚淵、王儉亦可得而言也。袁粲力不能正國家，止欲以身死節，是安能支劉氏之亡？召忽死之，管仲不死；子路貶之，孔子許焉。所可恨者，淵、儉非懷匡世之志，但有富貴之願，乘時掉臂，如負販然。諸葛亮自比管、樂【四】，以其人可也，若其仕則有不屑矣。儉弱年便以宰相自許，俯首就人，惟恐不合，與劉湛、王融何異，而謂謝安亦爾耶？

齊武帝自謂與【五】高帝同創業，專行不忌，斷割自與，父子之隙遂開。使享國年多，

【二】法淪　「淪」原作「論」，據文淵閣本、黄本改。

【三】絳色　「絳」原作「降」，據黄本及《宋书・天文志》改。

【四】自比管樂　「自」原脱，據文淵閣本、黄本補。

【五】自謂與　「謂」原脱，據文淵閣本、黄本補。

未知其安所終也。而王瞻以輕傲搆釁，垣崇祖、荀伯玉以觸意被嫌，在斬祛之地，受無妄之戮。嗚呼！阻薄至此，乃欲繼體迪德，乘運方興，可一朝居乎！

按《王敬則傳》，竟陵王子良言三吴凋困，斛直數倍【六】，疋裁三百，民間錢多翦鑿，鮮復完者，公家所受，必須圜大，以兩代一，困於所貿。又民無士庶皆爲塘丁，而王敬則悉斂爲錢以送臺庫。記此，要見當時民力。昔漢宣帝謂長於閭閻，知民疾苦，用致中興。武帝乃不爾耶！其計畫信任又如敬則輩，欲永國命，難矣。

《崔祖思傳》載劉備取帳鉤銅鑄錢以充用；魏武遺女，皂帳、婢十人；王景興以淅米見誚；宋武桃花米飯。皆前志所不及。余記此，非美其能行儉德，如禹、文王之髣髴，蓋當是時兵革力役【七】，爲其上者服用猶如此，則民生之憔悴，不能自免於溝壑，可憐甚矣！至其後世，未能臻乎富庶，而爲子孫者遽自驕侈，窮珠玉，極文繡，則又甚焉，悲哉！

垣榮祖言：曹操、曹丕上馬横槊，下馬談論，於此天下可不負飲食矣。君輩無自全之伎，何異犬羊乎！此言似是而非。古之聖智皆生亂世，排患扞難，無不爲己任，獨未有以一夫之藝力自雄者。故孔子謂「驥不稱其力，稱其德也」。驥猶稱德，而況人乎！曹操父子何足法哉！榮祖粗暴武人，妄肆胷臆，而學者或從而信之，過矣。

王僧虔《誡子書》，當時學玄者略可見。言「專一書轉通數十家注，至老不釋卷，尚未敢輕言。今開《老子》卷頭五尺許【八】，便手捉麈尾【九】，自呼談士。設令袁令命汝言

【六】數倍 「倍」原作「十」，據黄本及《南齊書·王敬則傳》改。

【七】當是時 「是時」原顛倒爲「時是」，據文淵閣本、黄本乙正。

【八】卷頭五尺許 「卷頭」原作「未」，據《南齊書·王僧虔傳》改。

【九】麈尾 「麈」原作「塵」，據黄本及《南齊書·王僧虔傳》改。

《易》，謝中書挑汝言莊，張吴興叩汝言《老》，端可復言未嘗看耶？【一〇】」袁令，謂粲也。謝中書，朏也。張吴興，緒也。當時夙流所宗也。「才性四本，聲無哀樂，皆言家口實」，謂執談之本轉相破解者也。自王弼、何晏、郭象所傳，二百年間勝人名士所從出也。玄之陋，非有益於道也。然當時貴之，預在此學者不爲凡流，則是猶能以人守學也。後世以性命之學爲至貴，而其人不足以守學，百餘年間，視玄愈下矣。

《虞玩之傳》載黄籍事，言：宋元嘉中光禄大夫傅隆年出七十【一一】，猶手自書籍，躬加隱校。隆何必有石建之慎，高柔之勤，正以世屬休明，服道修身故耳。籍無人人自書之理，隆以列卿同於編民，書籍州縣，既不近理。若謂朝士預州縣事，躬校簿書，又非義也。後又言納玩之言：別置版籍，官置令史，限人一日得數功。詳此，似緣揚州都畿諸郡民籍當在朝廷，故傳隆在元嘉中容以典領，得手書隱校。故又云：泰始至元徽，揚州九郡四號黄籍，共却七萬餘户，今十一年而所正者猶未四萬，神州奥區猶或如此，江、湘諸郡倍不可念也。《周官》雖大司徒辨王畿民數及夫家衆寡，然當時天子亦各自治其國，與後世不同，勢應如此。至漢，三輔、河南不復關朝廷矣。而江左乃以宰相兼揚州，既無清正根本之實，反以浮淫隱蠹爲四方逋逃主，謝安所言可見也。然則號元嘉爲最者，劉義康、劉湛之徒精力綜覈所致耳。如齊高武，意則欲之，終莫近矣。

張緒，宋、齊間第一人。宋明帝見輒歎其清淡，齊高帝不敢移緒自近，武帝目送，謂

【一〇】「設令」至「看耶」三十字原脱，據《南齊書·王僧虔傳》補。

【一一】年出七十　「出」原脱，據文淵閣本、黄本補。

「緒以位尊我,我以德貴緒」,帝驕而猜,乃能有此言,不知當是時緒能於周行,以聲音笑貌自致人主敬異耶? 亦或其主故好親近其臣而然也。緒忘情榮禄,口不言利,有財輒散,清言端坐,或竟日無食,素望孚於中外,王衍、樂廣所不能及。惜其言論不傳,獨有教子充一語爾。緒所學者《老》、《易》,《易》之道固非緒所能知。然當時要自以此二書爲微妙高世,苟誠其人纔涉户庭,洗滌蘇醒,便已絶出,余所謂人猶能守其學也。而後世之學自謂得於道深者,乃不足以變化其人,其病安在? 不可不熟講也。

齊武帝與劉悛有舊,數幸其家,著鹿皮冠,披悛兔皮衾,宴飲至夜乃去。數歎曰:「貧賤之交不可忘,糟糠之妻不下堂。」顧謂悛曰:「此況卿也。世言富貴好改素情,吾雖富有四海,今日與卿盡布衣之適。」悛起拜謝。此語似能以天子篤布衣之好,如詩人所謂不遺故舊者,然而非也,正是驕滿酣豢後所發耳。光武物色,訪齊男子,嚴光不屈,公孫述單衣立舊交位,馬援笑之,況此以貨利交結乎!

《悛傳》載孔顗《鑄錢議》,言:漢鑄五銖錢,至宋文帝歷五百餘年,制度世有廢興而不變五銖,蓋宋自武帝後錢法壞也。悛言蒙城故嚴道,鄧通鑄錢處,並獻蒙山銅,遂使入蜀鑄錢,得千餘萬,功費多乃止。當考。今世蜀不用銅錢久,宜有遺策未究也。

王儉自負經術,其作相也,不能協輔時主,光弘道化,立規垂訓,庶乎久成。區區炫燿耳目,以家爲館,孩撫後進,蹇肆成風,蓋儒者之學墜於是矣。而史臣以爲「家尋孔教,人誦儒書，執卷欣欣，此焉彌盛」，殆見其外耶？

竟陵王子良所言遣臺使，有「狏蒜轉積，鵝栗漸盈，遠則分鬻他境，近則托貿吏民」，及「凡諸檢課，宜停遣使，密畿州縣，則指賜勑【一二】，遙外鎮宰，明下條源」【一三】。推此當時朝廷之人徧州縣矣，又皆微賤者競作威福。昔稱犬不夜吠，吏不至門，爲郡縣簡靜之政，若王人數至村落，民何以堪！又言「兖、豫二藩，密邇寇庭，下無安志，編草結菴，不違涼暑，扶淮聚落，靡有生向，俱稟人靈，獨絶温飽，而賦斂多少，尚均沃實」。然則是時荒民不減賦也。子良居富貴之地，而論人疾苦能同其仆起，豈可謂之非仁耶！史言其「勸人爲善，未嘗厭倦，以此終致盛名」，蓋齊世一人而已。

張融《自序》言：丈夫當删《詩》【一四】、《書》，制禮樂，何至因循寄人籬下！此言誠太狂簡，如融自不足深論。然人具一性，性具一源，求盡人職，必以聖人爲師，師聖人必知其所自得，以見己之所常得者。《詩》、《書》雖不可復删，禮樂雖不可自制，至於隨世見聞，因時述作，既不極乎義理之正，而祖其固陋，轉相師習，枝纏葉繞，不能自脱者，錮人之材，窒人之德者也。

周顒勸何胤蔬食，言：爲士者，豈不以恕己爲懷，是以各静封疆，罔相陵軼。浮屠有旅泊三界之論，雖非所以經紀人道，然世之甘於滋味而不能止者，苟有概焉，亦足以寡欲。飯蔬飲水，簞食瓢飲，孔、顔皆以爲至樂，蓋聖賢無許厚味之法也。然則「各静封疆，罔相

【一二】則指　「則」原作「别」，據黄本及《南齊書·竟陵王子良傳》改。

【一三】條源　「條」原作「滌」，據黄本及《南齊書·竟陵王子良傳》改。

【一四】當删　「删」原作「剛」，據黄本及《南齊書·張融傳》改。

陵軼」，自當爲名言。

西陵四埭有可增之税，郡無所白，而戍主乞專其利。顧憲之斥議雖深，然終不言杜元懿是不應主論者。然則宋、齊之間，綱紀敗壞，兵官遂干民政耶？抑自江左至魏、晉皆然也？雖衰世若體統未失，民猶可暫安。不然，雖興王之時，百姓無所托命矣。憲之言：「頃言便宜者，非能於民力之外用天分地者，率皆即日不宜於民，方來不便於公。司馬遷謂『可施廊廟』，此等語，是也。

王融因元魏求書論虜情，以爲「中原士庶雖淪殊俗，至於婚葬之晨，猶巾構爲禮，而禁令苛刻，動加誅轘」。不知以虜俗革華風，自五胡而然耶，將始於拓跋也？又言：「曲從物情，僞竊章服，指孝文也。又言：設官分職，彌見其情【一五】，師保則后族馮晉國，總録則邽姓直勒渴侯【一六】，臺鼎則丘頽苟仁端，執政則目凌鉗耳，至於東都羽儀，西京簪帶，崔孝伯、程虞虬久在著作，李元和、郭季祐上於中書，李思沖飾虜清宫，遊明根汎居顯職。謂給之以書，則馮、李遵尚，直勒乖阻，華夷疑貳，可以收卞莊之功，此固疏闊矣。然劉石、慕容、苻、姚皆世居中國，雖族類不同，而其豪傑好惡之情，猶與中原不甚異。獨拓跋以真匈奴入據諸夏，純用胡俗强主華人，觀其所言，則與今女貞略同矣。孝文雖知以中州革其胡俗，尚不能盡，故褚熠譏之，謂：「帽上着籠冠，袴上着朱衣，不知是今是【一七】，不知非昔非」也。然魏自是衰亂潰裂，不及百年，衣冠文物卒復中原之舊。然則推融之

【一五】彌見其 「見」原作「其」，據黄本及《南齊書·王融傳》改。

【一六】直勒渴侯 「侯」原脱，據黄本、敬鄉本補。

【一七】不知是今是 「今是」原脱，據黄本、敬鄉本補。

言，則將自南而變北，聽其自變，則必以北而變南。消長之機，不可不深畏也。

謝朓始變齊、梁之文，沈約和之，漢、魏舊風掃地盡矣。按《陸厥傳》，約、朓及王融以氣類相推轂，周顒善識聲韻，約等文皆用宫商，以平上去入爲四聲，以此制韻，不可增減，世呼爲永明體。而厥與約爭論，謂前英已早識宫徵，非此秘未覩也。其詞往復云云，可謂葑菲之下體，筆墨之贅疣。然文章之變，自是遂不可復反。後世學者常言人心自有天理，嗟夫！此豈天耶？至蕭子顯又總該三體之外，自出機軸，以爲吐石含金，滋潤婉切，雜以風謡，輕唇利吻，《易》稱「艮其輔，言有序，悔亡」，哀哉！

## 梁書

梁武本出諸生，有勝流之目，與沈約、謝朓、王融、任昉追逐上下。初起能決策不反顧，遂乘摧枯之勢以定大事，未有如此之易者，蓋逢其時也。情念在民，精擇守宰，拔舉人材，不隔前後。賞士愛文，意無厭斁，博雅通經，精義不窮。不特江左人主所無，秦、漢以來語賢君者，皆未易及也。自古以慎終如始爲最難，又曰「靡不有初，鮮克有終」，雖三代中君以上，犯此戒者多矣。若梁武慎終有過於始，烏得有初無終？所謂遊田、聲色、玩好致敗之具，色色無之。若謂末年委政群小，如何敬容自是吏手，朱異未爲蠹政。若謂子孫爭權，朋黨角立，此易世事，未應一擲遽亡。若謂崇信異教，此只是蔽溺上一過，亦安在於社稷不守，海内横流也？世論每以三者立貶義【一八】，既於梁武存亡利害不接，又使賢君與幽、厲、赧、獻同稱，甚不中理，此余不得不爲破群疑者也。堯、舜三代至秦、漢有全一之天下，其待外國皆無上策。至晉、宋乃以江、淮爲淵，乍前乍却。梁武未有明特立國之規，與夷狄限一水，徒循舊事，駛弟悖子屢出屢挫。偶值拓跋衰殘，繼以東西幅裂，故得四五十年對立而形證未分。然和戰雜用，守備不飭，及侯景以詐入腹裏，一奮其暴，雖數百千人而疽潰川決，心喪膽落，拱手破亡，此蓋計數之失，非敗德所召也。漢景削七國，苻堅南侵，宋文帝北伐，幸而存者僅同一縷。梁武納侯景，與此何異？雖求無辱，固不可矣。計數之於國家，秦、漢以來大事不可不詳論也。

梁元帝《勸農令》云：「三農務業，尚看夭桃敷水；四人有令，猶及落杏飛花」。又云：「豈直燕垂寒谷，積黍自温；寧可墮此玄苗，坐餐紅粒。不植蘁頷，空候蟬鳴。」帝之文章所以潤色時務者如此，豈《載芟》、《良耜》之變者耶？

梁樹本根比晉、宋、齊爲厚，不應速亡。所以卒於亡者，計數之失也。武帝納侯景，計數之失一也；元帝能克景而不歸建康，計數之失二也；王僧辨畏齊，立貞陽侯，陳霸先因之而起，計數之失三也。或謂元帝猜險，非繼世之君，其理則然。然使即歸舊都，當使僧辨、霸先皆無異志而並獲其用，北人不能徑渡，必不身遭屠戮也。僧辨之心固不在篡梁，若不以立君爲舉棊，霸先雖姦凶，無自而發，梁祚尚可延也。十年之間積三大失，皆於

【一八】每以三者 「每」原作「無」，據文淵閣本、黄本改。

完身中自致扼吭刎頸之禍，悲哉！

魏徵名善論事，論梁事，猥摭故實而已【一九】。《南史》載郗后化爲龍居池中，轆轤金瓶，灌百味以祀，及徐妃淫行甚詳，而姚察本書皆不記。自古策書惟記大事，至簡牘則無不言，顧筆墨所存有雅俗耳。察但知諱避，止述世出，官職號謚，於義無用也。

自宋以來委任宗室子弟駕御功臣士大夫。鄧元起有平蜀之勳，而蕭淵藻後至，一朝用睚眥殺之，如斃犬豕，是時梁武得志未久也。使在漢光、魏武便爲壞證，不可立矣。淵藻年少，尚有俊材，至臨川喪師蹙國【二〇】，去亡幾何。

吕僧珍令兄子速反葱肆，不徙督郵廨益宅，鹵簿省姊，不恥小屋，此爲還仕本州者法也。漢光武言：「天下重任，日復一日，常恐不勝，安敢遠期十歲？」推其意，似不以天下爲私矣。如高祖惻愴得志，留戀豐沛，何足記録哉！

江南自劉裕後，惟韋叡、邵陽洲之捷最偉。昔徐晃救曹仁，破偃城四冢屯，陷入圍裏，遂全樊城，叡於曹景宗營前立城，致敵來攻，裝艦爲水軍，拔柵斫橋，魏人崩潰而鍾離自解。時魏號百萬，連城數十，不止爲一鍾離蓋堂堂之陣也。晃以勇奪敵氣，叡以勇奪勢，故皆能取勝。世之敗者無他，憚敵而已之氣勢自奪，非能奪氣勢於彼者也。余頃在江上所聞見，上自公卿諸將，下至走卒，無不如此。

【一九】猥摭故實　「摭」原脱，據文淵閣本、黄本補。

【二〇】喪師蹙國　「國」原脱，據文淵閣本、黄本補。

范雲心事粗可，然無奈要富貴何！昔蕭、曹以文吏自愛，迎沛公而輔之，猶不以意外僥倖。而雲與沈約皆於梁武事成之後自獻爲佐命，安有此理？故約暮年欲台司卒不得，蓋有以致厭薄也。

《沈約傳》稱其自負高材，昧於榮利，乘時藉勢【二二】，頗累清談。謝混、張緒之風流，至是已絶，然而清談之在天下自不廢也。又言約每進一官，輒殷勤請退而終不能去，論者方之山濤。當時能爲此論者亦豈易得！顔延之作《五君詠》，山濤、王戎不預，殆是晉、宋舊語相傳也。

約爲《郊居賦》，工巧在謝靈運上。蓋名生意，意生文，文生句，句生字，逆順相取，俯仰成態，始有開舒，終示斂縮，自文字以來雖已皆如此，而約始備其體，宜其以此自矜也。前世高詞，其失固久，非約之罪。而魏、晉纖弱之餘，約遂緝而成之，使後不能復反，則可恨耳。

任昉在齊、梁之間爲一時宗主，然德義不足而文華有餘，以名聲勢利接引而無隱約相與之實，不惟許、郭舊意不復有，而竹林、東山之遊亦懸殊矣。自是後累數百年，風流殆絶，豈細事耶！

命康絢築浮山堰，自天監十三年至十五年四月始成，八月而決，人之死，物之壞，以數十百巨萬。昔人謂水可以亡人之國，故或倉卒壅塞，不復顧是非，今此堰止欲浸灌壽陽，

【二二】昧於榮利乘時　「利乘」原脱，據文淵閣本、黄本補。

於敵未有大損，而己之土地人民亦自被害，未知梁武必欲爲之，何所見也。帝以博古通今精識自許，而闇於大理如此，況晚歲耄期，遂引侯景以自亡，蓋不足怪矣。

王氏自敦、導執晉權，弘華、曇首在宋，僧虔、儉在齊，自魏以上品付胄子，起家得顯仕，尋聲接勢，牽聯不絶，未必其後人皆材賢也。觀僧虔《誡子姪書》，可見與謝之藴籍，蔡之貞方，張之風裁，劉之文藻，又當差別。

洛口非小敗，而梁之君臣不以爲意。自宋武始創用子弟，義貞一舉而喪關中，武陵閉城，敵越至瓜步幾亡，然相承行之不悔也。梁武諸弟尚有可使，乃以甲乙用弘，余故謂其守邊無定規，雖立國數十年，特幸而已矣。至弘不肖反逆，而帝能容之，不失兄弟之恩，蓋人情所難。本史闕不載，不知此乃梁所以亡者，何可諱也！

蕭懿言：自古皆有死，豈有叛走中書令！又云家弟在雍，深爲朝廷憂之。梁武雖篡有江南，不能出此二言也。人能有所不爲，何必論品目。寧殺身而不敢圖君，賢於當時一等矣。

《蕭憺傳》都督益州，舊守、宰、丞、尉歲時乞丐，躬歷村里，百姓苦之，習以爲常。憺至州，停斷嚴切，百姓以蘇。又《羅研傳》爲信安令，故事置勸農謁者，圍桑度田【一二】，勞擾百姓，研請除其弊，帝從之。研又言：「蜀中積弊，實非一朝。百家爲村，不過數家有食，窮迫之人十有八九，束縛之使旬有二三，貪亂樂禍無足多怪。若令家畜五母之鷄，一

【一二】圍桑度田「度」原脱，據文淵閣本、黄本補。

母之家，牀上有百錢布被，甑中有數升麥飯，雖使蘇、張巧説於前，韓、白按劒於後，將不能使一夫爲盜，況貪亂乎！」觀其時吏與民至於如此【二三】，然則亦不獨一時爲然也。冉有以爲「比及三年，可使足民」。民無不可足者，擾之使窮，乃自吏始爾。

《徐勉傳》稱時人間喪事多不遵禮，朝終夕殯，相尚以速，故屬纊纔畢，灰釘已具【二四】。按《禮記》，君子恥具，一日二日而可爲也者，君子弗爲也。又六十歲制，七十時制，八十月制，九十日修。又君即位而爲椑，歲一漆之。衣衾棺槨雖不貴於速掩，亦惡於不能掩。若曰虞以待事，哀以從禮，庶幾可也。宋、齊之間，君德狂虐，屏除四出，人子有不能掩其親者矣，恐此欲速有爲而然，勉與史家蓋未能推也。

梁修《五禮》，起於伏曼容、何佟之，三十年間成八千餘條。據勉《表》，以爲莫不網羅經誥，玉振金聲，道貫幽微，理入神契，前儒所不釋，後學所未聞。今其書不存，按隋《經籍志》，《五禮》合千餘卷，隋止存《吉禮》十卷，《賓禮》九卷而已。雖去取得失之中不可知，然一時君臣，不可謂不盡其心矣。以禮決事，就不合古，猶賢於用法。梁政稱平，蓋有所自來也。雖然，以禮決事，孰若以禮制心？周公、成王之文，固不如禹、湯之質也，況於梁乎！

勉救昭明及沈約事，有補於時，與斥江葺、王泰殊不同。江左相承以門胄自高，如勉任遇而不得齒，猶當以徐爰、戴法興待之。此正是膏梁綺紈之病，未可爲勉褊心之罪也。

讀《梁宗室傳》，史臣稱周、漢廣樹藩屏，固本深根，高宗之封建，將遵古制也。盡然

【二三】至於如此　「至」原脱，據文淵閣本、黄本補。

【二四】已具　「具」原作「至」，據《梁書·徐勉傳》改。

有感！梁武慈儉勤約，終身不墮，自足以致治。及其不擇賢否，例用子弟，磐據錯峙，骨肉爭奪，何異寇讎？豈惟無益於存，而求亡更速矣。然則遵踵周、漢，如史所言，乃江左之敝事，非法也。故余謂唐、虞、夏、商以至公守天下，享國未嘗不長久，而周獨有建置諸姬之名。彼文、武、周公烏在於以天下爲私？此亦未經孔、孟議論，學者要當深考。

中書、通事舍人吏史刀筆之任，脂膏佞倖之門也。梁武始用文儒，而顧協在省十六載，器服、飲食不改於常，固惟其人爾。穆王尚能言舊典，欲使群僕侍御皆吉士。後世人主不審，先以塗轍分清濁。夫常取潔士居清官尚不能治，何者？污墨者尚衆也。至其甚也，以穢雜蠹清華而猶不知惜焉，則是舉其國而無人者，豈其人之罪也！

# 卷三十三

## 梁書

梁武謂陳慶之本非將種，又非豪家，觖望風雲，以至於此。然慶之將少入深，奮前不顧，無項羽之暴而有其勇，蓋天得也。惜乎時主無經遠之略，不使盡其用。不然，信、布之功何足道哉！

王筠言：非有七葉之中，名德重光，爵位相繼，人人有集如吾門者。按王氏無以文章名世者，所謂人人有集，殆爲筆墨之費也。筠又稱沈約語，少好百家之言，身爲四代之史，自開闢以來，未有爵位蟬聯，文材相繼，如王氏之盛。若夫十六族者，世濟其美，不殞其名，約不能記蓋其識有所止故也。然則以世禄矜人，而謂德業亦然，則大道之降久矣。

梁武語蕭子恪事，按魏、晉取人之國甚酷，多殺賢士大夫，而其子孫獨得免，知廢興存亡之要不在此故也。至劉裕懲創司馬復興，遂殄滅無遺育，而蕭道成效之，又其甚也，鸞以庶代宗，亦然，哀哉！梁武號粗有識，宜其不忍爲也。然猶用沈約，竟毒寶融。彼以人孤兒寡婦爲富貴利達之地者，真可畏耶！

范雲造孔休源，不見主人，汝潁之流風將絶而僅存者也。然没於聲利，而以權勢爲重輕，後此無可觀矣。

梁武賜江革《覺意詩》，「惟當勤精進，自彊行勝修，豈可作底突，如彼必死囚！」謂剛烈粗於精進，甚害義理。若知此外更須有事，則君臣必皆知道而後可。不然，是以人臣之名節爲戲，於世教壞矣。

姚察論何敬容，並及卞壺、王敬弘【一】，大政既明，小察不遺，古人常道。然苟得其大，不綜其細，未有害也。若以文案碎瑣消磨日力，而謂其大者止於如此，蓋後世俗吏之大患。恐察所言正復未免，王敬弘不足道也。

梁武詰賀琛，世以爲過。人主與諫者紛辨是非，此自世道之衰，無復可論。然琛身貴地親，朝夕密勿，既不指陳事要以期必行，方效疏遠者泛引貌言，求名而無實，不切而難用，傳之後世，陷其君以愎諫之惡，蓋琛淺陋之罪。爲人臣者，亦未可專歸咎梁武也。

梁簡文撰《劉顯誌銘》，有「斜光已迫，殞波西浮，百川到海，還復東流」；「白馬向郊，丹旐背塋，野埃興伏，山雲輕重，遂柳荑春【二】，禽寒斂氄」。此當時陋巷寒人所以較工拙，夸綺靡者，而以人君之尊習爲之，不惟國祚興亡可卜，而世教淪胥文字墜地，又足悲夫！

許懋論封會稽，禪國山，援據詳博，辨證明審。其言：若是聖主，不須封禪；若是凡主，不應封禪【三】。蓋兩漢以來見識所不到。史稱高祖嘉納，推演懋議以答請者，過漢高

【一】並及卞壺　「及」原脱，據文淵閣本、黄本補。

【二】遂柳荑春　「遂」原作「隧」，「荑」原作「夷」，據《梁書·劉顯傳》改。

【三】不應封禪　「禪」原脱，據文淵閣本、黄本補。

祖遠矣。然則梁之《五禮》如在焉，必有可觀，惜乎其書不存也！梁簡文悼王規死，與元帝言，以爲風韻遵正，神峰標映，千里絶跡，百尺無枝。盛哉！儲貳能知其臣如此，良謂難事。然未知王規果足以當此品否？按昭明兄弟與其僚遊處，多過爲褒借，恐簡文亦未必能知人，故道此語，乃其文字尺牘中所發耳。蓋魏文、陳思習氣之流，與孫登殊不同也。審爾，即是弊事，其甚遂爲江總矣。

王褒戒諸子以文學，言：儒家尊卑等差，吉凶隆殺，君臣陰陽；道家墮支體，黜聰明；釋氏見苦斷習，證滅修道，明因辨果，偶凡成聖。雖爲教等差而義歸汲引。吾始乎幼學，及於知命，既崇周、孔之教，兼循老、釋之談。自南北分裂，學士諸生以周、孔與佛者並行，其言乖異，不自知其可笑。《六家要指》，司馬父子之故意也。使佛學已出於是時，則太史公亦更增上一家。譬如區種草木，不知天地正性竟復何在。然在如韓愈智識，乃是數百年而有一豪傑之士，何其難也！

侯景自渦陽敗歸，獨蕭介言之切至。按景事梁，人知其不可者甚多，然非其職任者言之既無益，而當言者又或不言。介自謂宗室遺老不忘劉向之心【四】，介不負梁武，乃梁武負介也。介以都官尚書致事在大同二年，距論侯景十餘年，時就家爲光禄大夫，不離建康也【五】。

按史記：明山賓、沈竣、嚴植、賀瑒爲博士，各主一館，館有數百生，給餼廩，射策通明

【四】劉向　「向」原作「尚」，據黄本及《梁書·蕭介傳》改。

【五】不離建康　「離建」原作「難」，據文淵閣本、黄本改。

者即除爲吏。又遣學生如會稽雲門【六】，受業於何胤，分遣博士祭酒到州郡主學，皇太子、皇子【七】、宗室、王侯皆受業於太學，終梁武之世。自周衰道喪，極於秦，至漢武始有博士弟子補官，漢明帝以人主自講，其後太學爲黨錮之禍，然皆莫及梁武之盛。儒雅之行，文字之流，禮典之成書，蓋千年所僅有，而後世無稱者，何也？

《庾肩吾傳》載梁簡文時文士庾肩吾、徐摛、陸杲、劉遵、劉孝儀、孝威及肩吾子信、摛子陵、張長公、傅弘、鮑至等，及謝朓、沈約新變之文，至是轉拘聲調，彌尚麗靡。又簡文《與湘東王書》言：比見京師文體，懦鈍殊常，競學浮疏，爭爲闡緩。至謂未聞吟詠情性，反擬《内則》之篇；操筆寫志，更摹《酒誥》之作。遲遲春日，翻學《歸藏》；湛湛江水，遂同《大傳》。又言：近世謝朓、沈約之詩，任昉、陸倕之筆，實文章之冠冕，述作之楷模。文詞之盛衰，在上所好惡。魏武父子既成建安之體，而昭明兄弟功力不減，觀其所主如此，士人安得不風靡！況信與陵皆擅一時盛名，此所以流變至今，如百川到海，無復歸源之日。後世隨時移改，或詞致小異，自謂復古，然皆脱沈、謝本子不得，蓋亦未嘗深考故也。如上世歌詩，其可取法固多矣，奚必沈、謝乎？

劉昭集後漢同異，注范曄書一百八十卷。

何遜，何承天曾孫。范雲、沈約皆好其詩，以爲含清濁，中今古，一日三復，猶不能已。梁元帝論詩【八】，多而能者沈約，少而能者謝朓、何遜。

【六】學生　「生」原作「士」，據文淵閣本、黄本改。

【七】皇太子皇子　「皇子」原脱，據文淵閣本、黄本補。

【八】梁元帝論詩　「論」原脱，據文淵閣本、黄本補。

鍾嶸詩評謂：「鬱陶乎余心」，「名余曰正則」爲五言之濫觴，備論衆作以及時流，蓋天監初也。

劉勰撰《文心雕龍》五十篇，言銓敘一文易，彌綸群言難。自謂文之樞紐極於此。

王籍賦《若耶溪》云：蟬噪林逾靜，鳥鳴山更幽。當時稱其文外獨絶。

劉杳論犧樽，張仲師、長頸王撰譜所因。王僧孺稱其《林庭賦》、《郊居》以後無復此作。

按梁世文士之盛，雖格力不逮建安，而華靡精深、衆作林起則過之。後世雖云接周、漢之風流，然豈能反齊、梁之氣習！學者當深考。

《何點何胤傳》載梁武書詞及《與陶弘景書》【九】，敦敘風致，漢光武之於嚴光，何足道也！成、康之後便爲昭、穆；宣王中興，幽以亡周。人主立國本根，自不可常恃，至梁武遂不能免其身，尤是古今至戒。

《良吏傳》敘稱高祖在田，知民疾苦，梁臺建，仍下寬大書，東昏時雜調悉除省。逮踐皇極，躬覽庶事，日昃聽政，求民之瘼。始去人貲【一〇】，計丁爲布，未詳。身服浣濯之衣，太官撤牢饌，日膳菜蔬，飲酒不過三醆，以儉先海内。每選長吏，務簡廉平，皆召見御前，親勗治道。始擢尚書郎到溉爲建安内史，左民侍郎劉鬷爲晉安太守。又著令小縣有能遷大縣，縣有能遷二千石，於是山陰令丘仲孚治有異績，以爲長沙内史。武康令何遠清公以

【九】載梁武書詞　「載」原脱，據文淵閣本、黄本補。

【一〇】始去人貲　「人」原脱，據文淵閣本、黄本補。

爲宣城太守【一一】。觀其君道略舉，兩漢之賢君不及，尚未論其身所能至也。梁武只爲治邊無具，枉喪民命，至其國亡，亦皆以此，悲哉！

孫謙爲巴東、建平二郡太守【一二】，當募千兵自隨。謙言：蠻夷不賓，蓋待之失節，何煩兵役以爲國費？固辭不受。至郡，布恩惠，蠻獠懷服。史稱謙力於仁義，行已過人甚遠，年逾九十，彊壯如五十者。審爾，衛武公不得專美也。

伏暅意望不滿，托疾徑歸，遷豫章内史，乃出拜。虞嚼劾辭載詔云：「國子博士領長水校尉伏暅，爲政廉平，宜加將養，勿使恚望，致虧士風，可豫章内史。」有詔勿治，暅遂得就郡。人主志在愛民，屈體以容良吏，不索事分，此亦兩漢以來所無。學者於講論梁武事，殊疏闊也。

何遠言不虛妄蓋天性，每戲語人云：卿能得我一妄語，則謝卿以一縑。衆共伺之，不能記也。孔子稱「言必信，行必果，硜硜然小人哉」！當是時，人不以無妄爲難，而以必信爲害大道。至孟子乃言「大人者言不必信，行不必果」。蓋去孔子甫百餘歲，而能信者已少矣。若後世以虛妄成俗，而必信如參辰之難同，則小廉曲行，遂爲盛德，而學者卒何所據依乎？

扶南國致佛髮，敕勒獻佛袈裟，《魏書》。及載阿育王造塔甚詳【一三】，及天竺王屈多所上表，略如佛書。然則是其國文字之體，從昔相傳而然。已見《宋書》。又言師子國舊無人

【一一】武康令　「武」原脱，據文淵閣本、黄本補。

【一二】巴東建平二郡　「二」原脱，據文淵閣本、黄本補。

【一三】阿育王造塔　「育」原脱，據文淵閣本、黄本補。

民，止有鬼神及龍居之。蓋華夷之俗不同，而其道亦異。中國之學自不當變於夷，而亦無足深貶。凡後之學，變其道而從夷，而又以其道貶之，然亦苦於顛倒流轉，遂不復自知爾。

## 陳書

晉、宋相承，四方之兵屢鬬，都下率常不支。徐嗣徽、任約引齊師五月再至，數十里內，盡爲敵場，危亡在眼中矣。陳霸先決死鬬，再敗其衆，遂以得國。蓋昔之諸侯，分形畫險，自守其地，以勝負決存亡，未嘗不用人力。而後世但恃長江爲巨防，敵一得渡，則鳥奔獸散，甚者或未渡已望風驚潰矣。然則侯安都、吴明徹之捷，柳達摩、蕭軌之見擒，又與前代勝負事不同。學者熟考陳初兩戰，當知人力所至，不用天險，玩長江而自隳其力，乃後世大患也。

自喪亂以來十有餘載，編户凋亡，萬不遺一，中原氓庶，蓋云無幾。頃者寇難仍接，算斂繁多，且興師以來，千金日費，府藏虛竭，杼軸歲空。近所置軍資，本充戎備。今元惡克殄，八表已康，兵戈靜戢，息肩方在，思俾餘黎，陶此寬賦。今歲軍糧，通減三分之一，如後世大軍錢之類，當時便有通減。尚書申下四方，稱朕哀矜之意。此天嘉元年三月詔也。因軍糧增賦，不知所增多少。通減三分之一，所減復如何。讀此者可見當時民間事意。蓋《大東》之詩止言賦調迫急，其人尚在，足以供之。未若此詔以死耗僅存之民，輸平時十倍之税也。又八月詔普勸種麥，又二年十二月虞荔、孔奐以國用不足，奏立煑海鹽賦及榷酤之科，詔並施行。又不知梁、陳之間窮匱既甚，至此方斂及鹽、酒。是公家尚有遺利未取，不如後世雖無事之時已竭而無繼也。

陳文帝知其子之不可立而愛戀不決，卒致放弑。然就使廢子立弟，亦終不免。昔夷昧兄弟知季札之賢，無傳其子，以次及札，而札不願，故闔廬、夫差之際可以全身。若後世猜忌促狹，雖不立如季札，未能免也，而況伯宗乎？孔子謂「古者民有三疾，今也或是之亡」。六代之季，與魏、晉又隔一種風氣【一四】。

按太建二年詔，作田植水旱失收，即列上折除。軍士年六十放還。令長代換，具户數付度後人，增進擢賞，減散准結，有能墾起荒田，不問頃畝少多，依舊蠲税。此亦在當時所謂善政也。孟子言「是心足以王」，其失不推而已矣。

太建十四年七月，江水色赤如血，自京師至於荆州。八月癸未夜，天有聲如風水相擊，乙酉夜亦如之。天地示變，非止爲陳之將亡，蓋江東之事盡於此矣。

魏徵論陳霸先，於時内難未弭，外鄰勍敵，王琳作梗於上流，周齊摇蕩於江、漢，畏首畏尾，若存若亡。此之不圖，遽移天歷，雖皇靈有眷何其速也！斯言誠中其病。後主雖以浮惰取亡，然一江之外，上至巴峽，皆他人物，隋政方新，自無久存之理。積三世芟理之力，而不能爲駛子延數年之命，考其當時君臣謀議可見矣。

【一四】風氣　「風」原作「之」，據文淵閣本、黄本改。

按魏徵載陳後主事，至德二年，於光熙殿前起臨春、結綺、望仙三閣，及張貴妃、龔孔貴嬪淫靡致亡，計其功力之畢，得全享此，至禎明三年降隋，實不過四年，可謂逸樂短而禍患長矣。叔寶文士，材質猶得下中，使誠知盤樂怠傲之不能久【一五】，萬一或有創艾，悲矣！

自昔人主謀功立事，無不用自所親信。韓、彭雖疏於蕭、曹【一六】，然要須鉤致結納，使就心膂。陳氏立國之始僅得三吴，上流湘郢皆爲王琳有，周文育、侯安都既已擒没，而侯瑱乃攜貳羈旅，一朝使之總督諸將，遂能再敗齊兵，琳竟失地北走，陳業始定，其功皆在舊臣之上。此亦是一樣子，可參看也。史稱瑱以高祖有大量，必能容己，故詣闕請罪，高祖復其爵位，恐是實録。

江左自劉裕後，未有吴明徹之功，所以能然者，乘齊政亂也。及齊滅而周人方鋭，明徹不量時度力，輕棄根本，貪進無繼，豈惟已得盡失，敗棄前功，而南北兩立之勢自此不完。不然，叔寶亦未遽亡。人謀之謬遂與天會，論事者不可不知。蔡景歷不護細行而智用自足。吴明徹初北出，疑沮滿朝，後爭取河南，乃無以爲不可。蓋畏怯於未形，奮迅於已驗，常人之情無不然。景歷言不用，不止小事，乃江左三百年興亡所繫也。

自吴、晉立國，皆與北方爭於江之外，獨陳霸先能爭於江之内，遂以驟興。霸先雖曰襲殺王僧辨，跡若取之於梁。然齊人已在江内，僧辨力所不能抗，而後霸先得以乘隙而

【一五】怠傲　「怠」原作「急」，據文淵閣本、黄本改。

【一六】韓彭　「彭」原作「朋」，據文淵閣本、黄本改。

起，乃與北方爭得失，非全取梁物也。方徐嗣徽、任約已引齊兵據石頭，韋載議：於淮南即侯景故壘築城通東道轉輸，别命輕兵絶其糧運，使進無所虜，退無所資，則齊將之首旬日可致。觀其當時爲謀，於急迫中反暇豫如此【一七】，宜其能立事也。長江雖於江南爲一巨防，然其間又自有多少險扼。吴、越相攻，守笠澤者三年，而後吴卒敗。後世之論，專倚一江，甚至淮南亦併棄之，但北人一時南渡，則影潰魄褫，便無生存之望。此非止脆怯無剛之罪，亦由内外議論所不講，故其智慮閉塞而不復開也。

陳文帝慰勞虞寄，謂管寧無恙，寧豈易比？寄區區獨知以陳爲是，異乎劉龔、馮衍。中世人士皆以能擇所從【一八】，決其終身逆順，賢不肖與戰國、春秋以上殊别，此段難言之。然如寄安貧處順，有寒暑風雨之節，文詞根柢，要是南士中秀傑、賀循、顧榮不足方也。

張種恬靜雅正，不妄交遊，旁無造請，家産屢空，終日晏然，當時謂：宋稱敷演，梁則卷充，清虚學尚，種有其風。此梁人接以前語也。及徐陵以文字見用，宜若兩塗，然爲種遜位。種在無錫，獄有重囚，天寒呼出曝日，遂失之，其主笑而不責。江左末年，前世名士雖已無其人，而君臣慕好之意未改，故種猶能見貴於時，不然，雖實用無施矣，況虚名乎？

孔奂謂：江總有潘陸之華，無園綺之實，不肯以爲詹事。奂時爲吏部尚書，益知蔡廓所言「不爲徐干木署紙尾」。蓋吏部得專選事，乃後世宰相之職，故雖人主子弟求三公，

【一七】暇豫　「暇」原作「加」，據文淵閣本、黄本改。

【一八】皆以能擇　「以能」原脱，據文淵閣本、黄本補。

亦可執論不行。宰相職事日以卑下，併與其才識皆失。然則治道否塞不通，皆足怪也！

梁昭明死，晉安爲儲貳，周弘正以司義郎奏記請讓於昭明子，其詞謂：撝謙之象，起於羲軒爻畫；揖讓之源，生於堯、舜禪授。願聞殿下抗目夷上仁之義，執子臧大賢之節，逃玉輿而弗乘，棄萬乘如脱屣。自後世概之，可謂言人之所難矣。夫議論固惟人所開，而當時亦未聞有以爲驚衆異俗者，蓋猶可以言也。流言無止，雖致亂之大患；正論不通，誠害治之深憂。若盡壅遏向下，極有未易言者【一九】。

後主題孫瑒誌銘云：「秋風動竹，煙水驚波。幾人樵徑，何處山阿！今時日月，宿昔綺羅，天長路遠，地久雲多。功臣未勒，此意如何！」自梁武、昭明父子兄弟喜爲文詞，而陳後主之文如此，竟亡其國，然則豈文之罪？而爲如此之文，則其國雖欲不亡，亦不可得也。

徐陵文頗變舊體，緝裁巧密，多有所意，每一文出，好事者已傳寫成誦，被之華夷【二〇】，家藏其本，遂爲南北所宗，陸機、任昉不能逮也。自唐及本朝慶曆以前，皆用其體，變滅不盡者，猶爲四六，朝廷制命既遵行之，不復可改矣。

江總自敍：宦陳以來未嘗逢迎一物，干預一事，軒冕儻來，豈是預要？時人以爲實録。士以無用之文藝干世取名，遂居有用之位。至於家國俱敗，終不反悟，猶以無用自解，古今人如此者多矣。孔子稱周任「陳力就列，不能者止」。古人蓋不以身及官爲無

【一九】未易言　「言」原脱，據文淵閣本、黄本補。

【二〇】被之華夷　「被」原脱，據文淵閣本、黄本補。

用，而自量其用之所限。夫用過其能猶不可，而況以大用爲無用乎！

陳宣帝委政毛喜，史稱其勤心納忠，多所匡益，數有諫諍，事並見從，由是十餘年間，江東狹小【二一】，遂稱全盛。唯略地淮北，不納喜計，而吴明徹竟敗。如宣帝能悔不用喜及蔡景歷之言，始終委任，有人君之度矣。量時度力，惟漢光武能之。至於狃勝務進，愎怨投死，雖諸葛亮、王猛之得君，不能回也。

陳人積三世垂三十年，經營辛苦，幾成南北之勢，及吴明徹一敗，已不自保。然使並江固守如吴中世，隋雖有天下十八【二二】，猶未能兼也。蓋自霸先初興，延敵入腹以取勝，遂致江流忽略，拒於城下，一戰而亡。雖由後主昏狂，亦其謀國者不講於素，得一忘二而然也。

梁測囚法：日一上，起晡皷盡二更。至范泉删律，以測立時久，非人所堪。分其刻數，日再上。案立測土爲垜，高一尺，上員，尖容囚兩足立，鞭二十，笞三十，記著兩械及杻，凡經杖一百五十，得度不承者免死。夫不得其情，使弱而實無罪者立測且不免死，則已苛。使悍而實有罪者立測且免死，則已慢矣。雖分其刻數，二弊猶將不免，而當時爭者紛然不能決，何也？

梁武幸同泰寺捨身，勑徐勉撰定儀注，勉以臺閣先無此禮，使杜之偉草具其儀。用浮屠法捨身則無身，尚何有儀注？人有所蔽，遂至於此，可歎也！

【二一】「數有」至「狹小」十八字原脱，據文淵閣本、黄本補。

【二二】隋雖　「隋」原作「惰」，據文淵閣本、黄本改。

# 卷三十四

## 北史魏書

諸胡乘晉亂迭據中土，極强盛者不過數十年，紛糾騰突，徒互爲廢興而不足以定事。蓋華夷地勢不同，習俗亦異，統御不一，彼此不安，亦其勢然也。惟拓跋退都平城，純用胡法控勒諸夏，故最爲長久。孝文慨慕華風，力變夷俗，始遷洛邑，根本既虚，隨即崩潰，亦不過數十年，天下復還中國之舊矣。然則用夏變夷者，聖人之道也；以夷制夏者，夷狄之利也。失其利則衰【一】，反其常則滅。烏得謂黎民懷之【二】，三才其捨諸？蓋書生之浮論也。

魏收爲拓跋序世次，自始均爵於舜六十七世，至毛而後威服北方。又十三世而至詰汾，以天女之子爲子，是爲力微，力微立四十二年，始遣子朝於魏，魏景元二年也。自詰汾以前既皆荒忽誕漫，而力微生於天女，推其年當是漢桓、靈之歲，蓋有近爾，乃復有此異事。昔玄鳥生商，后稷野字，皆在上古，或者猶以爲遠而誣，不知收何所考信而云然也。崔浩實録魏事，舊人皆怒，遂致族誅，然則收之不足憑也審矣。

### 校勘記

【一】失其利則衰 「則衰」原脱，據文淵閣本、黄本補。

【二】烏得 「烏」原作「鳥」，據文淵閣本、黄本改。

《地形志》載：正一作元。光以前，時惟全盛，户口之數比夫晉之太康，倍而已矣。北方自晉太康至此是一節限。元魏之興百四十年矣。雖無志於靖民，而立國既久，民得以生息，理應蕃遂。但惜無版籍之實，特以意言爾。

李業興造《甲子元曆》，稱趙敺、何承天、祖沖之三曆參校，其長一倍。然則祖沖之曆當時雖不施用，蓋爲曆家所傳也。業興言造曆者，皆須積年累日，依法候天，知其疏密，然後審其近者，用作曆術，不可一月兩月之間能正是非。故五星有七頭術，得七頭者爲近。當考。

魏世稱有祖廟在烏洛侯國，去代四千餘里。其祭，斬樺木立之以置牲醴，後復生長成林，而民蓋神奉之。樺何等木，斬枿而生者固衆矣，亦以此爲神奇耶？

載魏孝文冠子恂，自媿有三失事，蓋因《家語》記邾隱公因孟懿子問冠禮，《春秋》著邾子益終於失國。韓生言：楚人沐猴而冠。冠雖成人之盛禮，然古人之所以爲教，至深至厚【三】，原自齠齔而至於冠，日異月殊，卓然而進於成德，故冠者，教成之節也。若不安其實而徒既其文，則邾隱公與魏太子恂同趨於死亡，正與沐猴之冠何異？孝文之智未足以及此，而區區焉欲以禮文之末爲其國造命之始，不知魏之亡，兆於此矣。

因李憐行毒事，見舊律犯死罪，祖父母七十已上無成人子孫旁無期親者具狀上請，流者鞭笞，留養其親，終則從流，不在赦原之例。又毒殺人者斬，妻子流，若妻子本非預謀而

【三】至深至厚　「至厚」原脱，據文淵閣本、黄本補。

逆設流坐，則爲法酷矣。又以後世之薄俗槩之，奸民不畏死，而許以無期親上請，則是立寬法以誘人之輕犯重罪也。當考。

崔纂論劉輝奸亂，毆主傷胎而逃，謂容妃等罪止姦私，若擒之穢席，衆證分明，即律科處，不越刑坐，何得同宫掖之罪，齊奚官之役？又妹已他適，私門失度，罪在於夫，釁非兄弟。纂時爲三公郎，而尚書元修僕射遊肇皆從纂議。雖皆以此獲罪，然前世昏主亂朝，伸貴屈賤，刑賞惟意，顛越常經，固皆有之。而當時猶有執議不同者，雖或以不同爲罪，而亦無深譴，蓋其前後據事即言【四】，上下安之，不以爲異故也。若後世猶未至於顛越，而執事者遂無一言以聽其所爲。或至於顛越而有一言者，則又以爲大戳而不可解矣。故余以爲論議不開，馴致世道日陋，最爲治者之大諱。此爲何事【五】，而尚能如此，故特舉一端爾。

五胡諸國惟慕容初起粗有本兵力農之意，後得中原，則不然矣。蓋皆以夷狄之性，襲盜賊之跡，狼虎自快，民無定心，雖欲不亡，不可得也。史稱拓跋之先，以食爲本，墾闢河北，計民授田，常與諸戎深入角逐，得其鹵獲，時佐國用，比劉、石之搏噬其民有間矣。至太和則又制禄，立長行錢，稍循漢、晉之舊，要之爲國既久，以漸修立，自然如此。然不於立國之初便分别先後，其國亦不能至於久【六】。論八政者首載食貨，信非目前事也。

因魏置從品，遡上古官制：五帝皆繼立而各建官名，何其好變也。郯子言鳳鳥適至，

【四】據事即言　「言」原脱，據文淵閣本、黄本補。

【五】此爲何事　「爲」原脱，據文淵閣本、黄本補。

【六】亦不能至於久　「至於久」原作「久至於」，據文淵閣本、黄本乙正。

及後世不能紀遠，故命以民事，尤怪。又稱仲尼聞而學之。然則唐、虞以前，豈惟遠而不傳，蓋有不可傳者矣。然《周官》言唐、虞稽古，則不止五帝，又參取五帝之先，名雖不合而義不可離故也。如魏有蝟、雕、白鷺，象物則質野。及置從品，象事則冗雜。乃夷狄之餘，率意妄作，自無足論。然從品歷隋、唐至今，遂不能易，豈非事敝之極，併其義不足據矣。

按《書》稱「别生分類」，而傳有賜姓命氏之文，蓋帝王、諸侯各爲族姓，義不相襲。後世封建法廢，既無專國，不自爲族姓，而天子亦無賜姓【七】、命氏之法，至傳國數百年，而臣下仍用舊氏，與編户齊民無别。蓋以兵力崛起而無德，勢不暇爾。雖然，尊前代而慕聖賢，使其後人以風流相命，則猶可言也。及魏起深北不毛，以九十九姓爲部落，姓改氏易，流布諸華，周、齊繼之，至於隋、唐，凡胡、丘、周、伊、穆、陸、劉、賀、梁、寇、羅、葛、樓、鮑、何、高、潘、薛、甄、杜之類，皆夷狄種，而三代、漢、魏之氏族蕩不復存，縱有存者，不可識矣。然則後世所謂譜諜世次，豈足信哉！

魏收載漢武遣霍去病討匈奴，至皋蘭，過居延，斬首大獲。昆邪王殺休屠王來降，獲其金人，帝以爲大神，列於甘泉宮，金人長丈餘，不祭祀，但燒香禮拜而已。此則佛道流通之漸也。及張騫出使【八】，始聞有浮屠之教。哀帝元壽初，博士弟子秦景憲受大月氏王使伊存，口授浮屠經。案《匈奴傳》稱「殺休屠王，獲其祭天金神」，顔師古但云「今浮屠像

【七】亦無賜姓　「無」原脱，據文淵閣本、黄本補。

【八】張騫出使　「使」原脱，據文淵閣本、黄本補。

是其遺法」，無列甘泉宮燒香禮拜等餘語。使誠有之，則是釋氏已萌芽於前世，不待至漢明而後流入也。蓋收時於遷、固外尚見他書，可以旁證異聞。此雖不比中國事，本末源流，無繫重輕，然後世一以遷、固爲斷，而他書所言遂不及知者衆矣。

寇謙之事，世俗常有，崔浩主之，遂使張王深闊，至於釋氏角其廢興。浩意無他，不過爲諂耳。浩事夷狄之君，盡用材技，又僞媚左道以求容悦，然竟亦滅族，此不足責，而有可哀者。然則四皓終不出，張良欲辟穀道引，非以爲高，乃其勢當然也。王猛賴苻堅有閎度，能始終無隙，若便稱人傑，亦恐未可。

馮后之喪，孝文服衰毁瘠，絶酒肉，不内御者三年。孝文志切有爲，而方優遊垂拱，順適祖母之心，居喪始終，自然盡禮，而無勉强督迫之意，雖無舜、文王之道，而有舜、文王之資矣。故自夷狄能慷慨感慕，同於諸華，蓋非偶然者。古今未有無其本而可以强致者也。

孝文都洛最無謂。周公雖有四方朝貢道里均之説，然成周固未嘗受遷邑之利，五帝、三代何嘗有都洛之文？況王政廢興，豈在都邑【九】？乃漢以後經生相承，夸大其辭耳。孝文自合更爲其國開百餘年深厚之業，豈謂一遷洛而本根浮動，墳廟宗族皆已棄絶，邊徼鎮戍單寒無依？向非孝文，便當身見禍亂，然亦竟十餘年而國爲墟矣。蓋好名慕古而不實見國家大計，其害至此。後之學者又將譽之不已，是以亡爲存，以敗爲成，烏在其言王道也？

【九】豈在都邑　「豈」原脱，據文淵閣本、黄本補。

魏亡之禍成於六鎮。輕薄六鎮，實自太和。夫變夷從夏，人孰不以爲美？至一家門户緊切利害，乃忽棄不顧，可乎？然則自古公亶父陶復陶穴，至於岐有夷之行，彼累積而後成，非文勝其質也。

孝文與元澄論子産、叔向爭鑄刑書事，古人之治，雖深遠難窮，然推其身之實有，與民共之，非言之而不可行，亦非可行於古而不可行於今也。叔向能言而不能行，子産直以爲今不可行，王政之不復，皆自此等議論壞之。後世言治者，不過祖述子産、叔向餘論，治道自無由可起。孔子曰：「子欲善而民善矣，君子之德風也，小人之德草也，草尚之風必偃。」此是通前徹後功用，更無今古，但信及者鮮耳。

遷洛之舉，群臣不順，孝文設術以詐之，示威以脅之。不知厭忽累世安樂之餘，經始百年荒榛之地，一事不成，舊業盡棄，欲以何爲？嗟夫！孝文誠非玩歲月而苟目前者。及其昧先後，失名實，不觀於本而眩其末，則好治與念亂同科，可不悲哉！

論婦人冠帽着小襦襖，元澄謂着猶少於不着者。昔趙將胡服【一〇】，其臣以爲難。魏欲革之，復患其不易。夫自中國變夷狄，孔子固諱之【一一】，以夷狄變中國，則未有論。而王通便謂：太和之政近雅。又言王猛功近而德遠，恐更須考詳也。

彭城王勰舉曹子建語辭官，孝文謂：「二曹以才名相忌，吾與汝以道德相親。」此語甚占地位，雖未必道德在己，而可以弘道德矣。孝文所到如此，惜其一二十年間，不知内修

【一〇】昔趙將胡服　「昔」原脱，據文淵閣本、黄本補。

【一一】固諱之　「固」原作「因」，據文淵閣本、黄本改。

以養性，而徒外毁以傷生。傷生猶可，而國從而傷，此蓋末世虚名誤之也。

太子恂事甚可傷。孝文急於有爲，不計階序，不本土俗，不量難易。其臣好富貴者【一二】李彪、王肅之流，以輕薄刻急承迎取快，於革治興道未有分寸之益，而使孩孺之兒，愚騃之婦，幽囚併命，損天性，害人倫，《禮》所謂教世子，《詩》所謂刑寡妻，豈若是耶？

張袞與拓跋珪同起，其臨終語有「恢崇叡道，克廣德心，使揖讓與干戈並陳，文德與武功俱運，則太平之化，康哉之美，復隆於今，不獨前世」。余三復而悲之。自胡夷迭起百年，屠割諸夏而爲之主，劫執人士，寄命旦夕，究以垂歿之言勸之善道，彼豈以其心之欲然，冀其主之或然耶？袞孜孜薦引，恂恂誘化，蓋庶幾以古人自期，而所遇之時如此，其得身免於大悔，已爲幸矣，哀哉！

《張白澤傳》載顯祖詔諸監臨官所監治【一三】，受羊一口、酒一斛者，罪至大辟，與者以從坐論，糾告得尚書以下罪狀者，各隨所糾官輕重授之。魏未嘗禄其臣，教之使貪，而以重法禁之。故白澤謂：今之都曹，古之公卿。周之下士，尚有代耕，皇朝貴仕，服勤無報。舜稱「臣哉鄰哉，鄰哉臣哉」。魏待其臣，傭力之不若，猶行之百年。然則必能明臣鄰之義者，然後爲舜乎？

崔宏，崔林六世孫。崔氏北州大家，祖悦仕石虎，父潛仕慕容暐，宏，苻堅之亂欲南歸

【一二】富貴者 「者」原脱，據文淵閣本、黄本補。

【一三】諸監臨官 「臨」原脱，據文淵閣本、黄本補。

不克，復任慕容垂父子，遂與張衮對掌機要。觀其博議國號事，典章文物可想矣。宏既作詩目傷，懼罪不敢行於時，至浩竟滅其族，悲夫！悲夫！宏稱有王佐材，方戎夷暴亂【一四】，南北分隔，而人士困於鞭棰刻烙者，何可勝數？孟子謂「南蠻鴃舌之人非先王之道」，此豈其地使之耶【一五】？

長孫稚稱河東鹽池歲絹三十萬匹，是移冀、定二州置於畿甸。按三十萬匹絹，於今中價爲百萬緡矣。稚又言：今王公素餐，百官尸禄，租徵六年之粟，調折來歲之資。魏至太和而後賦禄，群臣得食蓋僅爾。而稚之言乃如此，晉末公卿已下日廩七升，然亦同歸於亂。豈爲國者興亡操縱，自有得失，無預於臣之饑飽耶？

穆亮勸孝文訊之蓍龜以定可否。又去歲役作，爲功甚多，太廟明堂一年便就，仍歲頻興，民力凋弊，材幹斬伐，爲功不固，願得逾年，小康百姓。而孝文以爲：若終不爲，可如卿言，後必爲之，逾年何益？人生大分，修短命也，蓍蔡雖智，其如命何？孝文拒群言甚峻而不得爲非者，以其所欲爲皆古人好事，非徇耳目鄙淺也。禹言「辛壬癸甲，啓呱呱而泣」。周公思兼三王，幸而得之，坐以待旦，古人急切之理誠然，而孝文行之亦或不驗，當更商量。孝文謂亮：三代之禮，日出視朝，漢、魏已降，禮儀漸殺，晉令有朔望集公卿於朝堂而論政事，亦無天子親臨之文。今因卿等日中之集，中前則卿等自論政事，中後與卿等共議可否。此可與魏王肅所言參看，然則人主不視朝論久矣。齊明帝有「鍾嶸何人，乃

【一四】戎夷暴亂　「暴」原脱，據文淵閣本、黄本補。
【一五】其地使之　「其」原脱，據文淵閣本、黄本補。

欲斷朕機務」之語，當謂自攬事耳。隋郭衍勸煬帝取樂，五日一視事，無得效高祖空自劬勞。帝從之。是隋文帝蓋嘗日視朝也。勤惰固繫人主身【一六】，自治之興廢從之。然制度不立，君臣遂至於不相識，積習爲常，不知其非也。

古弼捽劉樹圍碁事，前世時有之，乃興國之象也。魏主謂築社之役，蹇䞭而築之，端冕而事之，神與之福。此亦雅言。若上下齊整，反成衰壞者多矣。

崔浩在魏，言無不行，取赫連、沮渠，秦隴拓定，殄滅蠕蠕，漠北斂跡，其他碎謀密畫，應機達變，有益其國者蓋不可勝數，此尸祝社稷之寶臣也。而遭罹酷暴，觸忤一朝，併夷五族，雖復奴虜盜賊遇之，亦不至此矣。戰國以來謀功之臣罕能自免。浩所以比張良者，不比其全身之智，而欲比其策畫之工，矜露不已，以取大戮，哀哉！哀哉！

李冏勸孝文都長安，孝文既都洛，喻以婁敬事，謂當由獻可理殊，所以古今相反。言殊有風致，可以想見其人也。夷狄中惟苻堅、孝文耳。

王遵業爲黄門郎，時政歸門下，世謂侍中黄門爲小宰相，而遵業從容恬素，若處丘園。政歸尚書，漢事也；歸中書，魏事也；歸門下，蓋是時母后專朝，與宦者同耳。然後世相承，遂爲故實，並號三省，而侍中、門下侍郎爲真宰執，其源有自來也。與《晉志》通看。遵業，惠龍曾孫，江東黼王也。

《陸叡傳》稱長江浩蕩，彼之巨防。南土昬霧，暑氣鬱蒸，師人經夏，必多疾病，而鼎

【一六】勤惰　「惰」原作「隋」，據文淵閣本、黄本改。

遷草創，庶事甫爾，臺省無論政之館，府事靡聽治之所，百僚居止，事等行路。此亦可見孝文營洛事意也。周公雖以洛爲東都，仍居酆、鎬，至平王而後卒遷。若無故移徙，自伐本根，中人不肯爲【一七】，況聖賢乎！　叡與穆泰、元丕遂誘子恂爲逆，皆緣遷都。乃知盤庚委曲告諭，非畏其臣也。

韋崇兩爲中正，史稱其頻居衡品，以平直見稱。是魏世選用亦由中正也。《崔亮傳》，當考。崇爲南潁川太守，不好發擿細事，常云何用小察以傷大道！　吏民感之，郡中大治。此語宜録。古人謂前旒蔽明，黈纊塞聰。使其無以致治，而徒自聾瞽，則古人不足稽矣。

孝文遷洛，不止慕古人居中土，蓋欲身在近地，經營江左耳，其與盧昶語可見。「卿使至彼，勿存彼我，密迷江揚，不早當晚，會是朕物」。草創之初，便事南伐，所圖不就，躁擾變亂，竟死道塗，本希成康，反類昭穆，是德與力兩失之也。且晉武、隋文未嘗親戎，驅使將相而南北自一統。孝文、苻堅皆欲以馬上取之卒不遂，孝文之僅存者，幸耳。蓋後世與古人不同，所以兼並真自有算，非浪戰所能也。

盧氏自志、諶、偃、邈、玄度、世淵、道將累世風素，北州所推，史稱其閨門之禮。及《高允傳》，青齊淪陷，衣冠播流，親表賑贍之美。然則三百年間人士乖離，其能守家法存義槩者難矣。雖孔子尚畏左衽之禍，豈私憂哉？　然是時猶有聲問可通，不若後世之影滅響絶，撫卷可爲永歎。

【一七】中人不肯爲　「爲」原脱，據文淵閣本、黃本補。

高允一生落度，晚乃榮遇【一八】，其所以能始終悔吝不及，蓋亦英邁銷盡而然。《徵士頌》亦有可觀。魏氏六七十年，北方材彦略聚於此。如「從容廊廟，遊集私門，上談公務，下盡忻娛，以爲千載一時，始與此矣。日月推移，吉凶代謝，同徵之人，凋殲殆盡；在者數子，然復分張。往昔之懽，變爲裴戚。張仲業東臨營州，遲其還返，一敘於懷。齊衿於垂殁之年，寫情於桑榆之末，其人不幸復至殞殁。在朝者皆後進之士，居里者非疇昔之人。進涉無寄心之所，出入無解顔之地。此亦其當時士大夫翔集輩行之大槩也。然允乃不如其弟燮，每被詔徵，辭疾不應，常譏笑允屈折久官，棲泊京邑，故常從容於家。以是而言，則亦未至於必不可以不出而出，如蔡邕之於董卓也。孔子曰「賢者辟世，其次辟地」，又曰「鳥獸不可與同群」，然則士之出處，審之而已。

允《酒訓》稱：子思有云，夫子之飲不能一升。以此推之，千鍾百觚，皆爲妄也。子思語載何書當考。今《鄉黨》，學者以爲載夫子言行，云「惟酒無量，不及亂」而已。酒無量是何義？若謂飲不自限，要不至亂，恐未然也。又云「不爲酒困」。

《崔浩傳》有譖敗李順事，爲浩一短。以《趙逸傳》考之，彼之謬述，亦猶子雲之美新，皇王之度，固宜容之。浩言能如此，學亦有標本，非譖人者也。

李孝伯、張暢，當時南北名對，答應之言，相與傳誦以爲口實。此傳所載劉氏僞書，鄙流上國。逸韻雖虧，猶見稱載。蓋北人貴重南書如此。後世文字不復關通，圖事揆策，無

【一八】晚乃榮遇　「晚」原作「脱」，據文淵閣本、黄本改。

以相知，自契丹時已然【一九】。

《李沖傳》稱孝文謂：本所以多置官者，慮有令僕闇弱，百事稽壅，若明獨聰專，則權勢大併。今朕雖不得爲聰明，又不爲闇劣，卿等不爲大賢，亦不爲大惡，且可一兩年許少置官司。此語意，自周以來不用矣。舜言：咨汝二十有二人，不舉其屬，古人無不以專智任獨事【二〇】。聯事合治，後世號爲公心相維，然無不以私意相敗者。雖人材不能如古，亦由角出競立【二一】，其本先弱也。

遊明根、劉芳，北方所謂儒者。明根乞致仕，孝文謂七十致仕，典禮所稱，位隆固辭，賢者達節，季俗陵遲，斯道弗繼。卿獨秉沖操，居今行古，有魏以來，首振頹俗，進可以光我朝化，退可以榮慰私門。嗟夫！魏之待群臣與臣之仕於其時，蓋有不得止而後不止者矣。然孝文猶以此薄其臣，何也？

崔挺稱：司馬牛受桓魋之罰，柳下惠嬰盜跖之誅。詞趣弘雅，非落胡士大夫所能道也。觀其安恬進退之際，夷夏不可榮辱，庶幾君子之風矣。斧山營觀事亦當記，王尊水波稍却回還，尚見貴前史也

方魏盛時，門誅族刑，在於瞬息，而崔浩中外皆以無罪夷滅。及其衰也，凶領悍廝，奮起遠裔，劫執國命，河陰之役，舉朝屠陷，而楊侃兄弟闔門百口，一朝並死，是士生於其時無往而可也。如椿誡子孫語，亦萬石君之流，宜無以致禍者。豈魏收爲椿情故，儻有虚

【一九】契丹　「契」原脱，據文淵閣本、黄本補。

【二〇】任獨事　「任」原作「甚」，據文淵閣本、黄本改。

【二一】角出　「角」原作「用」，據文淵閣本、黄本改。

美耶？

梁武《與蕭寶夤書》敘兄弟事【二二】，初不虚飾，又言「自有天下，絶棄房室，斷除滋味，正欲使四海見其本心」，雖非聖賢語，然亦秦、漢以來人主不能到也。當與郗后化龍同看。又言造浮山堰及李繼伯事，則大誤矣。烏能昆蟲不殺，而魚人之民，海人之地，以較勝負者哉！

蕭寶夤論守令考課悉以六載爲程，限滿代還，復經六年而敘，是歲周十二，始得一階，内官散職，乃限四年，則一紀之中，便登三級。不知「代還六年方敘」是何義？

韓顯宗論遷都伎作不可雜，引古四民異居爲證。《齊語》群萃州處，余既辨之。又言：孔父云里仁之美，孟母弘三徙之智，君道在乎起天下絶類之材，還以教之，顯宗舉其粗者耳。

李彪落落識其大者，及氣盛用之，亦庶幾一二摧挫後索然無復存矣。彪稱：孔明在蜀，不以史官留意。亮鋭於興復，不暇典章，劉表、公孫述故習，蓋其所諱也。又稱：王隱集成《晉書》，存一代之事。當時所言如此。然則西晉事行於今者，皆隱筆歟？

李崇置樓懸皷捕盜，當時效之，後世亦有效者，但爲笑耳。崇又有斷獄兩事及改鎮爲州，皆明智過人。學者遠觀近取，若識開智長，遇事成理可矣。襲故跡，因已行，未有能合者。崇在淮北十年，梁人所畏，遂興浮山之役，而史載其父子販肆聚斂，爲時論輕鄙。然

【二二】蕭寶夤　「夤」原作「寅」，據黄本及《梁書》本傳改。下同。

則昔人所謂使貪使愚者，豈物之一患不足以累其所長耶？

崔亮停年格，雖復官須此人，停日後者，終於不得，庸材下品，年月久者灼然先用。按《蕭寶寅傳》載魏世外官代還，六年方敘，内官四年爲限。亮立此格，專以停罷後歲月斷之，不總計其平生資歷，抑新進，拔滯淹，故爲有意。利柄在己，人不得干，雖曰失之，猶有所獲。不若後世泛論考任，無復正法，容僥倖，長躁求，使士大夫皆傲然取必於上，其得失相較又遠矣。

江東王氏子弟如王肅者不爲少，而與孝文相遇，任待隆洽如此【一三】，蓋其年相少長，且中以圖南之規故也。《肅傳》載孝文禱雨，三日不食。惜乎孝文涉道淺而雜用之，故命不延永，而功業亦以無成。不然豈止是哉！

袁翻論甄琛謚，是時人家已有行狀。「至德與聖人齊蹤，鴻名與大賢比跡」，則行狀所起，當又在前，大抵浮美溢稱，自西漢末方然，蓋王莽餘教也。蔡邕言：作碑唯郭泰、陳寔無媿。其來固久矣。

傅永量南人記淺斫營，蓋輕剽之習也。昔人能渡淮斫營，而今人不能渡江劫寨。余在制司時，和州被圍，日夜告急，元帥遣諸營兵赴援【一四】，既而以渡江無駐足之地，竟不敢行。然則兵無素習，惟所便耳。

奚康生弓力十石，矢異常箭，梁武遺之弓，長八尺，把中圍尺二寸，箭粗殆如長笛。康

【一三】任待　「待」原作「時」，據文淵閣本、黄本改。

【一四】元帥遣　「遣」原作「追」，據黄本、敬鄉本改。

生用以平射，猶有餘力。《考功記》栽造弓法，《詩》稱「檀楊暴虎」。然如此絶倫事，乃不見於古人，豈以德掩之耶？

湯、文王雖起小國，王天下。後世皆謂德衰不可復爲，故孟子言「霸必有大國」【二五】。司馬懿、楊堅所以能盜取之者，竊其權故也。尒朱榮以部落酋長居秀容不毛，地止一縣，衆纔數千，世爲邊蕃，朝權輕重，曾莫之預，一旦稱兵，沈太后幼主，獵舉國士如狐兔，散葛榮百萬，擒蕭寶寅、萬侯醜奴，天下大難略盡，雖身不終，而魏竟以亡。然則權與力皆不足而能若是，何也？孝文籍累世富盛，志慕古人，解縱維索，護養癰疽，既無回幹風俗之功，反受動摇根本之害，榮之禍實自取之，悲夫！

尒朱仲遠言：比來行臺採募者，皆得權立中正，在軍定第，斟酌受官，今求兼置權制軍要。從之。於是隨情補授，肆意聚斂。魏初立中正，見衛瓘、李重《傳》。余嘗以爲曹操能以鄉論品第人材，使不得由軍功雜進，故其後有正始勝流之目。今拓跋政壞，軍立中正【二六】，爵由意與，官以賄成，蓋襲其名以遂强臣之欲，而魏由此亡。然則魏尚上功首差六級，下吏罰作，馮唐以爲過。非權在上，亦不能也。

辛雄《禄養論》稱仲尼陳五孝，自天子至庶人無致仕之文。《禮記》，八十，一子不從政；九十，家不從政。鄭玄注云：復除之。然則正復庶民，非公卿大夫士之謂。以爲宜聽禄養，不約其年。肅宗納之。魏自遷洛之後，政過於厚，而一時議論亦多此類。然無驗

【二五】故孟子言　「言」原脱，據文淵閣本、黄本補。

【二六】軍立中正　「正」原脱，據文淵閣本、黄本補。

而遂亡，蓋可哀也。

錢徒有五銖之文，而無二銖之實，薄甚榆莢，上貫便破，置之水上，殆欲不沉。此高道穆、魏末論濫錢也。古今救錢弊之説甚多，大抵以錢代物，以大改小，以重易輕，從否雖殊，致盜不異，未有如後世以無銅爲患者，督鑄不已，至毁錢而爲銅矣。嗚呼！此不可不深思也。

孫紹論律班令，止謂主議之家太用古制。此孝文後事不可收拾之驗也。故紹又謂：往在代都，武質而治安；中京以來，文華而政亂。昔於太和極陳得失，具論四方華夷心態。即日事勢乃至於此。不憂荒外，乃慮中畿【二七】。然則當時非無知者，改弦易調，豈可謂易哉！

張普惠諫太上秦公，一時壯議。如任城、清河【二八】、元匡、崔光、袁翻預問難者，亦皆心知其不可，固不憂刑禍之及也。以弱從諛，以强拒諫，雖若不同，致敗則一，此本爲國者之利害。故《左氏》載仲尼之論泄冶，「民之多辟，無自立辟」。然則普惠之免，可以爲幸也。

以《高允傳》觀遊雅，雅得爲修士矣。以《陳奇傳》觀遊雅，雅得爲佳人乎【二九】？局已小知，遂深伐異之怨，因時酷法，陷人覆家之戮。哀哉！哀哉！

徐遵明指其心，謂「真師正在於此」【三〇】。古者師無誤，師即心也，心即師也。非師

【二七】乃慮中畿　「乃」原脱，據文淵閣本、黄本補。

【二八】清河　「清」原脱，據文淵閣本、黄本補。

【二九】雅得爲佳人　「雅」原脱，據文淵閣本、黄本補。

【三〇】正在於此　「於」原作「如」，據文淵閣本、黄本改。

無心，非心無師。以《左氏》考之，周衰設學而教者【三一】，師已有誤，故其義理漸差。及至後世，積衆師之誤以成一家之學，學者惟師之信而心不復求。遵明此語，殆千載所未發。雖然，師誤猶可改，心誤不可爲。此既遵明智所不及【三二】，而以心爲陷穽者，方滔滔矣。

裴伯茂因内宴侮慢元景哲，景哲申稱【三三】：伯茂棄其本列，與監同行，以梨擊案，傍污冠服，禁庭之内，令人挈衣。言不應令人挈衣，不言人不許入殿庭。當考。

史稱温子升外恬静，與物無競，言有準的，不妄毁譽。而内深險，事故之際，好預其間，所以終致禍敗。尒朱、高歡父子之間，惟子昇號能有意王室，一時人士如其比者絶無矣。魏收之言不亦宜乎！

眭夸言：桃簡，卿已爲司徒，何足以此勞國士？及素服受弔，皆可録。魏法峻急，仕者皆云不敢不至。然則決不欲仕，而能自行其意如夸者，亦安得而禦耶？

張淵《觀象賦》備著星文。

江式集字書，號《古今文字》四十卷，依許氏《説文》爲本，上篆下隸【三四】，有具論。

房景伯母子可謂能以孝化民矣。世之愚儒怒擒突擊，冒行無忌而陷人於罪者，是以曾、閔爲桀、跖也。悲夫！

余嘗論善攻者必使救無所用，善救者雖攻圍力重，必併敗之。以虚聲望風退挫者，不

【三一】周衰設學 「周」原脱，據文淵閣本、黄本補。

【三二】此既遵明智 「既」原作「師」，據黄本、敬鄉本改。

【三三】景哲申稱 「景哲」原脱，據黄本、《魏書·裴伯茂傳》補。

【三四】上篆下隸 「上」原脱，據文淵閣本、黄本補。

與此數，惟徐晃、韋叡收赴救之功。而姚興將十萬衆，相守數月，外望突免，内冀引接，拱手受陷，莫收一力之用。豈興崌强一隅，猶未見大敵而然耶？如竇建德固不足道也。

董琬記西域爲十六國，地爲西域。西域本三道，後更爲四出道。接漢《西域傳》看。

魏收《序傳》後亡逸，然《本傳》未有不用自序者。自司馬遷、班固以來，雖無不高自譽道，觀收之詞如此，可謂陋而無恥矣。

# 卷三十五

## 北齊書

高歡賤微給使，所與奔走往來者，皆胥徒下隸【一】，天下若此輩，何可稱記！ 時平則歌笑以盡，有事則呌呼而起，奮不顧命，勝者得之，自古皆然矣。 而史載其因張彝被害，傾産結客【二】，自是乃有澄清天下之志。 不知歡衣食尚不自給，産何所傾，而天下清濁，亦竟何在？ 此蓋爲文粉飾之過爾。 □□□□□之，至謂不可使四方豪傑窺朝廷，是又可歎也！

高歡素無資業，赤身依人，曾未飽食，輒已投節而反。 雖姦豪飛動，不可以人理律。 然歡卒用此成事，殆亦難曉，李元忠所謂：爾來寂寂，更欲尋建義處也。 既得事柄，四方聽其伸縮，宇文泰甫萌芽，尚可迴轉，而歡無禮自恣，迫逐其君，遽成中裂之禍，生民流血者數十年。 然歡徒見反之利，未見反之害也。

東之比西，土地甲兵十倍，歡若持重養威，以計縻敵，自可從容全勝。 然十年間汲汲三大戰，幾不免其身，智勇俱困，而秦與六國之形見矣。 是歡自反尒朱之外，了無所能，世

### 校勘記

【一】皆胥徒下隸　「胥」原作「厩」，「隸」原作「類」，據文淵閣本、黃本改。

【二】結客　「結」原作「給」，據文淵閣本、黃本改。

或以爲人雄者，誤也。

魏自孝昌之末，銅馬、鐵脛、黑山、青犢、梟張晉、趙，豕突燕、秦，是使豪家大族，鳩率鄉部，托跡勤王，規自署置，或外家公主，女謁内成，昧利納財，啓立州郡，離大合小，本逐時宜，剖竹分符，蓋不獲已。百室之邑，便立州名；三户之民，空張郡目。譬諸木犬，猶彼泥龍。於是併省三州、一百五十三郡、五百八十九縣、三鎮、二十六戍。此齊天保七年詔也。又制刺史，令盡行兼，不給幹物。自此以虚名爲官者數百年。

彭城王浟作刺史，問食雞羹，推盜鹿脯，市白毛牛皮，書王老母菜葉，有此明決，自不以膏粱限斷也。至言自殿下至來五載，人不識吏，吏不欺人；百姓有識以來，始逢今化，殿下惟飲此鄉水，未食此鄉食【三】。則士大夫所不能言者，而貴公子能之【四】，蓋爲政不專恃術矣。

趙郡王叡六月不飲冰，事爲元帥，而必與士卒同甘苦如此，可以爲難矣。然以盛夏而領山東兵遠築長城，若爲人上者，每每違天時，涉長道，致人於必死之地，安得皆如叡者撫而用之，使無叛且成乎？是則以仁人之心，奉暴主之令，固莫知其所終也。

漢明帝時，西域以白馬負佛經送洛，因立白馬寺，其經函傳在此寺，形制淳樸，世以爲古物，歷代藏寳，至是爲刺史韓賢斫破。豈洛中更漢、晉諸胡喪亂，而此寺及函能獨存，何耶？

【三】未食此鄉食　「鄉食」原作「饗」，據文淵閣本、黄本改。

【四】而貴公子　「貴」原脱，據文淵閣本、黄本補。

斛律光以兵五萬回，未至鄴，勅令便放兵散。光以軍人勳功未得慰勞，乃密表請使宣旨，軍仍且進，朝廷發使遲留，軍還，將至紫陌，光仍駐營待使。帝聞光軍營已逼，心甚惡之，急令舍人追光入見，然後宣勞散兵，光以此疑，遂致族滅。前世散兵，其易如此。自唐中代以後則不然矣。雖復昏童酣酗，未有敢易其衆者。昔以忽慢自棄多驟亡，後以畏逼相持故僅存，至於威令重輕，事功合散之際，當考。

慕容紹宗本高歡腹心之疾，歡疑不用爾【五】。以此待侯景，固有餘也。記蘇氏論紹宗李勳事。

高歡謂高昂純將漢兒【六】，恐不濟事，欲割鮮卑千餘共相參雜，而敖曹不聽【七】，自晉衰亡，一色胡人控制中夏二三百年。歡本漢兒，而以鮮卑簒魏。宇文泰，真鮮卑也，乃欲行成周政術，雖不盡然，而氣勢回復。隋、唐因之，然後南北合一，復爲諸華，此蘇綽之力也，王猛殆不足道矣。

高氏之興，李元忠逢迎於始，陳元康、楊愔輩營締於中。元忠疏放淡薄【八】，推遠榮利，猶有可採。如元康、崔暹莫能名其何等材品，其志尚不及富貴，況其上者！歡父子氣類所號召如此，自不足怪。然自古立國，長短厚薄，要不徒然。歡父子欲以此得，其何以守？宜其遂亡也。

國家龍飛朔野，雄步中原，五帝異儀，三王殊制，掩衣左右，何足是非。此王紘少年語

【五】歡疑　「疑」原脱，據文淵閣本、黄本補。
【六】純將漢兒　「將」原脱，據文淵閣本、黄本補。
【七】敖曹不聽　「曹」原脱，據文淵閣本、黄本補。
【八】元忠疏放淡薄　「元忠」原脱，據文淵閣本、黄本補。

也。事到已壞爛處，隨世起滅，不可復振，則雖以孔子之聖尚不得自立，可畏也！夷夏變遷，何止一日，安其固然，無復有志，而顧以微細者自營，由、賜之徒所不異於王紘者幾希矣！

薛琡於崔亮停年格後言【九】：義均行鴈，次若貫魚，執簿呼名，一吏足矣。數人而用，何謂銓衡？又言：漢令三公舉賢良方正、有道、直言爲長吏，晉末此風遂替。琡本非能言治道，以是時方變行資格，人心不平，舊論猶在耳。余初登科詣選，侍郎李椿亦號佳士，端笏徧問注者願授否，皆應曰：「願授」，余面笑之，椿莫測也。自臯陶、夔立選用法，以人性質合其材之所宜，萬不差失。春秋以後始專論材，十猶得四五。後世遂捨材而論藝，常違所貴，取所賤。又以年月斷之，其偶合萬一，雖所謂鉅賢上德者【一〇】，皆古人品第所不及，又況其下乎？是直以夷狄之道治國家，而欲興起大功，安可得也？

魏孝文志慕諸華，其效未見，反成貪懦之俗。及高歡與惡少舉事，淫縱橫流，乃令子澄寵用崔暹，施其控御彈壓之威。昔曹操進崔琰、毛玠，迫蹙漢室餘習使盡，如暹何足算也！

楊愔以初從禪代議不力忌高德政，竟置之死地。愔尚能爾，如荀彧宜其未肯也。至劉穆之、褚淵、范雲、沈約，汲汲自獻，以後爲羞。蓋時促祚短，執節不長，人材愈降，自當至此矣。

【九】停年格　「年」原脱，據文淵閣本、黄本補。

【一〇】雖所謂　「雖」原脱，據文淵閣本、黄本補。

舉梁之士不足以敵侯景，乃用道人陸法和妖術，國之將亡，固聽於神也。高洋暴狂，以殺爲戲，而敬禮法和如此，蓋畏冥禍耳【一一】。余嘗論世人捨仁義忠信常道，而趨於神怪，必謂亡可爲存，敗可爲成，然神怪終坐視成敗存亡【一二】，而不能加一毫智巧於其間，而亡果能存，敗果能成，必仁義忠信常道而後可。《伊訓》曰：「先王肇修人紀，從諫弗咈。先民時若，居上克明，爲下克忠，與人不求備，檢身若不及，以至於有萬邦。」《康誥》曰：「惟乃丕顯考文王，克明德慎罰，庸庸祇祇，威威顯民，用肇造我區夏，越我一二邦以修。」然則人力之所能爲者，決非神怪之所能知，而謂天數爲不可免者，又非神怪之所能預，真不足復顧也。

梁既亡，使王僧辨有成，終不簒逆，王琳區區亦能義動凶鄰。蓋梁武在位差久，比江南諸姓，立國粗有繩墨，遂得致命之士，亦其所長育者然也。

楊愔相齊，史稱主昏於上，政清於下。固已太過。王通遂謂：有楊遵彦者，實掌國命，視民如傷，奚爲不終！夫衛靈公淫荒，而三人者任事，不至於亡國則幸矣。若齊文宣逞其凶虐，歲月不已，愔將與之併斃，尚不能芘之使終，況視民如傷，豈其所及耶？見事不精，以光影眩後學，其患大矣。夷狄之德，於父母兄弟素不厚，苟脱死禍，人欲遂其所爲。愔於此時雖慕古人輔幼主之節，而遲回選懦，權失勢乖，席不暇暖，遽罹非命，蓋其理當然，無足悲慨也。

【一一】畏冥禍耳　「畏冥」原作「謂宜」，據文淵閣本、黄本改。

【一二】「然神」至「存亡」十字原脱，據文淵閣本、黄本補。

魏齊間温子昇、邢邵、魏收繼出，文字稍與江南比，隋、唐以來，能使南北同體，蓋非特庾信、江總之教也。高澄父子收拾士類，廝隸用之，其言「尺書徵建鄴，折簡召長安」，正依放曹氏。本根不建而急於歌頌，宣王《小雅》猶無救於亡。摛辭奮筆，湧波漲瀾，愈速其崩壞爾。

遷鄴以後，大選之職，知名者數四：文襄少年高朗，所弊者疏；袁叔德沈密謹厚，所傷者細；楊愔風流辨給，取士失於浮華；惟辛術性尚貞明，取士以材器，循名貴實，新舊參舉，管庫必擢，門閥不遺，考之前後銓衡，在術最爲折衷。魏以停年格致亂【一三】，高氏反之。觀此，則奔走一時材用以赴功名，自不繫君德也。銓敘群彦，雖曰吏部之職，然宰相知人，能盡器使，乃職宰中一大事，如諸葛亮，何必更須尚書哉！

諫巡晉陽，死者六人，趙彦深、唐邕等以未即署名僅免。然則河陰之戮，不待爾朱榮也。昔趙盾奔走，趙穿作難，盾未出境而復【一四】，後世有以盾爲弒君【一五】，不復信《三傳》者。審爾，則靈公拒諫及殺盾事亦不當信也。不信未足深計，然於愛民保國之意輕，極害義理。

祖珽既立文林館，復欲增損政務，沙汰人物，推誠朝廷，爲致治之方。是時人士相附從，與王叔文、柳宗元無異，使叔文輩能首立廣陵王參決，則大權歸己，宦豎退伏矣，元和諸人固不辨此。論治不識幾微，只以成敗爲斷，所蔽多矣。

【一三】停年格　「格」原脱，據文淵閣本、黄本補。

【一四】出境　「境」原作「山」，據黄本改。

【一五】弒君　「弒」原作「殺」，據文淵閣本、黄本改。

唐邕、白建自爲外騎兵曹，分掌兵馬。史稱邕九州軍士，四分勇募，强弱多少，番代往還，及器械精粗，糧儲虛實，精心勤事，莫不諳知。按兵數軍實，前代大臣無以此職著名者，蓋漢、魏掾屬，後代吏史之所掌也。唐衰，中官專兵柄，五代移於武臣，遂與中書分領，至號稱兩府，既轉吏職以歸朝廷，但爲養尊之地，而於兵政損益實無所知，求如唐、白身任其能而後居位，不復可得。然則古人專以一事名家，成材之要道也。

崔劼、盧叔武，齊世雅士。劼言：立身以來，恥以一言自達，今若進見，與身何異？此語最可傳。叔武忍貧餓死而能畫策，謂輕兵野戰，勝負難必，是胡騎之法，非深謀遠算萬全之道，欲立重鎮於平陽，與彼蒲州相對，以計縻之。又請自居平陽，成此謀略。此齊、周成敗之所由，齊人未有能言之者，亦當記也。

張雕謂：賢家唐令處分，極無所以，若作數行兵帳，雕不如邕。若致主堯、舜，身居稷、契，則邕不如我。當時惡其矜誕。邕曹掾吏史之材，國家大體，豈其所知，雕言非誕也。然雕方勵精匪躬，以國家爲己任，厚何洪珍而薄韓長鸞，遂以諫死，孔子言泄治曰【一六】：「民之多辟，無自立辟。」非不幸也，惟其臨死數十語尤可悲爾。

齊氏變風【一七】，屬諸弦管；梁時變雅，在夫篇什。絃管之亂，時移則息；篇什之變，事往猶存。弦管止誘閭巷淫人，篇什能蠱山林正士，害之大小，固不同也。自文林館設，齊人風靡，不旋踵而亡，其俊秀者盡爲周、隋之用。士之離合，豈與國之廢興相關哉！

【一六】孔子言泄治　「言」原脱，據文淵閣本、黃本補。

【一七】齊氏　「氏」原作「民」，據文淵閣本、黃本改。

《詩》「殷士膚敏，祼將于京」，《論語》「殷有三仁」兩節，當參看。

祖鴻勳立身有本末。《與陽体之書》文雖不高，視韓愈《進學解》、《送窮文》以言語工拙比較官職，豈不優劣相遠哉！士不先定其所存，正使探極原本，追配《雅》、《頌》，只是馳騁於末流，無益也。

顏之推學博文麗，《觀我生賦》不失雅正之體，敍梁齊間事，可以考正，非江南文士所能及也。其言：「予一生而三化【一八】，備荼苦而蓼辛，及自東晉之違難，富禮樂於江、湘，迄此幾於三百，左衽浹於四方，詠苦胡而永嘆，吟微管而增傷。」讀之嗟痛不能已。昔人雖陋，未有無其志者，獨於今爲不然，哀哉！

宋世良、宋世軌、蘇珍之，世良「獄内穭生桃樹，蓬蒿亦滿，每日衙門虛寂，無復訟者」。蘇瓊「每蠶月預下綿絹度樣於部内，其兵賦次第，並立明式」。然則必不以廣量厚織病民，故得循良之譽。而今世謂有所疏薄，檢柅不盡，爲失職無具之尤，恐亦當論也。

和士開説齊主云：「自古帝王盡爲灰燼，堯、舜、桀、紂竟復何異？陛下宜及少壯，恣意作樂，縱橫行之，即是一日快活敵千年！」李斯、趙高用此詐二世，與士開智愚有異，其詞意皆不約而同，何也？

【一八】一生而三化　「化」原脱，據文淵閣本、黄本補。

# 後周書

稱宇文泰先出自炎帝神農氏，爲黄帝所滅，子孫遯居朔野，有葛烏菟者，鮮卑奉爲主，由泰父肱至普回二十三世，普回至烏菟不能紀也。鮮卑何用世次？史祖魏收，收祖司馬遷，遷以匈奴爲禹後，特記事推引之濫，蓋無所媚附。而收之稱舜臣，令狐德棻之稱炎帝後，則專以佞筆造謟語，劉向、班固言漢承堯運者耶？

高歡、宇文泰雖同於篡魏，泰，賀拔岳所奬用，岳既見殺，其下無主，扳泰而歸之，則近於勢之自至也。魏孝武身落人手而不常其德，先爲高歡所逐，後爲宇文泰所酖。夫敗孽亡孺自古皆爲亂臣賊子之餌，彼妄遇一無賴奸人即以伊、周事托之，哀哉！

古之帝王所以外建諸侯，内立百官者，非欲富貴其身而尊榮之，蓋以天下至廣，非一人所能獨治，是以博訪賢才，助己爲治。若知其賢也，則以禮命之。其人聞命之日，則慘然曰：凡受人之事，任人之勞，何舍己而從人？又自勉曰：天生儁士，所以利時，彼人主者，欲與我爲治，安可苟辭？於是降心而受命。及居官也，則晝不甘食，夜不甘寢，思所以上匡人主，下安百姓，不遑恤其私而憂其家，故妻子或有饑寒之弊而不顧也。於是人主賜之以俸禄，尊之以軒冕，而不以爲惠也。賢臣受之亦不以爲德也。位不虚加，禄不妄賜。爲人君者誠能以此道授官，爲人臣者誠能以此情受位，則天下之大可不言而治矣。

昔堯、舜之爲君，稷、契之爲臣，用此道也。及後世衰微，此道遂廢，乃以官職爲私恩，爵禄爲榮惠。人君之命官也，親則授之，愛則任之。人臣之受位也，可以尊身而潤屋者，則迂道而求之，損身而利物者，巧言而辭之。於是至公之道没而奸詐之萌生，天下不治，正爲此矣。今聖主中興，思去澆僞，諸在朝之士當念職事之艱難，負闕之招累，夙夜兢兢如臨深履薄，才堪者則審已而當之，不堪者則收短而避之，使天官不妄加，王爵不虚授，則淳素之風庶幾可及。觀此，可驗蘇綽用事大意也。然天下能爲綽之言者不少，拘於時而不敢言，及其奮然言之而不獲用則多矣。惜其不及君臣分定之時，不爲賢主之詔，而徒爲逆臣之令爾。

泰再行簒逆，其史柳虯既執簡而書其咎，泰又令盧辨作告以諭其過。高貴公謂「司馬昭之心路人所知」，泰舉動如此，欲以誰欺？王莽簒而作《大誥》，泰用《周禮》亦然，豈從周之僞者固當爾耶？

石勒之於劉曜，苻堅之於慕容暐，周孝武之於高緯，皆以一取一。孝武始自五年十月至六年正月，馬足未遍而數千里地盡得，雖乘群愚自潰之機，然不勤身苦力以赴之，亦未能也。及其輕鋭之念溢發不制，欲以廓清混一之功，取必於歲年之頃，嗚呼！幸而遽得死，不然，將遂斃於鋒鏑，爲後世笑，豈止其子之不肖足以亡國哉！

九尾妖狐也，示亡徵焉！不知憂懼，而猶欲求不受瑞之名，其實以爲瑞無大於此者爾。五品時敘，四海和平，家識孝慈，人知禮讓，其君臣但摹倣十數板《周官》便自謂已能如此，是真可笑也！

余論周武帝，若史所言：布德立行，皆欲逾越古人，正孟子謂齊王「將以求吾所大欲也」。然孟子謂齊王以若所爲，不可以求若所欲，使其見周武帝所爲，必謂可以求若所欲矣。湯、武既有截法，而正道愈不可行於後世，此開利門之大者，而學者乃以爲能閉之，何也？

周武帝初行《刑書要制》，持仗群强盜一匹以上，不持仗群强盜五匹以上，監臨主掌自盜二十匹以上，小盜及詐僞請官物三十匹以上，正長短五户及十丁、隱地三頃以上，皆死。至天元患其嚴重太甚，且海内初平，恐物情未附，遂大醮告天而除之。孟子言：《康誥》，殺越人于貨，愍不畏死，凡民罔弗憝【一九】，是不待教而誅者也。殷受夏，周受殷，所不辭也。魏、周分田，權在正長，隱五户十丁與地三頃，其罪及贓著矣。設法禁姦，由孟子之論，要制所行適與罪稱爾，非重也。季康子患盜，問於孔子曰：「如殺無道以就有道，何如？」孔子曰：「子爲政，焉用殺，子欲善而民善矣。」孟氏使楊膚爲士師，問於曾子，曾子曰：「上失其道，民散久矣，如得其情，則哀矜而勿喜。」善爲政者，當使民不爲欺盜，不當因其欺盜而遂殺之。然則孟子之論，孔子、曾參之所不許也。且周武帝廉節自勵，用已律人，故必行重刑而不疑，其子奢縱任情，推己恕人，故以行重刑爲不可。後世據已定之

【一九】凡民罔弗憝　「弗」原作「物」，據文淵閣本、黄本改。

法，初不知奢儉之所在，唯欲其重而不輕，又當在二人之下矣。固無暇考聖賢之異同也。

周武帝一舉平齊之功，齊王憲十居八九。方其正明君權，以臣畜使之，不以兄弟數也。自謂如此能除累世悍輔囚辱之弊，使孺子封割孤豚於牢豢中【二〇】，與晉司馬攸、魏元勰禍出一軌，而二國相隨爲墟【二一】。不然，則如齊孝昭、武成挺刃而奪之矣。悲夫！本朝太祖，監唐末五代幼君之敗，不私其子，根本既成，祚命永延。賈誼謂天下可以數術制御，其言曰：「植遺腹，朝委裘而天下不亂。」然則漢之衰亡，豈非遺腹、委裘耶？

爾朱破滅，高歡事已大諧，而暴横欲速，粗有志節者遂皆驚散。宇文泰寒遠窶子，坐收其用，如賀拔勝年位材豪，決去江南，死心爲役，他可知也。賀拔岳人微衆弱，然經爲其裨校者無不立功垂名，豈必盡能【二二】，而泰亦何足以使之？特以魏孝武棄東就西，輕重勢激而然。主威既奪而成臣之威，可不懼歟？

周于謹爲三老，稱木從繩則正，后從諫則聖。觀高宗所言過於傳説之所知矣，而不自爲規矩律度以先天下，必委於臣之能言者而後以身從之，得「用九，見群龍無首」之義，蓋平世持盈守成之常道也。古之聖人皆備道成德，首出庶物，其行在前，其諫在後。獨高宗處樂以憂，恭默思道，自疑弗類，待諫而行，百王未有，此經生學士考論所不到也。謹縱横亂世，甲裳腥膻，墜典偶興，曠官承乏，膚習書句，苟應其名。然後世之效法先王未嘗不如此，豈足啓悟也？

【二〇】孤豚　「孤」原作「狐」，據文淵閣本、黄本改。

【二一】相隨爲墟　「爲」原脱，據文淵閣本、黄本補。

【二二】豈必盡能　「盡能」原作「能盡」，據文淵閣本、黄本乙正。

爾朱榮爲柱國大將軍，位在丞相上，宇文泰等因之，故號八柱國。舜《二典》有四岳、九官、十二牧之等，《周官》言：惟王建國，辨方正位，體國經野，設官分職，以爲民極。今忽自稱柱國大將軍，是何義？蓋夷胡無藝，妄以意造爾。宇文泰與蘇綽、盧辨依《周禮》設官，而雜用元魏及秦、漢以後名稱。仲尼雖學官名於郯子，然無所慕效也。周本與戎夷雜居，直以聖賢迭興，法度最久，故孔子從之。後世苟以爲從其實不從其名，則漢、晉之官同於任事，姑從之可也。使名實正必如成周，則一字不可增損矣。泰自貪柱國之號，甘出爾朱榮後，既不能改，而綽方與之法象周公，龜兹王褚熠所譏，依然故在，是真可笑矣！

柳慶，關西文士。蘇綽患近代華靡輕薄，使爲《賀白鹿表》以革之，慶操筆立成，辭兼文質。綽笑曰：「枳橘自可移，況才子也！」慶詞不傳，無以驗其是非。典、謨、訓、誥固非筆墨之巧所能轉移【二三】，而其體制亦各隨世不同。綽作《大誥》令爲文者皆依此體，止是皮毛上模出一重粗俗。使如此而便爲堯、舜、三代之文，則俚儒迂叟先極其工，而豪俊之士反閣筆無措矣。余頗記少時聞長老言，有數士各效名人文字以相誇耀，或爲韓、柳，或爲歐、曾，高者爲西漢，其一人曰「未也」，遂特爲《詩》、《書》之文以蓋之。綽所欲革，與此何異？以爲於變一世，恐未可也。

柳弘死時年三十一，楊素誄之曰：「山陽王弼，風流長逝；潁川荀粲，零落無時。修竹夾池，水絶梁園之賦；長揚映沼，無復洛川之文。」是弘以清言而兼麗筆，長搶大

【二三】筆墨之巧　「墨」原作「書」，據文淵閣本、黄本改。

槊，數十年間僅聞此爾，得非所謂正始之音也。

自宇文泰起接隋、唐，百年中精神氣脈全在蘇綽一人。三代既衰，佐命之材不世出，惟管仲、樂毅、蕭何、諸葛亮、王猛、蘇綽爾。亮地勢不足自立，猛無堅凝之功，而綽隨文守義，仰取俯拾，遵腐儒之常説，據舊籍之陳言，能使泰總已聽命【二四】，粗細重輕惟其所裁，不爲新奇【二五】，坐致實用，豈特以其國强富兼並而已！由晉以後，南北判離，棄華從戎，至是自北而南，變夷爲夏，使孔子復出，微管仲之歎不付餘人矣。然則學者豈以能言爲貴哉！顧其所行何如耳。王通或問蘇綽。曰「俊人也」。「其道何如」？「行於戰國可以强，行於太平則亂矣」。夫自許以英豪者，用材無本；自命爲聖哲者，窮理不盡，行於太平而必亂，行於戰國而不强，古今皆是也，奚綽之病哉？且何俊之有。

六條平實無華，諸葛亮、王猛歐市人而用之，不暇及也。死而無繼，澤不垂遠，不亡何待？自董仲舒、蕭望之、劉向、崔寔、王符、仲長統之流皆論治道，而無一言之幾。然則如綽者亦未易也。

獨孤信深入湘川，百計拒敵，相持經歲，竟以全歸，自前世言之爲大功，乃坐失地除名。史謂宇文護謬政至此【二六】，然亦由當時望外成事者多矣。不然，何以能奮於至弱，取天下之十九乎？此又未可以賞罰常情論也。

郭賢策高歡，言賀拔岳初死，關中震駭，不能乘時取雍州。是無智。魏孝武西遷寡

【二四】能使泰總 「能」原脱，據文淵閣本、黄本補。

【二五】不爲新奇 「爲」原作「惟」，據文淵閣本、黄本改。

【二六】史謂宇文護謬政 「宇文」原作「文宇」，據文淵閣本、黄本改；「謬」下原脱「政」，又據補。

弱,毛鴻賓喪敗,關門不守,又不能併力要戰。是無勇。此高歡所以失關隴之由。誠是。歡之黨人算畫未有及此者。劉曄欲因降張魯取蜀,而曹操不敢,蓋從昔智計,必有用之不敢盡者。然歡趦趄放逸於狼狽洶洶之時,而乃噤齘決死,於安徐已定之後,宜屢進而屢郤哉!

耿豪言:大丈夫見賊,須右手拔刀,左手把槊,直刺直斫,慎莫皺眉。邙山之役,大呼獨入,奮力而還,當其前者死傷相繼。又謂左右:吾豈樂殺人,壯士除賊,不得不爾。若不能殺賊,又不爲人所傷,何異逐坐人也? 豪雖凶粗不足取,而以關、張比之,則又其細爾。李穆、蔡祐,丞相臂膊; 耿豪、王勇,丞相咽項。泰能得武夫之用如此,安得不以弱爲强乎!

宇文泰用韋孝寬法,令諸州來道一里種一樹,十里種三樹,百里種五樹。然則此法未行以前,原野尤蕭瑟矣。《詩》云:「有杕之杜,生於道左。彼君子兮,噬肯適我。」又曰:「柞棫拔矣,行道兑矣。」豈變墟莽爲桑麻,自古聖賢以爲難事耶?

遷、固以文采衒耀其人,辭多而實寡。如王羆、韋孝寬《傳》正爾率拙。然功名壯偉不可掩,學者能詳看,所長氣力不少矣。只泥住藺相如、趙充國等,無復新意,此讀書大病也。

《薛慎傳》載宇文泰於行臺置學,取丞郎及府佐德行明敏者充生,悉令旦理公務,晚就講習，先《六經》後子、史。又於諸生中簡淳懿者侍其讀書。余嘗恨劉裕質可語上，而劉穆之痼之，然則蘇綽之力多矣。漢高祖言乃公馬上得之，安事《詩》、《書》？至溺儒冠【二七】。史臣乃謂其不修文學而性明達。嘻，甚矣！又安足述乎？

令狐整率鄉親二千餘人隨軍征討。泰嘗從容謂整：鄉遠祖立忠而來，可謂積善餘慶，世濟其美。史言：整遠祖漢建威將軍邁，不爲王莽屈，其子稱避地河右，故泰稱之。此事今粗見於姓家，然則隋、唐以前，《史記》、《漢書》之外別自有書。李翱乃言讀《前漢》與《後漢書》生熟如何？蓋屢更兵亂，載籍焚毁，他書不存。其存者又以非文句所資，不暇熟讀。如翱尚然，是又可歎也！

司馬裔辭封。

《趙肅傳》，元日行朝禮，非有封爵者不得不預。不知用何典故【二八】。

蘇亮，綽從兄。綽文章稍不逮亮，至於經畫進趣，亮又減之，故世稱二蘇。

柳虯論史，謂漢、魏以還，密爲記注，徒聞後世，無益當時。故著《漢》、《魏》者非一氏，造《晉史》者至數家，後代紛紜，莫知准的。請今記事者皆當朝顯言其狀，然後付之史閣，庶令是非明著，得失無隱，使聞善者日修，有過者知懼。事遂施行。後漢李法但能言：史官記事不實，後難明信而已。當時議論開張至此，故泰廢立，虯能執簡書過也。虯死魏恭帝元年之冬，不然，值字文護行禪代事，或有憚否耶？天地之初皆夷狄也。相攘

【二七】至溺儒冠　「儒」原脱，據文淵閣本、黄本補。

【二八】不知用何　「不」原脱，據文淵閣本、黄本補。

相殺，以力自雄，蓋其常勢，雖炎黄以道御之【二九】，不能止也。及堯、舜以身爲德，感而化物，遠近丕變，功成治定，擇賢退處，不爲己有，而忠信禮讓之俗成矣。夫先人後己，徙義遠利，必因於心之自然而明於理之不可悖。故湯既放桀，惟有慙德，而其臣反作誥以諭解之。若夫亂臣賊子則不然，公爲弑逆而惡大惡之聞，崔杼所以殺太史，將行篡奪而畏正論之禁；曹操所以殺孔融，至於彼自行之。此自書之，不殺不爭，兩不相忌，而天下易姓，此又杼與操智慮之所未工而虬固不足以知及之也，悲夫！

自元偉以下十四人皆有大位於周，與高氏相絶矣，此末世之盛事也，不可不記。梁武但云我若依而行之，誰謂不可？云少待自知我心而已。王莽、曹丕、司馬炎皆不殺舊君，殺舊君自劉裕始。

王軌、宇文孝伯、樂運貞良骨鯁，蓋奕葉長養成就所有，近似殷、周世臣同存亡者，非復偏方草創、邂逅相遇可得也。運言：令宿衛之官有一人夜不直者，罪至削除，因而逃亡，遂便籍没，此則大逆之罪與十杖同科。先未經變法時，立法何輕也？當考。又云：雖爲法愈嚴，恐人情愈散。一人心散尚或可止，若天下皆散，將如之何？秦網密而國亡，漢章疏而祚永。可謂富哉之言矣。

泰言：平吴之利，二陸而已；定楚之功，諸賢畢至。可謂過之。又言：吾即王氏甥，卿等即吾舅，當以親戚爲情，勿以去鄉介意。其釋囚禮士，齊桓公以上也。泰本尚古

【二九】雖炎黄　「雖」原作「昔」，據文淵閣本、黄本改。

文，務救時弊，如王褒、庾信之淫靡，非所好也。特以其有江東盛名，爲文士宗伯，故敬禮如不及。宰物者能因人所長，不以己好惡格之，蓋難事也。

史敘次北方能文自杜廣、徐光、封奕、朱彤、胡義周、劉延明以降，而謂蘇綽務存質樸，雖屬詞有師古之美，矯枉非適時之用，故莫能常行。夫古之聖王教養天下之英材，盡其性命之理，使言語文字各極其至，故能不約而自合。綽既無所建明，奈何以一人之勢，徒取經訓之已傳者，一切效之，使庸鄙者易就，潁秀者難立？是反助徐、庾之鋒，激天下而從之也。

周武帝廢詔遣使聘沈重，踵門謁熊安生，雖二人未足以當此禮，而帝誠心好賢，屈己忘勢，干戈之際，獨高經師，征塵未洗，先驅陋巷，在晉陽城下死而復生，胡念及此？心期卓越，殆戰國以來所未有也。漢武以安車蒲輪徵申公，儒生尚夺之；劉備爲左將軍三詣諸葛亮，世尚以爲難。視此何區區哉！帝不幸早殂，功業不究【三〇】，未知真有佐王之材者，遇之如何爾。

樂遜，徐遵明諸生，陳時宜五條，其言有非俗儒所能道者。如「自非軍旅之中，何用過爲迫切」？「申侯將奔，楚子誨之曰：無適小國，政狹法峻，將不汝容。敬仲入齊，稱曰：幸若獲宥，及於寬政。國家雖强，詳不受弱。」《詩》云：「德則不競，何憚於病？」惟德可以芘民，非恃强也。及陳事上議之徒，亦應不少，當有上徹天聽者，未聞是非。陛下

【三〇】功業不究　「究」原作「救」，據文淵閣本、黄本改。

雖念存物議，欲盡天下之情，而天下之情猶爲未盡等語是也【三一】。泰崎嶇關隴，諸子相繼鞭撻宇内，成其所欲，雖大要不過强兵，亦其國是所定，立論常向上一着【三二】，故如逐等輩亦能言之。夫以國家天下之大，而其言語迫蹙卑陋，同出一律，飲食嗜好不越酸鹹之間，則名號雖存，而亡形具矣。

姚僧垣，吴人，而醫術行於關中。伊婁穆病，言：自腰至臍似有三縛，兩脚緩縱，不復自持。僧垣處湯三劑，服其一，上縛即解；次服，中縛即解；又服悉除。更合一劑，足稍屈伸。曰：終待霜降，此患當愈。至九月乃能起行。高祖東伐，至河陰遇疾，口不能言，瞼垂覆目，不復瞻視，一足短縮，又不得行。僧垣以爲「諸藏俱病，不可並治。軍中之要，莫先於語」，帝遂得言。次又治目，目便愈；末乃治足，足亦瘳。史記方多矣，不言其所以治之由，而徒載其受驗之的，亦多如此，不可得而考也。余頃歲得病，兩腹之間有縛，或以爲氣不升降而然，服胃氣圓百餘劑，縛愈急，垂二十年不解，醫終莫能名。夫諱病不受治，一二而已。有病不能治，群醫皆是，可歎也。

蕭詧至子巋，以一城之地爲周附庸，而所用文武謀臣知名者數十人，豈其地之多材耶？抑材之偶聚耶？昔魯、衛、宋、鄭皆小國，人材卓然稱於後世，至詧始復見之，惜其地不足也。材有餘而地不足，猶可言也；地有餘而材不足，不可言也。

【三一】而天下之情　五字原脱，據文淵閣本、黄本補。

【三二】向上一着　「一着」原作「著」，據文淵閣本、黄本改。

# 卷三十六

## 隋書

余嘗論宇文泰初起異於高歡。及武帝躬任數略，化弱爲强，盡有北方，五世數十年矣。雖樹德不深，置嗣無狀，然於楊堅非有罪也。乃倚女后之勢，挾輕薄無賴子，行詐逼取如懷袖中，纔半歲，戕殺宇文無遺種，故臣宿將駢首拜伏，莫敢違忤，視王莽何足道也！堅少年以相表自矜，言其異者固非一人，而史又述其始生時頭上角出，徧體鱗起。嗟夫！是真變怪不祥之物爾，豈天不愛民，假之富貴而使代相屠戮耶？史法之壞始於司馬遷，甚矣！

外戚雖處偪奪之地，而古今滅族者皆是。竇武天下重名，與衆賢一心陳力，尚不能誅宦官，反父子俱斃，何堅取之易哉！高熲、李德林從亂如流，韋孝寬、李穆皆謂天命已改。彼其奮袂直前，徑肆剪覆者，真足以扼天下之喉而制其命歟？孟子言「不仁而得天下，未之有也」。蘇氏謂：特未見司馬懿、楊堅而然。孟子尊立仁義，欲扶救一時，不幸其語不驗，此堯、舜、湯、武之道所以遂泯而無傳也。且箕子以紂爲天所棄，故不忍援商，然終不與周並立。士苟有志於道而力不能拯，如孔子順義不入秦可也。若爲之回論易説以自容，則家法盡矣。

易周氏官儀，依漢、魏之舊，簒位第一事也。雖庸謟相遇，志在掃滅前跡，亦由苟慕虚名，人情不順，有以使之矣。《周官》再壞於此，學者以爲口實，安用談經耶？

弛山澤之禁，由後世言之，非小事也。所散者何止一利，所免者何止一刑，昔能之而後不能【一】，何也？

竊位之明年即營新都，其詞自謂：殷之五遷，恐人盡死。後人以市不易肆爲受命之難，然則强民遷於新造之日，人心不特不以爲難而反勸之，又何易耶？

賜百僚錢帛，任其自取，盡力而出，可謂無禮無義矣。然以利啗人，使捨人而從己，所得者雖皆貪冒無恥之臣，而合交聚黨，盜賊師師，爲衆不少矣。故終其一世行賞極厚，而死生榮辱在呼吸之間，亦前代所未有也。唐太宗亦賜三品以上帛【二】，任其輕重。三年遣使巡省，民間情僞，咸欲備聞；揚鑣分路，將遍四海；遠近官司，遐邇風俗，巨細必紀，還日奏聞，庶使不出户庭，坐知萬里。此革命常行之事也。然天子居深宫，百司守常職，耳目之近，壅蔽勢成。人主苟有志於治，時一遣使訪知下情，利害之間，足以變置，昭發蒙昧，消釋黨偏。蓋新起天下之要道也。其與獨任臺諫，恣其專執，日朘月剥，表裏欺蔽，使風俗日降而不自知者，相什百矣【三】。

【一】而後不能　「後」原脱，據文淵閣本、黄本補。

【二】以上帛　「以上」原脱，據文淵閣本、黄本補。

【三】相什百　「什」原脱，據黄本補。

十年詔：魏末喪亂，寓縣瓜分，役車歲勤，未遑休息。兵士軍人，權置坊府，南征北伐，居處未定，家無完堵，室罕包桑，恒爲流寓之人，竟無鄉里之號，朕甚愍之！凡是軍人，可悉屬州縣，墾田籍帳，一與民同，軍府統領，宜依舊式。按《李繁家傳》載蘇綽初置府兵，與此利害優苦殊不同，然詔文乃當時實事也。蓋綽雖創始，而地狹民寡，加以長征不歸，故未得盡行其説。至是平陳後乃修完成法爾。李泌見其近，不見其遠，遂謂三代之後無及此者，後人從而信之，至言其能斂千載已散之兵復還之民。嗚呼！孰知其籍千載已齊之民釐而爲兵也哉！

十一年，平陳所得古器，多爲妖怪，悉毁之。不知何等器。北方所傳三代、秦、漢之舊物，至是皆盡，惜哉！隋文力足以有天下，而德不足以有古人之物，變而爲妖，淪於壞滅，速亡之兆見矣。

隋以海内既平，功成作樂，君臣詳議，復雅禁繁，自以爲治世和氣之所致矣。而萬寶常謂：其淫厲而哀，亡國之聲，天下不久相殺將盡。然竟如其言，何哉？夫由其粗者而觀，數之已成者雖不可改，事之必然者亦不可變。固未有凶聲而應善政，美德而召乖音者也。隋文弑君竊國，影響報效，理不徒然，鄙詐朋淫，聚而富貴，宜其不見輿薪，而寶常特以技通之爾。雖然，數與事相爲低昂，其間甚微，聖智猶不能辨。舜所以欲聞六律、五聲、八音，察其治亂以驗所行，有象之道，參於無形，執契而舉，莫能先後。此又寶常區區技術之工所能測也【四】。

仁壽元年滅國子學生，止留七十人，太學、四門、州縣學並廢。當時國子千數，則所散遣者數千萬人矣，豈不駭動！有諫者皆不聽，史臣以爲其暮年精華銷竭致然。時方遣十六使巡省風俗，而詔以爲徒有名録，空度歲時，未有德爲代範，才任國用，良田設學之理多而未精。至三年七月下詔，令州縣搜揚賢哲，則云雖求傅巖，莫見幽人，徒想崆峒，未聞至道，惟恐商歌於長夜，抱關於夷門。旨意懇切。且限以三旬，咸令進路，徵召將送，必須以禮。則所謂精華將竭，有所厭怠者亦未然。蓋其心實謂空設學校未足以得人耳。古之爲教，使材者必由學，舜、周公之論是也。漢以後傳經師章句而已，材者由於學則枉以壞，不材者由於學則揠以成，教之無本而不行，取之雖驟而不獲，則學之盛衰興廢，蓋未易言也。

煬帝以巡遊亡天下，周昭、穆、秦始皇、漢武帝禍皆坐此。然則人主不可輕出，審矣。遺詔言：王公卿士每日闕庭。可見前此人主不常見群臣也。史亦言每日一臨朝。夫以和樂之道御其臣，日一見之可也。殺戮行於殿庭，使之凛凛不自保，可乎？

《孟子》乃載晏子告齊景公事。王通則謂：兵衛少，徵求寡，可以數行。若皆無求於民，則安得自挾而行？皆使民有求於己，則諸侯有司安用之【五】？《書》稱堯「光被四表【六】，格於上下」。使其果後己而先人，致其所利【七】，去其所患，則裔夷窮髮之民皆延頸而望之，而況於中國乎！不然，則令未出於户庭，而害已形於天下矣。

【四】技術之工所能測也　「術」原作「能」，據文淵閣本、黄本改。又「所」字下原衍「不」，亦據以删。

【五】則諸侯　「諸」原脱，據文淵閣本、黄本補。

【六】光被四表　「光」原脱，據文淵閣本、黄本及《書·堯典》補。

【七】致其所利　「所」原脱，據文淵閣本、黄本補。

隋文篡周，恐群情未愜，多説符瑞以耀之，造作而進者，不可勝計。仁壽元年祠南郊，其前後符瑞數十百事書於祝板上。王莽且死，猶隨斗柄而坐，與此蓋無異情也。此雖下愚小人無不能言，昧心則速禍，欺天則受罰。蓋懼其非純者，必與天爲二故也。今行僞於天，而又挽天以自同，既挾天以欺人，而又謂天爲可欺，下愚小人之不若，何耶？

梁禮，雩不爲常祀，四月後旱則以七事祈雨：一理冤獄失職者；二振鰥寡孤獨者；三省繇輕賦；四舉進賢良；五黜退貪邪；六命會男女，恤怨曠；七撤膳羞弛樂，懸而不作。郡國則五事同時並行，爲國命之通塞者莫如政，爲人命之通塞者莫如食，至是足以有變矣，此亦制禮之善也。魯欲焚巫尪，臧文仲以爲當修城郭，貶食省用，務穡勸分。至《檀弓》又言徙市，而董仲舒乃修閉縱陰陽之術，自以行之一國無不得所欲。蓋雖儒者號知經，及其施之於用，則達理而政通者少矣。

煬帝在榆林以古禮行狩，在薊城用宜社、類祭、祖、禡，無不備舉，遠發衆軍伐遼，親授節度，亘一千四十里，可謂盛矣。古人之於兵，嚴始所以慎終也，其出之部分先後不可亂，所以爲戰之坐作進退不可犯也。若始而整，終而潰，則奚用矣！夫教兵行師，置陣安營【八】，自昔皆以爲甚難。司馬懿按行諸葛亮營壘處所【九】，歎其天下奇材。然勝負尚不在此，誠得其大，可以兼其細矣。不然，則昆陽、淝水安得以寡勝衆乎？

後魏天興，儀曹郎董謐始制軒冕，未知古式，多違舊章。孝文時儀曹令李韶更奏詳

【八】置陣安營　「陣」原作「鎮」，據文淵閣本、黄本改。

【九】按行　「按」原脱，據文淵閣本、黄本補。

定，討論經籍，猶未能正。熙平九年，明帝令崔光、元延明、崔瓚更造車服，自後條章漸備。北齊之後咸取用焉。夷狄之始，自應闕略，其後制度備而國已敗亡。古人論禮之興廢，而國存亡不在焉。以爲爲國而無禮不如亡，此非不及存亡之論也。李德林嘗言：周、魏輿輦乖制，請皆廢毁。開皇三年既更造，九年平陳後又不用，十四年又更制，其後又言太和更造衣冠【一〇】，熙平元懌定五時朝服，是北方輿服變夷從華，皆本於孝文。故王通謂：太和之政近雅。通知其近雅，而不知其近亡也。禮雖不以存亡爲限，然未有有禮而亡者。若戰國秦、漢以後，當論其所以存亡而已，不責禮之興廢。使如孝文者而以禮許之，則是禮爲取亡之具，而聖賢不貴矣。

煬帝大業二年始制軒冕，衣冠大備【一一】，文物之盛，冠於古今。三年，突厥染干見而慕之，請襲冠帶，而牛弘、何稠等皆受厚賞。及師旅旋興，則前日已定者皆棄不用，而群臣戎服袴褶，反效胡人矣。孔子歎禹「惡衣服而致美於黻冕」。賈誼謂：文帝自衣皁綈，而庶人牆屋被文繡。蓋必有所屈而後有所伸，文質兼舉，自古聖賢難之，煬帝不足道也。

梁武帝著《鐘律緯論》，主京房學，言：班固夾鍾、中呂過於無調，鄭玄有升陽而無降陽。且自制四器，名之爲通，轉推月氣，悉無差忒，旋相得中，臣下莫得措意，可謂精且能矣。君明樂官，不明樂音【一二】，後世之論也。由舜之言，人主必知樂而後可以致治。武帝知樂矣。不足以致治而反至於亡者，以樂爲伎而不以樂爲道故也。使其以樂爲道，則

【一〇】更造衣冠　「冠」原脱，據文淵閣本、黄本補。

【一一】衣冠大備　「衣冠」原脱，據文淵閣本、黄本補。

【一二】不明樂音　四字原脱，據文淵閣本、黄本補。

先之以音而知其所以爲治，先之以治而知其所以爲音，均和齊中，物召氣應，而夔龍之功可復見也。雖然，聖人猶畏之，故禹戒以「無若丹朱傲」。而梁既廢牲牢，則但爲五音相和引而無復月律，其率情背理如此，信禹所謂傲者，宜其終於殺身亡國哉！

周武帝《圜丘降神辭》【一三】：王城七里通天臺，紫微斜照影徘徊。連珠合璧重光來，天策蹔轉鉤陳開。雖非《雅》、《頌》之詞，亦後世佳語也。

鄭譯所言蘇祇婆七調五旦與中國七聲五均合。譯雖輕狡小夫，然音律乃天地之正理，固無華夷之間，使誠知之，不可掩也。而何妥以儒自命，至其隔礙不通，自爲胡、越，則人心之可畏如此。而牛弘識不逮理，又相與附益之，曾夷狄之不若矣。

三龜茲新變聲，隋文帝以爲不祥，言：公等家家自有風俗，聲不正，何可使兒女聞。其言是也。孔子稱：移風易俗莫善於樂。若上之所好者正，風俗自然移改矣。然隋之群臣，其智又不能及其君。所以然者，其臣無不苟於利禄，俛仰操竊之餘，其所得者將固以克其一時耳目之所徇而止耳。豈此十數語所能救哉！

百戲始於齊武平，習於周天元，盛極於隋煬帝，自是以爲常行。唐高祖初以五月即位，而太常借民裙襦充伎衣【一四】，擬端午日玄武門觀戲，孫伏伽所諫者也。

毛爽、蔡子元等候氣之術，氣應有早晚，灰飛有多少，或初入月氣即應，或中下旬氣始應，或灰飛出三五夜而盡，或終一月纔飛少許者。夫氣之必應，灰之必飛，陰陽之情，天地

【一三】圜丘　「圜」原作「圓」，據文淵閣本、黄本改。

【一四】伎衣　「伎」原作「妓」，據文淵閣本、黄本改。

之理當然也。應有早晚，飛有多少，其差忒而不能盡齊者，人道之厚薄，時政之寬猛，固使之也。古人所以貴於和陰陽，合天地也。隋文徒出旁議，而不知身爲人道之主。牛弘志在規諷，而未極理事之精。彼技術者，又安能測之？其效止於能飛能應而已。扣之愈急，則其説愈謬矣【一五】。且使尺稍下而能悉飛，則安取人道？子律寄母而應殊，則是應律而非應氣也。

因隋《志》略諸代尺十五等異同之説，杜夔尺長，荀勗尺下，及近世以律生尺之論。夫律之清濁，度之長短，量之多少，衡之輕重，自有生民以來，未有知其所由然者。而其所以爲律度量衡，亦自有生民以來未有知其所由然者也。以律生度量衡，起於漢人，古蓋無有。昔之聖賢，能和均四物，使之相通而不相害，則有之矣。若必以爲從律而生而以黍起律，黍之地産不定，肥瘠大小不齊，執一異以廢衆同，則樂之興無日矣。

曆自李業興後，周有甄鸞、馬顯，隋有張賓【一六】、張胄玄、劉焯，焯爲胄玄、袁充所排，而術家服其精。然方其時，君蔽臣諂，往往誣天席寵以售其術，如曆差日長之類，固不足憑。而焯爲儒者，乃與之較是非邪！自太初曆以來數十家，其術多在。按《書》先言曆象日月星辰，後列其驗。上世曆術既不存，而以律及《易》大衍《春秋》爲本起者，皆出於後人私智鑿空，務新一時之耳目【一七】，於術非能有損益也。

【一五】其説愈謬　「謬」原作「疏」，據文淵閣本、黄本改。

【一六】馬顯隋有　原作「隋有馬顯」，據《隋書·律曆志》乙正。

【一七】務新一時　「務」原脱，據文淵閣本、黄本補。

蓋天，宣夜既皆折而歸於渾天，獨劉焯欲立術改正舊渾，又以二至之影定去極晷漏，並天地高遠星辰運周，請令水工並解算術士，取河南平地之所，可量數百里，南北使正，審時以漏，平地以繩，隨氣至分，同日度影，得其差率，里即可知，則天地無所匿其影，辰象無所逃其數，超前顯聖，效象除疑。使時行其說，或得新義，可以補前人之未至也【一八】。蓋天地陰陽之密理，最患於以空言窺測。古人所以置義和於四方之極【一九】，豈固欲以地準天，以實定虛耶？

昔之言月者謂：「其形圓，其質清，日光照之則見其明，日光所不照則謂之魄。」後人相承，遂謂「月無光，因日而有光」。月果無光，安用與日並明？萬物無不因日而後成色。惟月星不然，近日則光奪，爲日所臨則奄而不明。《易》云「日月得天而能久照」，必若月不能自明而待日以爲明，使孔子之論亦如此，則月不得言久照也。數術之士昧理而迷源，學者不能知其淺深，反以爲窮理之極致，遂至乖異，於道體甚有害。

隋《志》所載雜占氣候，詳於司馬遷所記，蓋後人又推言之也。其言天子氣，自戰國秦、漢已言天子氣矣。唐、虞、三代言其德而不言其氣，然則光被四表者，文士之虛稱也。有氣而無德，將爲不祥以禍天下，而何述焉？

天文、五行《志》凡星文之變，五行之異，五代事皆具，南北之間可參而觀也。竇志、陶弘景，當時號達者。陸法和已下矣，然所謌詠皆驗。列禦寇謂壺丘子示巫咸以太沖莫

【一八】可以補前人　「補」原脱，據文淵閣本、黃本補。

【一九】置義和於　「於」原脱，據文淵閣本、黃本補。

勝，故自失而走。禦寇不爲有道，而其言已如此。余嘗謂人主自修不至，遂以形跡象數之末，竟墮術士之口。若聖人御世，則彼烏得而議之！

自晉至梁、陳都畿民皆爲王公貴人佃客、典計、衣食客户之類，皆無課役【二〇】。佃穀與大家量分，自四十户至五户止，既役其力，又食其租。按《司馬元顯傳》稱王公以下日廩七升，而范寧亦言起廨舍、割兵仗之弊。蓋雖賦禄少而得占多，比後世自爲優也。《志》又言魏、晉二十一帝，宋、齊十五主，雖用度有衆寡，賦禄有重輕，大抵不能傾人産業。然則取於民不厚，而其臣足以自完，未可謂非善法也。貨利之柄，上失之而私於下，猶未有害。王莽謂漢常有更賦【二一】，疲癃咸出，豪民侵陵，分田劫假，欲盡收於上，故不旋踵而大亂以亡。後世爲國，多有此等議論。以此知理財、正辭、禁民爲非，須作三兩段看，方明古人之意。不然，反爲後人患矣。

魏至高歡方收鹽利，宇文泰亦置掌鹽。然關市邸店之税，乃顔之推、鄧長顒於北齊垂亡時所立，而隋初罷酒坊，通鹽池鹽井，與民共之。然則極後世第一好議論，曾未足以望前世之十一，而不知求其故也。

齊自河清始有受田之制，蓋其君驕粗甚矣。然尚如此，周亦有司均掌田里之政令，以其時田皆在官故也。今田不在官久矣。往事無復論，然遂以爲皆不當在官，必以民自買爲正，雖官偶有者，亦效民賣之【二二】，此又偏也。

【二〇】皆無課役　「皆」原脱，據黄本、敬鄉本補。

【二一】漢常有　「常」原作「帝」，據文淵閣本、黄本改。

【二二】賣之　「之」原脱，據文淵閣本、黄本補。

隋文以儉致富，百姓給，復免租，與漢文、景同。蓋時無與散，雖欲斂之而又不可，不必三代仁義之主而後能也。財貨盡斂於上，却散於下，雖前代衰亂，蓋無此法。斂即無散，散則不斂矣。及本朝承唐之弊，以斂爲散，故取之最苛而民猶未潰，以爲不得不然也。然敝極不變，上無以自寬，斂散不相容，如馬馳不得息，弓彀不得止，終必歸於大亂而後已爾。

自高叡等上《齊律》，當時稱其法令明審，科條簡要，而齊人多曉法律者。至高熲造《隋律》，蘇威、牛弘再定，然皆本於齊也。由唐及今，雖有增損，然皆出於隋也。子産鑄刑書，叔向非之，而曰「吾以救世」。今觀律文，與事情輕重相稱，況子産尤爲精當，言救世，信矣。然自秦、漢以後稍號平時者，法無不寬；其君之薄德者，刑無不苛。推而至於堯、舜、湯、武，君臣各躬行以靖民，而法自爲無用。則叔向所謂「不爲刑辟」固非高遠不切之論也。世道之衰，雖緣人材日下，然其病根正以有己而忘人，做下樣子，令其不可迴轉，如子産是也。

# 卷三十七

## 隋書

隋《志》無《連山》，止於《歸藏》十三卷，蓋漢初已亡。按晉《中經》有之，惟載占筮。唐乃有《連山》十卷，司馬膺注。至本朝亦無《連山》，而《歸藏》三卷稱晉薛貞注。按《劉炫傳》，《連山》炫所造也，坐以得罪。然則《連山》、《歸藏》皆非本書矣。《周官》雖載三《易》，遠自夏、商，其不經孔氏，無所傳授者，後滅没不復著矣。孔氏所不道而道不存焉，學者自不必追論亦可。然所謂《周易》者，謂其周流而變易，名義略與《連山》、《歸藏》同。而後世乃以爲周文王之易，至又獨取易字别訓名義，恐亦於道有害。

古文《尚書》，屋壁所出，謂科斗書也。孔安國以隸古定，即今文也。其後學《書》以楷爲宗，故孔安國《書》遂爲古文。然自蔡邕之流已變從今文矣。自晉梅頤、齊吴興姚方興始獻孔安國《尚書》【一】，學者方復以古文行之。而唐始令衛包變從今文，學者因以今之所謂《書》者非復古文。不知自有古今而義無古今，不然，則西方絶域之學，旁行累譯，安得盡通於中國哉！人情之好惡，習俗之流傳，亘古今而常在，豈特義無古今、夷夏，而

【一】齊吴興姚方興　「姚方興」原脱，據《經典釋文序》補。

文亦無古今、夷夏也！學者知此，則道德之意，思過半矣。至明皇改「無頗」爲「無陂」，則轉易義訓矣。然李肇所云，亦止此一條爾。

因《隋史》敘讖緯事，古聖人所以爲治道者，必能知天人之常理而順行之，武王所謂陰騭相協以爲彜倫者也。鯀以人欲勝天，水方泛濫，不能順導，乃崇土以塞之，一事不順，天人之理亂矣。此桀、紂暴德之始，三代、漢、唐之所由分也。然學者不足以知之，則「河出圖，洛出書」，孔子之前已有此論。而其後遂有讖緯之説【二】，起於畏天而成於誣天。況五事人之所爲，無預於五行，學者之陋一至於此！及其消磨息滅，費多少氣力，而聖人之治終不復可施。故隋文雖焚讖而妄稱祥瑞，至有袁充、王劭之事，又甚於讖矣。

前漢無史官，故遷、固父子捃摭成編，遂爲信書。東漢以後各自有史，漢、晉家數尤多。然卒其所取信者，亦後人之作也。隋、唐之際，舊書尚存，有志於學者，欲有所考證，猶可參取，惜今不見矣。今唐、五代尚有舊史及諸雜注記，本朝則李燾史底最信而覈。余常患學者見聞不遠而取成於目前，雖李翺猶以《前後漢》有生熟之異，他何怪也。

隋僧道騫讀《楚辭》，能爲楚聲，音韻清切，後傳《楚辭》者皆祖騫之音。辭以義爲主，音必歸於正。若楚人之辭必爲楚音，則五方異域不勝其音，而文義奚取？雖三百篇亦殽亂而不知所裁矣。此固淺儒俗人之通患，學者不可不知也。

按《隋志》稱：別集之名漢東京所創。靈均以降，志尚不同，風流殊別。後之君子欲

【二】讖緯　「緯」原作「諱」，據文淵閣本、黄本改。

觀其體勢，見其心志，故别取焉。後人景慕，並自記載以成書部。此當時傳襲之語，必不妄。是自班固、傅毅以後方成流略，而競以文名家。雖然總名爲文，而不知此前數百年，士蓋有意於立言而未專爲文也。言之枝流派别散而爲文，則言已亡，言亡而大義息矣。歐陽氏乃通以後世文字爲言，惜其散亡磨滅，不存於世，而以立言爲不如有德之默，不知文之不可以爲言也。況傳與不傳，本非所計，雖上世聖賢猶不能免，付之後而已。

文字總集，各爲流别，始於摯虞，以簡代繁而已，未必有意。然聚之既多，則勢亦不能久傳。今其遠者獨一《文選》尚存，以其少也。近世多者至數百千卷，今雖尚存，後必淪逸。獨《吕氏文鑑》去取最爲有意，止百五十卷，得繁簡之中，鮮遺落之憾。所可惜者，前世文字源流不能相接。若自本朝至渡江，則粲然矣。

隋置六尚、六司、六典掌宫之政，此漢、晉舊事也。至煬帝置女官，準尚書省，以六局管二十四司，則出於創建，内外分庭，人臣不得分毫預矣，所謂人主之職十倍宰相者也。

隋文帝言：非劉昉、鄭譯、盧賁、柳裘、皇甫績等則不至此。然此等皆反覆子也。周宣帝時以無賴得幸，及帝大漸，顔之儀等請以宗王輔政，此輩行詐顧命於我。我將爲治，又欲亂之。昉謀大逆於前，譯爲巫蠱於後，如賁之徒皆不滿志，任之則不遜，置之則必怨，自難信也。凡人必有自知著實處，「我將爲治，又欲亂之」，此兩語，隋文帝自知著實處也。帝雖猜阻迫狹，而所以能致開皇於幾平者，蓋其實有此志而後能之。變詐之人，翻覆事會以倖富貴。既得富貴，復不能守，意態日新，棄去更索，豈爲人國家計慮也！雖然，高熲固無此病，何爲君臣之分不終，無復後段事業，卒於喪國覆宗，爲天下笑？蓋其猜阻迫狹，雖願治而不及遠故也。若人主本無自知著實處，則雖隋文前段功名亦不能有，此又可重嘆矣。

《傳》稱高熲有文武大略，明達世務，竭誠盡節，進引貞良，以天下爲己任，蘇威、楊素、賀若弼、韓擒虎皆熲所薦，自餘立功立事者不可勝數。執政垂二十年，朝野推服，物無異議，論者以爲真宰相。熲遭離非命，暮年誅滅，而當時之言如此，可以見其人也。熲與賀若弼被殺，自係隋之存亡，不復關身矣，哀哉！

李德林應用逐急之文，爭行奪市，如穠李繁桃，彌山徧野，不足較工拙，分雅俗於其間也。然亦有數事得入策士智人之目，如建遣高熲監軍、爭滅宇文族、請緩廢鄉正是也。惜其他遺落不盡見，然已過王儉、沈約輩遠矣。士昧於得，以區區小數乘時夸競，苟利一身，貽禍於人，猶自稱豪者【三】，真可鄙哉！

《房陵王傳》正爾直述，本末備見，讀者愴然。如戾太子雖工語言，然班固乃以爲蚩尤之旗所生，何耶？

趙煚救斛斯徵，值周武帝之明，從之可也。長孫平救厙紹【四】，以隋文之忮而亦能

【三】猶自稱豪者　「稱」原脱，據文淵閣本、黃本補。

【四】長孫平救厙紹　「厙紹」原作「邢邵」，據黃本及《隋書》本傳改。

聽,何哉?

韋世康,韋夐子也。其慕止足《與子弟書》,言:吾生因緒餘夙霑纓弁,驅馳不已,四紀於兹,坐登宄命,數涖方岳,志除三惑,心慎四知,以不貪而爲寶,處脂膏而莫潤,如斯之事,頗爲時悉。今耄雖未及,壯年已謝,霜早梧楸,風先蒲柳,眼闇更劇,不見細書,足疾頻增,非可趨走。禄豈須多,防滿則退;年不待暮,有疾便辭。世康在當時不以文稱,然如此語言當時文士亦不能到,蓋其識度所至,不繫筆墨也。然終不得退,遂至於死者,垂二十年。士欲退而不得退,萬一而已;欲進而不得進,皆是也。

自古小人,無材無功者爲佞諛傾覆,有材有功者即爲姦雄竄竊,楊素材而功,大當其主不可欺奪之時,故見於行事,徒佞諛傾覆而已。使乘際會而得盡逞,曹操、司馬懿之流,王敦、桓温不足數也。凶焰不泯,傳於子弟,大呼首事,卒以亡隋,又何止佞諛傾覆而足哉!然當其時,隋人無能知者,獨一梁毗爾。《素傳》載尅定江南諸賊及破突厥事,當詳看。自京口至泉州,水陸數千里矣。至於變舊法而以騎陣取勝,余固疑之,豈其皷勝氣而遂成勝勢耶?後人不可不思也。

素營獨孤山陵,隋文謂其能審陰陽禍福之理,偏歷川原,親自占擇,纖芥不善,即便尋求,心力備盡,遂得神臯福壤,營建山陵,豈與平戎定寇比其功業!彼其君臣以詐力奪攘得富貴,不畏報復,而又取信於陰陽地理,以垂子孫無窮之基,殆與秦皇、漢武求長生,異欲而同揆耶。

牛弘淺而不俗，柔而不弱，治世之中品耳。若言書五厄，則前蓋未有能爲此論也。然史謂大業之世，委遇彌隆，隋室舊臣始終信任，悔吝不及，唯弘一人，而其死在大業三年，使其少復延永，未知與蘇威出處【五】如何。士固有幸不幸，未可隨事爲定論也。

長孫晟終隋世能以計縻突厥，開闔盛衰，無不如志，卒弱其勢以成北方之功，過於衛、霍用百萬師矣。賈誼自言欲爲屬國，必係單于之頸而制其命，伏中行説而笞其背，未知得用與晟如何。誼當以正道御夷狄，豈宜用此變詐，不近人理耶？史稱「子貢一出，亂齊滅吴，存魯霸越」。使必若是而復可，則堯、舜、文、武之道不啻墜地矣。

隋文帝誤殺史萬歲，賞刑失中，人主猜暴之失，自無可論。而楊素輕肆誣諂，致其死地，亦爲當時所短。然余因宇文護治獨狐信事，當是時武將能望外成事者多，不專在一人。如素雖敗萬歲而又能進劉方，於其國猶未有缺。若狄青、岳飛輩，蓋數十百年而一有，寥落相望，無復繼者，則爲其存亡安危所繫，豈不大哉！悲夫！

自周氏以來，選無清濁，盧愷攝吏部【六】，與薛道衡、陸彦師等甄别士流，故涉朋黨之譖。而《蘇威傳》謂：知名之士相坐黜免者百餘人。古今士無不以氣類合，合則庸人倚人主勢軋之，無不破壞矣。威輩固未足論，然亦一時聚散之變也。《左氏》稱：十六族者世濟其美，不損其名，以至於堯不能舉而舜舉之。蓋後世之合正爲進取地，而古人不然，

【五】蘇威出處　「蘇」原脱，據文淵閣本、黄本補。

【六】盧愷攝吏部　「攝」原作「稱」，據文淵閣本、黄本改。

此禍福所以異也。然人主亦何利哉！

隋煬帝戕殺父兄而取其位，薛道衡乃上《文帝頌》，極於褒崇，不知而言，是謂不智；知而言之，夸虚諂而示實譏，真所謂「《魚藻》之義」也，其死自取之矣。《傳》謂帝將殺之而不悟，房彦謙勸之而道衡不用，則誠不知而言者。從古文人，詞繁識寡，志欲徼福，反貽身災，絞縊既及，猶不自意，真可哀也！

隋名將自韓賀、楊史外，如崔仲方、于仲文、段文振等亦足備驅使。及再伐遼，至於亡國殺身，而麥鐵杖【七】、楊義臣、陳稜、沈光之流猶有可述。蓋乘分裂並吞之後，隋雖統一而天下未嘗無變，其多將材，固應如此也。自古爲國不患無材，若人主失道，自致亡滅，則材雖多而不能救也。齊無知弑襄公【八】，徒人費、石之紛如皆爲之死，然不足以言忠義矣。

李諤論當時文弊，謂：連篇累牘，不出月露之形；積案盈箱，盡是風雲之狀。世俗以此相高，朝廷據兹擢士。始蘇綽以典誥體風厲境内三十年矣，而諤所言乃如此。余所謂反助徐、庾之風，激天下而從之者也。諤又言司馬幼之以文表輕艷獲罪，自是公卿大臣咸知正路，莫不鑽仰墳素，棄絶華綺，擇先王之令典，行大道於兹世。且欲以憲司之勢禁絶之，諤尤陋矣。而史乃稱四海靡然向風，深革其弊。世俗一種凡鄙見識無不然者，彼以爲文者若是而已耶？

【七】麥鐵杖　「杖」原作「放」，據黄本及《隋書》本傳改。

【八】齊無知弑襄公　「弑襄公」原作「被弑」，據文淵閣本、黄本改。

蘇威禁臨道店舍，責民間五品不遜及令誦五教等事，皆深爲當時所排。威，蘇綽子也。豈徒習其父之好古，不得其所以鉏澆就朴者，而但有迂誕怪僻耶？古人稱良冶之後必學爲裘，威殊不能然，何也？

虞世基、裴藴【九】、裴矩三人，皆發煬帝亡國之機，揚湯推波，助其沸騰者也。然自昔衰亡之君，如幽、厲、二世、元、成、桓、靈，蔽主明而成其過，皆其臣之罪。若桀、紂、始皇、漢哀、煬帝自爲不善，人臣立其朝者，雖欲匡救而不可。三人者以畏死長惡罪之，則無辭矣。所以致隋之亡，則其君自當之，不在三人也。

自晉以下史，其間昧陋猥雜，不應簡册，當删除者固多矣【一〇】。然未有如王劭、袁充兩《傳》之甚【一一】，而又有不可得而删除者，蓋其時君所愛信，興亡成敗之所由出故也。至此則雖遷、固之巧，猶無所致其筆力，而况魏徵之流乎！

李密謀無不中，量無不容，蓋非唐初君臣所能及。然身爲事主，則不能成功而終以僇死。張良爲畫策臣，未嘗特將人之材器，所成就固不自同也。余嘗歎戰國、楚、漢之間有實負智能忍死而不求遇者，范增、麗統之儔【一二】，蓋褊淺矣。至南、北、隋、唐則皆無之。以密之智謀，審乎特起之難，隱而不試，老死不憾，庶幾乎！

魏徵作楊玄感、李密《贊》，並論隋文、煬帝之所以興亡，略用賈誼《過秦》語意，全不知史家體統。徵文識如此，安能經緯事業【一三】？初學者以爲能致貞觀仁義之效，蓋亦

【九】虞世基裴藴　「裴藴」原脱，據文淵閣本、黄本補。

【一〇】固多矣　「固」原脱，據文淵閣本、黄本補。

【一一】兩傳之甚　「兩」原脱，據文淵閣本、黄本補。

【一二】之儔　「儔」原作「流」，據文淵閣本、黄本改。

【一三】經緯事業　「業」原脱，據文淵閣本、黄本補。

得其粗淺而已。然觀其諫書，乃復不類，豈衆史官所爲，而冠之徵作耶？

李公孝事，既有本生父則有本生母，不異親與繼也。特以劉炫自立横論，故李翊駁之，其所爲乖戾者，不取正於禮而取正於令爾。使令之所有而禮之所無，則又將撓而從乎？又引准枉法不枉法，尤無義。古人以禮爲法，後世假法而後能存禮，如李翊以臺臣屈炫議，是不特假法，又假勢矣。

田德懋丁父憂，哀毁骨立，廬於墓側，負土成墳。遣員外散騎侍郎元志就吊，復降璽書，曰：皇帝謝田德懋，知在窮疾，哀毁過禮，倚廬墓所，負土成墳。朕孝治天下，思弘名教，復與汝通家，情義素重，有聞孝感，嘉歎兼深。春日暄和，氣力何似？宜自抑割，以禮自存也。草創通家子弟，故應卹其哀戚，然以千牛備身，而遣散騎侍郎就吊。又璽書鄭重憫惻如此，隋文固有意於爲治也。

史言秦任獄吏，赭衣滿道，漢革其風，矯枉過正，禁網疏闊，遂漏吞舟【一四】，大奸巨猾，犯義侵禮，故剛克之吏，摧拉凶邪，一切禁姦，以救時弊。審如此，則是漢雖爲三章之法，曾不足以革獄吏而終於用酷吏也。且無教民而姑縱之，其勢固必至此，擊斷四出，芟刈如草芥，又甚於獄吏矣。徵又謂：隋時四海九州，服教從義，無用於酷，而漢則不免。然彼殿庭終日殺人而人主自爲殘暴者，又烏得所謂教耶？司馬遷本立循、酷吏條目，所論固無理。徵祖其説而益疏。公孫弘謂：臣在山東時，聞寧成治民如狼將羊。弘諂弱，

【一四】疏闊遂漏　「闊遂」原脱，據《隋書·酷吏傳》補。

力不能禁，意或近之，蓋酷吏當廢而不當述也。

敘《儒林》稱魏、晉以後，南北所治，章句好尚，互有不同，大抵南人簡約，得其英華。北方深蕪，窮其枝葉。後人因此遂謂南北之異可以折衷。此甚不然。實即華也，英華即枝葉，無繁簡之殊。經生學士之言所以爛漫充斥而不可據者，正以英華非英華而枝葉非枝葉也。使其是，則遡一枝葉可以得本根，又何厭焉！知道然後知言，知言則無章句。近世雖無章句之陋，其所以爲患者，不知道又不知言【一五】，與昔日章句無異也。

房暉遠指「窈窕淑女，鐘鼓樂之」爲王者房中之樂。按文王、周公以《關雎》爲風化之首，故孔子稱「師摯之始，《關雎》之亂，洋洋乎盈耳哉」！經師相傳，用之鄉人，用之邦國，天下正音無先焉。而鄙儒俗生，其言如此，悲哉。

劉焯、劉炫，當時稱數百年來博學通儒無能出其右，然執身不固而升沉進退之間，懸命於人，其卒以窮死。至何妥顯行讒賊，排賢害正，自爲亂德之首，豈儒固使之耶？泛觀後世，學衰道失，士亦無不然者。揚雄遠跡篡盜，自樂而終，則反交譏之矣。

徵論文，言北方以理勝詞，使理果勝，則詞何足云。正謂理未能及詞爾。而南方文意兼失，又非過其意者，徵固未知此也。徵又言：煬帝意雖矯淫而詞無浮蕩【一六】，故綴文之士，遂得依而取正。《易》稱：「文明以止，人文也。」「觀乎人文以化成天下。」文章高下，未有不與事稱者。煬帝大業三年幸榆林，突厥啓民朝，復幸啓民所居，賦詩稱「鹿塞

【一五】不知道又不知言　「知」原脱，據文淵閣本、黄本補。

【一六】意雖矯　「雖」原脱，據文淵閣本、黄本補。

鴻旗駐，龍庭翠輦迴，氈帷望風舉，穹廬向日開。呼韓頓顙至，屠耆接踵來」。「何如漢天子，空上單于臺」。竭天下之力從事於荒遠，僅做得此詩，雖只十數句，而所關興亡甚大。夫所惡於輕靡之文者，謂其不足以致治也。若無浮蕩而反至於亡則何益哉？又王冑《和大酺詩》亦夸奢之詞【一七】，而帝以爲：意氣高遠，歸之於冑；詞清體潤，其在世基；意密理新，推庾自直。蓋其君臣務爲雄勝，輕盡民力，與「璧月雲山」之句異體同歸。而徵反謂依而取正，與子革舉《祈招詩》何不同耶？

楊伯醜筮占之驗，古今自得於技術，蓋無不然者，不足異也。然皆不當於義，不聞於道，以象數之小者推測而已。而伯醜乃能笑何妥論《易》，以爲何用鄭玄、王弼之言？則是固嘗涉其塗而不由，於其大者亦不爲無所知也。史載其下云：久之微有辨答，所説辭義皆異先儒之旨，而思理玄妙，故論者以爲天然獨得，非常人所及。然不知其旨趣竟如何。妥，鄙儒耶？曾不能傳其一二，使後有考焉，爲可惜也。孔子於《易》創開大道以明示後世，條目粲然矣。學者不能領，幾何而不爲鄭玄、王弼也。

張冑玄改定新曆，言前曆差一日【一八】，莫知其是非，蓋是時去《太初曆》七百餘年矣。冑玄所爲曆法，與古不同者三事，其自得於心超古獨異者七事，自落下閎以來【一九】，無不由後以見前之失，且變未久而差已多。若夫堯、舜三代幾二千年，曆不數變，而亦無以其術相攻者，豈天地日月星辰固常運行，而無預於私智之區區耶？

【一七】大酺詩　「酺」原作「猷」，據文淵閣本、黄本改。

【一八】言前　「前」原作「定」，據文淵閣本、黄本改。

【一九】自落下閎以來　「下」原脱，據文淵閣本、黄本補。

萬寶常論鄭譯樂，以爲亡國之音。及言「樂聲淫麗而哀，天下不久相殺將盡【二〇】」。夫寶常本欲以其技變隋之樂而不得用，説論非之，而隋之祚卒以不長，天下固許寶常爲知樂矣。然使不改隋之政而爲寶常之樂，未知其果能易隋之亂而爲治，留隋之亡而爲存乎？

隋文一朝詔令，不爲偶儷，止敘事實，不尚雕綵，直露情素。《賜高麗王湯璽書》雖對面語不能及也，義理不足而質實有餘矣。李諤之言，豈其效歟？

赤土，南海中國也。官名、服飾、儀衛大抵類浮屠所言。自佛學入中國，學者不能知其淺深，或衒以爲異，或詆以爲妄。夫彼安於國俗之常，不吾效而吾反效之，又置是非毁譽於其間，何哉？

【二〇】相殺將盡　「相殺」原脱，據文淵閣本、黄本補。

# 卷三十八

## 唐書帝紀

歐陽氏用《春秋》法書唐、五代《帝紀》。按堯、舜、三代史，今存者惟《書》，其載事必具本末。《春秋》，諸侯史也，載事不能自通者【一】，《左氏》必以傳緯之，亦所以具本末也。孤行無本末而以類例爲義，始於《公羊》，董仲舒師之，於是經生空言主斷，而古史法没不見矣。若夫司馬遷變史，則又不然。《紀》、《世家》，君也；《傳》，臣也。各因其人以著其事，非如上世史因事以著其人也。歐陽氏三者不備考而雜用於《紀》，則有掩鬱不詳之患，於《傳》則有掠美偏惡之失，長空言之驕肆，而實事不足以勸懲，學者不當遵也。

高祖，隋甥也，爲太原留守、晉陽宫監，任遇不卑。隋政既亂，天下皆挺刃而起。隋之罪雖足以亡，而自高祖父子公義言之，只謂之「反」，今乃美其名曰「義兵」。唐人義之可也，後世亦從而義之，使李密、竇建德之徒有成，庸非義乎？范氏又謂：太宗有濟世之志，撥亂之材，獨譏其創業不正，無以示後。夫濟世撥亂，必不志於利。今也朝爲匹夫，暮爲帝王，利之而已。且彼患無以起，則何暇於示後世，又非所以責之也。故凡爲後世之

校勘記

【一】「必具」至「載事」十二字原脱，據文淵閣本、黄本補。

論，欲引而致之古人者，常多失實，不可不知。

高祖既克長安，將克隋命，爲相國，加九錫，乃常禮也。高祖以爲堯、舜、湯、武各因其時取與異道，未聞夏、商之末必效唐、虞之禪，故但改丞相府爲相國府，九錫殊禮，皆歸之有司。范氏謂：其雖不能如三代而優於魏、晉，此亦後世大議論也。蓋自王莽以來未有不假禪讓以奪國者，非故效唐、虞之文也，乃其取之無辭，姑假借之云爾。高祖以前，其人無不已據大權，示爲之漸，先加殊錫，徐乃遜位，使人知其勢當然。豈以是爲超夏、商而比唐、虞哉？今高祖乃云推其至誠以順天命。夫天命不可知，必視其德，天下雖共起而亡隋，高祖敢自謂其德可代隋乎？彼必信妄人圖讖之言「李氏當王」，以此爲天命爾，則其陋尤甚矣。隋得罪於天下，不得罪於李氏。群盜可以取隋【二】，高祖父子不可取隋。代王嫡孫也，尊煬爲皇，立代爲帝【三】，君臣再定矣。今高祖之言如此，無漸而逼取，明奪而不慚，是又在魏、晉下，而何非笑之有哉！且王莽、曹操、司馬氏皆能不殺舊君，而武德二年八月癸酉酅國公薨。嗟夫！孺子何罪？固不及魏、晉遠矣。

新史言：太宗之治，制度紀綱之法有以憑藉扶持，永其天命。古人制度紀綱自當別論。然按高宗、中、睿、武氏之間，制度紀綱皆已壞，天寶之後制度紀綱皆已失，如人痼病，與命適相劫制。明皇、憲宗醫治不盡，餘疾依然。歷觀古今，無不以相制而僅存者，無能治則亡矣。

【二】取隋　「取」原脱，據文淵閣本、黄本補。

【三】立代爲帝　「爲」原作「皇」，據文淵閣本、黄本改。

自楊玄感反，李密已爲畫次策據關中矣，是時隋猶未亂也。況大業末天下盡叛，而煬帝南遊不歸，太宗於此決計入關，無復反顧，如升虛邑，遂定本根，宜矣。其敗宗羅睺，乃直趨折墌城，衆以爲當止者不止，遂降薛仁杲而收秦隴，其禦宋金剛，乃固守栢壁壘，衆以爲當戰者不戰，卒走劉武周而復汾晉，圍王世充也，竇建德來援，兩賊連衡，勢數千里，腹背受患，常情同憂，然而太宗自將迎前，留兵綴後，既擒建德，併降世充，齊、趙、河南一舉蕩定，雖古之能將固多如此。至於慮敵明審，赴機果勁，緩急在手，仗勝獨克，群算衆力，蓋莫得預【四】焉。秦、漢以來由徒步搏取天下者，必以智起，以勇奮，以氣勝，非兼是三長蔑濟矣。項羽常謂「力拔山，氣蓋世」，真不虛語。方其盛時，竭天下之智力不足以當，漢高祖智勇俱劣，特以氣勝爾，而能用人之智勇，故終困項籍。夫是三者，雖欲兼而又惡其太盛，太盛則過偏而有反噬自焚之災。高祖幸因人成功，虛氣不除，幾復失之。太宗不至如高祖之甚，然亦太盛矣，雖身自致治，而天下未及受富庶之實，以其堅凝之術少也。惟光武僅處三者之中，而又必欲摧剛成柔，以安靜爲效，故其三世相繼，海内稱平，延及安、順，風俗未改，直本規使之，非偶然也。外則孫策、劉裕、周武帝、世宗，雖起徒步，於此三者亦號庶幾，餘不論矣。策與周武皆年少，亦惡太盛爾。然則千有餘歲覆載之廣，合離成壞之多，求其能調和血氣志慮以整頓當世者，曾不一二而得，況欲望其亶聰明，備道德，爲百姓請命，上帝而保祐之乎！雖然，就三者細論，以身從人者易，自作事主者難。李密非

【四】蓋莫得預　「莫」原脱，據文淵閣本、黄本補。

無三者，所以終爲俘馘，正坐自作事主爾。太宗固於三者皆絶出，其成功之易亦由專愛子之親，任不疑之地，居守有寄，故可以一意征行。使身爲權首，已登大位，安得常與馬上角逐哉？此又議者所未詳也。

太宗殺建成、元吉，最爲異證。如齊桓、晉文兄弟爭國，鮑叔尚謂：子糾親也，請君討之。安有君父在上，以藩王而攻冢嫡，蹀血横屍於禁門外？使父不許，又將併篡之乎？房、杜以此爲功，難與蕭何、鄧禹並稱矣。然後世避莫敢指，蘇氏言孔子蓋罪湯、武以警後世，而謂太宗從諫如流，爲秦、漢以來百王之冠，可乎？程氏又有「三代天理，漢、唐人欲」之論。嗟夫！人必逼父殺兄而後爲欲，則其所惡又將若何哉！

貞觀四年斷死刑二十九人，史稱其幾致刑措。太宗以爲用魏徵言，行仁義所致，故恨不使封德彝見之。後人爭傳誦者，尤以此一事也。按孝惠、高后十五年中，史稱海内初離戰國之苦，君臣俱欲無爲，故孝惠垂拱，高后女主制政，不出房闥而天下晏然，刑罰罕用，民務稼穡，衣食滋殖。此亦當時實事也。民遭大亂已二十餘年，死亡且盡，若又動摇，國何以立，豈不爲石勒、拓跋乎？固不必誇言之也。比屋可封，象刑不用，皆處士虚談。聖人但云：刑罰清而民服，天下之廣，安得更無殺死人耶？顧其濁清何如爾。

余嘗論宣和海上之盟，招寇致禍，至今百年，上下無不愧悔，以爲大戒，雖失事計，然可謂審於知過矣。太宗親因隋伐遼，故能奪有天下，乃復事高麗，身與之終，不畏他人踵其後乎？不惟不戒，反復已往之不勝，爲異代雪恥，其用心之謬，見理之昏，何止以好大喜功爲病哉！

史稱太宗除隋之亂，比跡湯、武，致治之美，庶幾成、康，自古功德兼隆，由漢以來未之有【五】。堯、舜、三代之統既絶，學者寂寥，莫能推與，不得不從漢、唐。然其德固難論，而功亦未易言也。湯、武世有其國，已爲諸侯所歸，不忍桀、紂之亂，起而滅之，直以不免用兵有慚於德，謂之功則可矣。光武宗室子，志復舊物，猶是一理。如漢高祖、唐太宗與群盜爭攘競殺【六】，勝者得之，皆爲已富貴，何嘗有志於民以人之命相乘除而我收其利，若此者猶可以爲功乎？今但當論其得志後不至於淫誇暴虐，可與百姓爲刑賞之主足矣。若便説向湯、武、成、康，大義一差，萬世不復無所準程，學者之大患也。

「責備賢者」，「爲賢者諱」，皆《公羊》語也。古者聖賢同辭，惟其未至於賢也，故不備，備則何責而又何諱焉？此論既立，天下反以有所缺爲賢，《春秋》又以責所備爲嚴，道愈隱矣。

高宗雖非克肖之材，然始終恭畏，不得罪於民，使無武氏一事，豈不得在惠、景、章、和間耶？《五子之歌》曰：「内作色荒，外作禽荒，酣酒嗜音，峻宇雕墻，有一於此，未或不亡！」《伊訓》曰：「惟兹三風十愆，卿士有一於身，家必喪；邦君有一於身，國必亡。臣下不匡，其刑墨具，訓於蒙士」。吁，可畏哉！敗亡之物，聖賢記之，象驗照灼，無不以類

【五】由漢以來　「以來」原脱，據黄本、敬鄉本補。

【六】群盜爭攘　「盜」原脱，據文淵閣本、黄本補。

應。高宗好慕沉溺，烝黷污下，犯禹、湯正條貫矣。夫以欲殉身者，常不免於殺身，雖有他善，固不能救矣。無忌、遂良之流粗澁庸鄙，輔道無法。方武氏從感業寺再入，群臣不引禮廷諍以絶其萌乎？三數年中，位遇未極，不相繼陳義以決其去乎？寵焰既成，至於奪嫡，然後言其托體先帝，將何及也！且自武以妬聞，掖庭忿鬭，日喧於外，豈不預爲陳平之深念乎？太宗雖有好諫之美，而無《伊訓》不匡之刑。嗚呼！孰謂其制度紀綱尚可以憑藉扶持哉！

武后《貶楊素詔》云：朕接統百王，恭臨四海，上嘉賢佐，下惡賊臣，常欲從容於萬機之餘，褒貶於千載之外，況年代未遠，耳目所存者乎！雖張易之惡楊元禧兄弟所爲，然此數語不可不記也。

近世多言狄仁傑能順導武后，迎還中宗，唐室再造，其功最大。按廬陵王以聖曆元年九月復立爲皇太子，至神龍元年春，首尾八年方復位。以武氏之翻覆，八年之久，豈可逆期！況既已革命，雖於中、睿母子無絶道，而爲唐臣者皆得而誅之。仁傑固勝餘人，然亦纔可免罪爾。張柬之長安四年冬作相，數月便能誅二張反正，使其處仁傑地位，必不如是遲緩也，於是過之矣。或者又言仁傑不自爲，薦柬之使爲之，故其功全在仁傑。雖然，豈可付一老人以許大事於八年之外耶？此亦虚論爾。

史稱玄宗始終之異，性習相遠，以開元治而天寶亂也。開元不得言治，但盛爾。杜甫謂「憶昔開元全盛日，小邑猶藏萬家室，稻米流脂粟米白，公私倉廩俱豐實，宫中聖人奏雲門，天下朋友皆膠漆，百餘年間未災變【七】，叔孫禮樂蕭何律」。韓愈言：「高祖太宗，既除既治，高宗中睿，休養生息，至於玄宗，受報收功，極熾而豐，物衆地大，蘖芽其間。」是唐人之論。本以開元爲盛，不以爲治也。盛與治相近而不同。《鴟鴞》、《小毖》之詞，百世後讀者常悲哀痛楚，周所以有成、康功用也。家禍深則創艾切，君臣相戒，克己念治，治而後盛，故可保矣。高宗、中、睿六十年中，親父母骨肉相戕殺幾盡，存者性命如絲髮爾。玄宗以諸王殺韋后，便超冢嫡，以監國誅太平，徑擅天下，家禍慘烈如此，君臣處之，皆以爲功，不以爲畏也。姚、宋雖舊相，然無遠識，又所任只三數歲，及自用李林甫，遂至二十年，猶幸其止是嫉妬士大夫。若亦如宇文融、王鉷，一向導以殘民横斂，必不能禁而聽其所爲，則本根盡拔，海内土崩，不可復收矣。治亂人主所致，無偶然者。晉悼公、漢宣帝皆中材，猶自保終始，如玄宗豪俊之資，用人主利勢，操無根之賞罰，享國既久，盛極而衰，證自當然，不得言始終異而性習遠也。此論既立，昏庸者資以藉口，中材無所據依矣。學者當詳考，然後知天寶雖亂，而開元未可言治也。

戰國、秦、漢以來，經營天下皆待智士，縱無一民寸土中，尚擘畫得出，況四海晏然，人心未叛之時乎？禄山始亂，起於倉猝，雖極可畏，然不是無可經營。就使巴蜀奔播，靈夏單弱，若處置得宜，年歲自定矣。其當時無一智士可以論此，無故增立諸節度，相次徧滿

【七】未災變　「變」原脱，據文淵閣本、黄本補。

四方，不知天下本何嘗分裂，而自作分裂【八】；借回紇諸蠻兵與禄山交鬭，不知夷狄本未至侵淩，而召其侵淩。坐此二失，百六十年與之終始，禄山安能壞唐，唐自壞之爾。唐人雖有幹力而少智謀，自其初興，固已患之，後益滋甚，愈後則謀國者幾絶。夫道德既不足以悦服，而智謀又不足以經營，天下雖大，誰與共之？其胥而爲夷，何足怪也！

肅宗暮年，天下之勢將亡，幸而有代宗以廣平王統帥收兩京，功在諸將上，材練涉而資寬仁，又能沉斷，蓋良主也。所以不治而愈亂者，不知其禍在置藩鎮，既不能收，反更成之故也。聽僕固懷恩，不改河北幽燕，最大節目。藩鎮已成，自無治法。德宗初立，恃其聰明，始欲伐叛，幾不免身。憲宗辛苦十四年，積勞未厭，卒以大壞。夫不知置鎮之禍，而欲以治鎮之道治之，宜其不治而愈亂也。張良論立六國，謂漢高祖事去，周亞夫拒吴王濞，請專以梁委之。東漢改刺史爲牧，天下遂亡。然則謀國不善，真在反掌呼吸間耶！余歎唐諸君未至於不足以守天下，獨既置藩鎮一事，無所用力，而迄唐世無一人能知之，韓愈但言「大憝適去，稂莠不薅」而已。如元和十四年，用多少薅使得淨盡，此尤可歎也。大率天下於已安平時，無故更張，忽有變處，不能把握，是皆亡形，如魏孝文遷都及唐增節度使是也。

德宗先殺劉晏，既用兵遂借商人錢。杜佑力不足奉行坐黜，然佑徒曰撰《通典》爾。方其時乃進省官議，固不能損益也。德宗初意非剥下者，謂兵事急，適當如是，罷則止矣。

【八】而自作分裂　六字原脱，據文淵閣本、黄本補。

商人錢不足，遂稅間架，而亂已作，德宗出走。余每歎昔人有故而橫斂，猶可改也，後人無故而橫斂，獨不可改哉！

德宗疾革而順宗已不能言，父子欲一見不可得，此瞬息致亂之時，非從容爲姦之日也。故自貞元二十一年正月德宗崩，至八月憲宗即位，二百餘日耳。又其間三月廣陵王爲皇太子，七月皇太子監國，伾、文就欲弄權，其與幾何？余意柳宗元、劉禹錫固愓息悚恐之不暇，而方依憑以躐富貴耶？宗元貶後，自言三十三歲爲禮部員外郎，甚少超取顯美。自古文人無識，雖多如此，然宗元終身著論，欲裁量古今，不知立身在何許，故可訝也。

李藩對憲宗神仙事，言君人者但務求治，四海樂推，社稷延永，自然長年，其下云憲宗深然之。後欲以柳泌爲台州刺史，群臣諫，而帝以爲臣子欲爲君父求不死，何惜一州？此亦不樂推之罪歟？晏子謂「古而無死，爽鳩氏之樂，非君所願」。齊景公至庸，尚受此語。然則憲宗雖不知道，亦其臣識陋，非晏子比也。至韓愈言：後代帝王事佛，年祚短促。以此取怒，又太甚矣。

蔣係稱上自藩邸監國以至臨御，訖於元和，軍國樞機，盡歸宰相，由是中外咸理，紀律再張。又言：任異、鏄之聚斂，逐群、度於藩方，政道國經，未至衰紊。新史言：玄宗、憲宗皆不克終，檢尋舊書，無憲宗不克終之事，若指服食躁怒被弑，余謂此政求克終之過爾。

係以爲「政道國經未至衰紊」，是也。憲宗止是少人【九】與措置藩鎮一節，蓋充其所爲，可使天下復平矣。

按元和十五年十月，成德王承元請命帥；　長慶元年二月，幽州劉總請爲僧。於是兩河、燕、薊俱平，皆憲宗事也。謂其不克終，果非矣。至於撫御乖方，致燕、趙再失，則自是穆宗君臣之道，論者不分別，難以監後來也。又所謂歸咎於銷兵者【一〇】，兵銷豈得爲非，但銷之無其道爾。

敬宗初立，賞神策軍絹十四，錢十千，畿内諸軍鎮絹十四，錢五千【一一】，其餘軍鎮頒給有差，内出綾絹三百萬段以助賞給。史繫其下云：穆宗即位，在京軍士人獲五十千，外軍鎮差降無幾。至是宰臣奏議，請量國力頒賞，故差減如先朝，物議是之。宰臣，李逢吉也。敬宗又童昏，其所以能如此者，是時軍士驕恣，必未至如後世之甚故也。國之大患，義理不得行而以例爲定，已增則不可減，已與則不可奪，而所是者皆爲非，此危亡之徵，與國相爲短長而不知治，其知者亦不能治，雖有國，猶無國也。

庚申詔：君天下者莫尚乎崇澹泊，子困窮，遵道以端本，推誠而達下，故聖祖之誡【一二】，以慈儉爲寶，大易明訓，垂簡易之文，未有上約而下不豐，欲寡而求不給。朕以眇薄遭逢内難，刷君父之仇恥，攄億兆之哀寃，而股肱大臣，群卿庶士，引義抗請，至于再三，以圖宗社之安，以答華夷之望。俯從衆欲，夙夜震兢【一三】，思所以克己復禮，修政安

【九】止是少人　「止」原作「指」，據文淵閣本、黄本改。

【一〇】又所謂歸咎於　「謂歸」原作「歸謂」，據文淵閣本、黄本乙正。

【一一】絹十四錢五千　「十四錢五」原作「五十」，據黄本改。

【一二】聖祖之誡　「誡」原作「誠」，據文淵閣本、黄本改。

【一三】震兢　「兢」原作「競」，據文淵閣本、黄本改。

民，宵興匪寧，旰食勞慮。夫儉過則酌之以禮，文勝則矯之以質，庶乎俗登太古，道洽生靈，儀刑家邦，以化天下。内庭宫人非職掌者放三千人，任從所適。長春宫斛斗諸物，依前户部收掌。鄠縣、渼陂、鳳翔府、駱谷，地還府縣，教坊樂官、翰林待詔、伎術官並總監諸色職掌，内冗員者共一千二百七十人，並宜停廢。總監中一百二十四人先屬諸軍，並各歸本司，餘七百三人勒納牒身，放歸本管。先供教坊衣糧一百分，廂家及諸司新加衣糧三千分，並宜停給，五坊鷹鷂並解放。今年新宣附食度支衣糧小兒一百人，並停給。别詔宣索纂組雕鏤，不在常貢内者並停，度支鹽鐵，户部及州府百司應供官禁年支一物已上，並準貞元額爲定。先造供禁中牀榻以金筐瑟瑟寶鈿者，悉宜停造。東頭御馬坊毬場宜却還龍武軍，其殿及亭子，所司毁折，餘舍賜本軍，應行從處張陳，不得用花蠟結綵華飾，今年已來諸道所進音聲女人，各賜束帛放還。城外墳墓先有開劚以備行幸處，宜曉示百姓，任其修塞。其大逆魁首蘇佐明等二十八人，並已處斬，宗族籍没，妖妄僧惟貞、道士趙歸真等或假於卜筮，或托以醫方，疑衆挾邪，已從流竄。其情非奸惡，跡涉詿誤者，一切不問。兇徒既殄，寰宇佇康，載舉令猷，用弘庶績，布告中外，知朕意焉。按文宗年十八，以寶曆二年十二月乙巳即位，距下此詔十六日爾。舊史稱：帝在藩邸，知兩朝之積弊，此時釐革，並出宸衷，士民相慶，喜理道之復興矣。其聰明恭儉，自然合道，蓋非秦、漢以後繼世之君所能及。況行其所言，終始不變，則雖秦、漢以前猶難之。新史用《春秋》法減省文字，此詔遂遺落不得具，可惜也。

右僕射王涯奉勅準令式，條疏士庶衣服、車馬、第舍之制度，勅下後，浮議沸騰。杜悰於敕内【一四】條件易施行者寬其限，事竟不行，公議惜之。此大和六年也，至七年册皇太子降詔，言：皇太子方從師傅傳授《六經》，一二年後，當令齒胄國庠以興墜典。宜令國子選名儒，置五經博士各一人。其公卿士族子弟，明年已後不先入國學習業，不在應明經、進士限。進士舉，宜先試帖經，並略問大義，取經義精通者放及第。卿大夫者，下人之所視，遠方之所倣，若非恭儉克己，廉貞任人，而望其服從，固不可得。況朕不寶珠玉，不御纖華【一五】，逮於六宫，皆務儉薄，卿大夫得不葉朕此志，率先兆人！比年所頒制度，皆約國家令式，去其甚者，稍謂得中。而士大夫苟自便身，安於習俗，因循未革，以至於今。百官士族起今年十月，其衣服車馬並宜太和六年十月七日勅，如有故違，重加黜責！漢以來人主詔令，如此者固少矣，豈可不存也。

唐中世以後，爲其國死禍者，藩鎮、宦官而已。藩鎮自穆、敬以後不可復治，宦官自文宗以後不可復治，治則亡矣。自昔惟恐人主無志，如文宗夙夜不忘，而廷臣竟無可共此者，始以周行孤遠用宋申錫，繼以内臣薦引用訓注，皆大敗。余每歎王守澄使豆盧著告申錫反，聲宦臣之罪而治之，莫易於此時。要是人主居深宫，先慮而後蔽，此聰而彼聾，當自貴而不當責人也。悲哉！

【一四】於敕内　「敕」原脱，據文淵閣本、黄本補。

【一五】不御纖華　「纖」原作「鐵」，據文淵閣本、黄本改。

武宗論王起不放子弟事：自古有國，私其所近，未有不用卿相子弟者，雖堯、舜、三代以道起天下之材，然而草野寒門終得其志者鮮矣。及漢武盡破前世之法，而三百年間遂化布褐爲公侯。魏晉南北又不然矣。及詞藝既勝，習俗已成，則自隋唐至今無不由閭巷單人出者，蓋其勢所偏積而然，非中道也。然而緣是能使人主求士常以寒俊爲主，無聖人之道而合聖人之心，其於致治之源，亦非小故爾。而李德裕乃言：朝廷顯官，須是公卿子弟。臺閣儀範，班行準則，不教自成。寒士縱有出人之材，登第之後始得一班一級，固不能熟習。然則皋陶九德，成湯克知三有宅心，灼見三有俊心，皆可廢也。德裕區區以幹力負天下重任，其議論密勿之際，童騃鄙暴如此，欲爲名宰相，難哉！

又論韋弘景事，尤不近理。重令自非管子本説，其言虧令者死，益令者死，不行令者、不從令者死。令之嚴如此。然下令如流水之原，令順民心，故論卑而易行，又却不以爲證據。若不順民心【一六】，遽從而殺之，可乎？制置職業，雖曰人主之柄，非人所得干議，然須制置得是。若悖於道，乖於事，而禁人不使議，豈不危亡乎？又所謂制置職業，須祖宗成憲以爲常典，子孫遵行，故非人所干議。若後世子孫一切任意，忽改驟易，有害於人而亦不使人干議，可乎？況當時錢穀、鹽鐵、刑法之類，屢經更張，朝此暮彼，苟徇一時，非所謂制置職業也，安得不使人預議其間哉？德裕以宰相之材自許，後人亦以其自許者許之。夫宰相者，秉德以服人，明義以率下，若恣其偏私，自作胸臆，又可許乎？

【一六】若不順民心　「民心」原作「心民」，據文淵閣本、黄本乙正。

舊史稱宣宗帝道皇猷始終無缺，雖漢之文帝，不能過也。惜乎簡籍遺落，十無三四，吮墨揮翰，有所慊然。而新史謂：其以察爲明，無復仁恩之意。蓋自是之後，唐遂衰亡，不復能振故也。然舊史言：寶曆已來，中人擅權，事多假借，京師豪右大擾窮民迫急。洎大中臨馭【一七】，一之日權豪斂跡，二之日姦臣畏法，三之日閽寺讋氣【一八】，由是刑政不濫，賢能效用，百揆四岳，穆若清風，十餘年間頌聲載路。然則新舊史相去百餘年，舊史所褒者皆實美，而新史所貶者乃虛意也。若謂唐自此衰，以爲宣宗之過，則又不然。宣王之後有幽王【一九】，十餘年周遽亡，豈必以此咎宣王乎？夫方鎮、宦官爲唐必壞之疾，至是既不可爲，則爲人主者能斂衽恭己，精於聽察，使小權小政不至甚撓，不貽民害以了目前，若是而已。新史以大者責之，論則善矣，余亦未知其所處也。

新史稱：以僖宗之時，唐之威德在人，孰與天寶之際【二〇】？而僖宗幸蜀，諸鎮之兵糾合戮力，遂破黄巢而復京師。由是言之，肅宗雖不即尊位，亦可以破賊矣。按僖宗既幸蜀，廣明二年，勤王兵雖會於京師，王處存爲賊所敗，諸軍退舍，賊鋒愈熾。三年召沙陀李克用，連破黄巢，始收京城。五年爲光啓元年，僖宗歸自成都。至冬李克用與王重榮合逼京師，遂再出鳳翔，而嗣襄王熅僭立，唐自此亡矣。然則所謂諸鎮糾合戮力，破黄巢，復京師者，徒有名無實，未可以爲斷也。以堯、舜之治天下，德不衰而耄及，尚皆遜位，況玄宗老而棄國，不與其子而誰與？儒者雖知肅宗不當不待命於其父，未知玄宗不當不即以位

【一七】洎大中　「洎」原脱，據文淵閣本、黄本補。

【一八】「權豪」至「三之日」原脱，據文淵閣本、黄本補。

【一九】宣王之後有幽王　「王」原脱，據文淵閣本、黄本補。

【二〇】孰與　「孰」原作「執」，據文淵閣本、黄本改。

授其子，然亦由奔逆阻絶，各不相知之故。吁，可哀也！

人不止識治，又當識亂。昭宗初，藩鎮最强者朱温、李克用，然未有取唐之心。張濬助全忠，無故討太原，使韓建、李茂貞狼顧而起，宦官外憚强藩，雖暴横，然權不足以覆國。崔胤倚全忠，志必滅之，然後昭宗刼遷東都，身與家族不保，而併其名號盡矣。新史謂：昭宗爲人明雋，而舊史亦稱英傑，然則不識亂亡而以不忍之心處之，是速其亡而已，雖雋傑無益也。昔子家羈終始以爲魯昭公不當與季氏立異，而羈之義却不與季氏偕存。世事有多少節次【二二】，儒者論不了，真無補於人哉！

前代造事之君，惟漢光武以身獨任，自餘無不與其臣相左右終始者。太宗相房玄齡二十三年，始用魏徵，及相十八年，皆死於位，後不復能然矣，惟李林甫、元載、蔡京、秦檜最久。夫忠智者必世而不足，姦昏者一日而有餘。世之所謂賢者，不自量而欲以歲月售功，其君不自量與一時之人不知量，皆以歲月責之，所以有謗而無名，事不集而弊常在也。士誠如此，惟不求用爲庶幾爾。

【二二】世事有多少　「有多少」原脱，據文淵閣本、黄本補。

# 卷三十九

## 唐書表志

史稱高祖、太宗之制，兵列府以居外，將列衛以居内，有事則將以征伐，事已，各解而去。兵者，將之事也，使得以用而不得以有之。此言府衛兵將可也，而分畫内外爲守，國之常經則不在是。太宗以征伐定四方，督責人材，不限内外，皆使效力。方其盛時，不待分畫，四夷遁亡，所向如意。高宗【一】、武后時，猶有餘勇，然其弊已見。故自睿宗以來，捍邊始別置統帥。按秦分天下三十六郡，漢因之，邊遠外藩，有兼隋唐數十州地者，祇以太守主之，自無失馭。唐人忽立節度使名字，不重實勢，先崇虚聲，又有遥領、兼領。而安禄山至以採訪、處置、群牧等使與之，地望半天下【二】，禄山由此反。雖然，此猶是邊外分畫之失，禍侵及内爾。若肅宗止於治兵任將，經理財用，以順討逆，而外患消弭，天下無事矣。無故割裂，從都畿始，亦爲節度使，相次徧滿海内，真同戲劇，唐遂不可復振。蓋太宗恃其一身之力驅使内外，不爲表裏分畫之法以遺子孫，使愚謬者一旦匆匆至此，正以始慮不深故也。且已盡置方鎮，一切事權皆歸節度使，伸縮進退，拱手聽之，變極而亡，固無如

### 校勘記

【一】高宗　「宗」原作「祖」，據黄本改。

【二】地望半天下　「半」原脱，據文淵閣本、黄本補。

之何矣。而謂收功弭亂常倚鎮兵，亦非也。

敘宰相世系，言唐爲國久，傳世多，諸臣亦各修其家法，務以門族相高，其材子賢孫，不殞其世德，或父子相繼居相位，或累數世而屢顯，或終唐之世不絶。按孟子稱故國在有世臣之謂，推而上至於元凱，人材之用，必常與其國其民之命相關，治亂興衰之所從出也。故叔向以欒、郤、胥、原、狐、續、慶伯降在皁隸，憂公室之卑矣。若夫志不必慮國，行不必及民，但自修飾進取爲門户計，子孫相接，世有顯寵，如漢韋、平、袁、楊，晉、宋王、謝，北方崔、盧，唐裴、韋、蕭、鄭之流，此叔孫豹所聞，謂之世禄，非不朽也。豈惟終其國而不絶，蓋有國雖亡而其家故存者矣。壠畝賤士，不暇自憂而憂人，是以湯立賢無方，武王不忘遠，得一而用之，足以定大事矣。史家立義，必守向上關捩，庶幾有補於世論。俛而就下，遂爲李德裕祇較臺閣儀範、班行準則而已，與孟子叔向之意何其遠也！唐宰相數百，其實有地望者，固當譜以見之。然亦有庶人崛起者甚衆，地與望不相須而必記其所來，僅以《姓纂》，又不相應領也。

按唐有《貞觀禮》、《顯慶禮》、《開元禮》、《禮閣新儀》、《曲臺新禮》、《續禮》、《郊祀式》皆行於當時，其本起於梁。《新唐志》以《開元禮》爲正，其儀物名數，次序曲折，已無不備盡，而議論廢興，亦具見之。蓋自唐至今又三百年，國家之禮悉在焉。學者不必求之他，熟於此志足矣。自有志書以來未之有也。王通謂：史失自遷、固始，記繁而志寡。不知其指記繁者，謂漢事抑謂古事？若謂漢事，則正失於寡，蓋一代之制不能備其本末，而徒雜取他書，使後無所考按，此所謂失也。儒者執空尺度以準量當世，行今而不可，復古而不能，宜元祐人有「使程正叔山中讀《通典》」之論也。然《通典》固可讀耶？

籍田親蠶，禮文極盛。按詩《載芟》、《良耜》祈報社稷，《葛覃》爲絺爲綌，皆所以供祭祀之粢盛、衣服，而天子后妃與其群臣妾必親有事焉。是則必卑約而後可行，必簡質而後可久也。王通言：封禪非古也，其秦、漢之侈心乎？然則籍田、親蠶非古乎？而後世之侈如此，蓋其君臣内外，特相與爲戲而已。先農，祖田也，猶先蠶爾，而以神農爲祀主，古聖人又可侮乎？唐志雖具載而不著其非，此禮須因儀改定，示以反本。蓋原於人情，近而易知，非若其他禮文，齟齬而難勤也。

新志言：古之作樂者，多爲之法，始求聲者以律，而造律者以黍，度量權衡皆自黍積之，以爲古之君子，知物之終始而憂世之慮深。按《書》、《周官》、《左氏》、《論語》、《孟子》論樂皆無此，惟《國語》載伶州鳩答問律，稱古之神瞽，考中聲而量以制，無所謂君子者。歐陽氏所據蓋《漢志》，王莽時鍾律家所定，劉歆所典領，工師相傳，非君子之言也。學者最患論世不明，轉溺卑近。由漢至今無不以制樂爲極，致尺律起深爭。且璇璣玉衡，舜實有之以齊七政，後世尚不能傳其法。而律度量衡自天地以來所同有，乃必曰皆起於黍！夫有律而後有黍耶？有黍而後有律耶？以聖人君子之學，驅而求工師瞽人之所能，又謂樂曠世而不可作。宰我言：三年不爲樂，樂必崩。夫樂何嘗絶於天下，而亦何時而不崩？謂知器之必敝而聲不可以言傳，亦非也。

祖孝孫、張文收既定樂，太宗乃謂聖人因人情以作樂，人和則樂和。隋末喪亂，雖改音律而樂不和，若百姓安樂，金石自諧矣。魏徵遂言樂在人和，不在聲音，便欲決了此論。蓋太宗以治自矜，言和則由己，無預於樂。徵不知其指，殆淺率矣。夫樂疑非以致人和，而非人和則不足以制樂。太宗不以時之治亂責效於樂可也，而謂我能造治，使樂隨以和。雖聖人不敢當，而太宗偃然當之，非泰乎？舜聞律音在治忽，正恐樂有未諧則治有未至，既以己致治，復以樂察治。此道之密微，非太宗與徵之所能知也。又言：將亡之政其民苦，故聞樂而悲。今《玉樹》、《伴侶》之曲尚存，爲公奏之，知必不悲【三】。此尤非也。因政成樂，政往樂存，人聽其音，如在其時。季札歷觀衆樂，不問存亡。孔子聞《韶》，久而忘味，安有奏亡國之音而不悲者？太宗此言亦謂當我之時，悦我之政，無悲前代衰亂之心。何其意之鄙近也！充太宗之治，力行不已，宜若可以語樂，而其見處卑下如此。新志所謂時君褊迫不足以堪其事者，正應太宗爾，若隋文則又未論也。

張齊賢議涼武昭王爲太祖，舉傳稱欲知天上事問長人，以其近之。《詩》云「謂天蓋高，不敢不跼」，又云「瞻仰昊天，云如何里」。齊賢在當時亦名善議論，而其語意率野至此。武后、中宗之間，人材尤陋耶！

【三】知必不悲　「不」原脱，據文淵閣本、黄本補。

唐樂章三百三十餘篇，其粗可傳者，《徹豆》、《登歌》一章。「上笙磬【四】，徹豆籩，廓無響，杳入玄。主在室，神在天。情餘慕，禮罔愆。喜黍稷，屢豐年」。《送神》一章：「眇加樂，授靈爽。感若來，思如往。休氣散，回風上。返寂寞，還惚恍。懷靈駕，結空想」。云劉晏之作也。唐人以歌詞擅名一代者不少矣，其偶不用耶，抑郊廟雅頌之詞難爲工耶？

舊史不志儀衛，新史獨詳載之，其羽葆、華蓋、族旗、罕畢、車馬之盛，人君舉動必以屬禮官，百司必備物，所以爲慎重也。慎重則尊嚴，尊嚴則肅恭，夫儀衛所以尊君而肅臣。《易》「澤上有地，臨，君子以教思無窮，容保民無疆」。人主臨制天下，苟無教思容保之心，但多人徒，盛文物，自尊奢而恐脅臣下，一朝散離，何所不有！蓋其驕華煩獘以徇區區之欲，與始皇、煬帝何異？反謂之尊嚴肅恭，非史氏家法也。

舊史但記三曆，新史併記八曆，一代所用，誠不可不盡載，而一行之論爲尤詳。然新史謂一行始專用大衍之策，則曆術又本於《易》。按《書》稱曆象，有成法而無起數，《洪範》九疇以凡舉之，非數也。初一曰五行，至五爲土，亦以凡舉，非數也。四曰五紀，亦以凡舉，非數也。曆有所起，自然之數，而《書》不言，以爲曆官之事，非《典》、《訓》所當知也。孔子繫《易》，辭不言數，惟《大傳》稱「大衍之數五十，其用四十有九」，而大衍無所起，不知何以爲五十？何以缺一而用四十九？其下文即指五行生成之數，不知此果天

【四】上笙磬　「磬」原作「聲」，據文淵閣本、黄本改。

地之次第當然耶？五行之物，徧滿天下，觸之即應，求之必得，而謂其生成之數必有次第，蓋曆家立其所起以象天地之行，不得不然也。《大傳》既舉大衍之數，乃以《易》之分揲象之，蓋《易》亦有起法故也。《大傳》本以《易》象曆，而一行及新史反以爲曆術本於《易》。夫論《易》而必及於數，非孔氏本旨明矣，而謂曆由《易》起，然則天地國家之初，有《易》而後有曆耶，有曆而後有《易》耶？《易》與曆果爲一耶，爲二耶？學者不究其始之所從，而放乎末流之糾紛，揠道以從數，執數以害道，此最當先論也。

新史言太初至麟德曆二十三家，與天雖近而未密也。至一行密矣，其倚數立法，固無以易也，後世雖有改作者，依倣而已。然自麟德以前，各自爲術而效亦殊。若謂一行之術已備，則宜常用而不改，謂改作爲依倣，則宜常效而不差。然自一行以後三百餘年，未嘗不改，而亦未嘗不差，何也？豈後世之爲曆者，不足以知一行之術而然耶？曆主於驗而已，苟信其術而坐視其差，固無益於救變也。

十二次分野，昔人謂鬼神有所憑依，而自天地以來，各世其國，歷夏、商至周而尤著，故占者徒以地象其星，而星固不盡繫於地也。及諸侯之國既亡，而災祥占測之術亦隨以廢，惟水旱兵疫存其大略。至於失行愆度，彗孛流枉之異，則皆在其時君，不復以分野言矣。李淳風以唐之州縣配昔分野，無預於天變，但欲正後人因循之失可也。而一行乃以爲天下山河之象存於兩戒，觀兩河之象與雲漢之始終，而分野可知。以地規天，以天繫地，真若形影之不可違，陰陽必計，升降盡察，豈有是哉！孔子曰：「觀乎天文以察時變」，夫地近而可定，天遠而難明，區區乎以地規天，則天文謬而無觀矣。

唐以來天象之異者：上元二年七月癸未朔，日有食之，既，大星皆見，在張十四度；貞觀初，突厥五日並照；元和二年十月壬午，日旁有黑氣如人形跪，手捧盤向日，盤中氣如人頭；乾符六年十一月丙辰，朔，有兩日並出而鬬，三日乃不見；廣明元年日暈如虹，黃氣蔽日；天祐二年正月甲申乙酉，日有黃白暈，暈上有青赤背，暈中生白虹，漸長向東百餘丈；二月乙巳有蒼白雲夾日，長各六尺餘，既而雲變狀如人馬乃消；貞觀初，突厥三月並見；儀鳳二年正月甲子，朔，月見西方；武后時，月過望不虧者二；光宅元年九月丁丑，有星如半月見西方；開成二年二月有彗，至三月遍指四方，自是至會昌元年，無歲不彗；天復元年五月夕，有星當箕下如炬火，炎炎上衝，人初以爲燒火也，高丈餘乃殞；天祐元年四月，有星狀如人，首赤身黑，在北斗下紫微中，占曰天衝也，天衝抱極泣帝前，血濁霧下，天下冤死【五】；元和六年三月戊戌，日晡天陰寒，有流星大如一斛器，墜于兗、鄆間，聲數百里，野雉皆雊，所墜上有赤氣如立蛇，長丈餘，至夕而乃滅；咸通九年十一月丁酉，有星出如匹練亘空，化爲雲而没；十三年春，有二星從天際而上，相從至中天，狀如族旗乃殞；天祐元年五月戊寅乙夜，雨晦暝，有星長二十丈出東方，西南向，首黑尾赤中白。按自春秋至隋，日月星之變，學者多能記之，而唐以來鮮有言者，故

【五】天下冤死　「死」原脱，據文淵閣本、黄本補。

略具一二。

浮屠氏書至唐始盛行於中國，然實與春秋僖、文同時，雖夷夏殊方，然蓋先秦古文也。其敘二日兩月，乃至暈適、珮玦、彗孛、飛流、負耳、虹蜺之類，以爲同分妄見。但此國見，彼國本所不見，亦復不聞，殆其惡緣所感而致。不然，則突厥之五日三月使誠不謬，而中國人莫之見，何也？今星曆家言盡西必占狼星，極南必斗。又以聲教所不暨皆爲狗國，此爲其國無人言之也。若有聰明賢聖者出【六】，則其占不止如此。故天竺能歷，龜茲能樂，皆與中國無異，又安得專以狼星、斗限之哉！余益知山河兩戒分異之説爲非的矣。

余既於《漢志》著《五行傳》之非，而新史以爲自漢以來未有非之者，漢以來從之不暇，何暇非之？又謂祥眚禍疴之説，自其數術之學，故略存之。此尤不然。夫以數術占災異，自古已然，惟不可出於《洪範》爾。況其中者皆極如神明，聖人亦未嘗廢也，惟不可出於儒者爾。《洪範》運道而絀術，儒者任理而遺數，故以《洪範》占災異，未有能中者也。新史又謂：孔子於《春秋》記災異而不著其事應，此亦非也。桑、穀共生，雉雊鼎耳，古人皆以事訓其君。事不明則改爲者無所據憑【七】，事明則德改而異消，何應之有？不然則禍至而應如響，雖欲削之可得乎？《春秋》以年紀事，災異即事也。若災異之所以爲事，與事之所以應，蓋其體不可得而並著也。然《左氏》則固著之矣。新史用《春秋》法，於紀年已皆記其大者，而不著事應可也。志則紀年之箋傳爾，安得復用《春秋》法，削其事應

【六】若有聰明　原作「聰明有」，據文淵閣本、黄本乙正。

【七】改爲者　「改」原作「敗」，據文淵閣本、黄本改。

而獨以災異言哉！宜其猥積煩多【八】，爲學者所厭觀，既不足以得其大，又併小者失之矣。

新史特志羈縻州府八百餘，以爲雖貢賦版籍多不上户部，然聲教所暨，皆邊州都督都護所領，以見其盛。按太宗既勝滅夷狄，遂郡縣其地，置都督都護以統之，已著亂華之漸。至玄宗創爲十節度，二十餘年而禄山破兩京，終受分裂之禍，與晉事大約不甚異。然唐人無能悼痛其失，而後世因之，蓋徒見其盛而已。夫務廣地而不務廣德，謂力之不如德也，兩漢是也。若力不足以制外而反失其内，則又力之不如，去兩漢遠矣，唐是也。此太宗君臣貽謀之缺，非所以爲盛也。

唐取士二十餘條，雖皆率意無典法，然去魏、晉未遠，人主之權，猶可以進退伸縮一世。其後愈益降損，則不然矣。余每患自臯陶立用人法，三代莫之或改。更戰國及秦壞滅，漢乃變爲察廉辟署，然亦相承七八百年。至北齊及隋，乃别爲科舉銓注，今又六七百年矣。楊綰、沈既濟所言，皆漢、魏以後事，而綰謂之依古察孝廉，綰蓋未知古也。德宗在人主中不爲有識，然尚喜既濟之論，李栖筠、李廙、賈至、嚴武亦非名士，便協同綰議，又衍暢其説，以爲依桑梓者鄉里舉，在流寓者庠序推。可見當時人心未至於難回，風俗未至於難革，若後日則豈可復發！口權已在下，人主拱手奉行，知者群笑，不知者群怒而亂矣【九】。嗚呼！當太宗時，去兩事纔數十年爾，人心不易回，風俗不易革乎？然其君臣

【八】猥積　「猥」原作「狼」，據文淵閣本、黄本改。

【九】笑不知者群　五字原脱，據文淵閣本、黄本補。

縱不知長慮遠覽，而甘心亂世之敝法，不惟不能變，又助成之益堅，所以寂寞泯絶至今。縱有卓識之君，傑出之相，而已成之俗安可驟反？然則太宗君臣本以力征得天下，稍用儒雅文飾之耳。國家細密如此，二者既已斷棄，而外之經制操防，類多粗疏，亦盡失古人大意。而新史方以爲制度紀綱有以憑藉扶持。此余所以屢歎而申言之不能已也。

新史稱唐之官制，其名號禄秩雖因時增損，而大抵皆沿隋故。按宇文氏與蘇綽、盧辨一用周六典定官名，行之已數十年。隋篡宇文，欲削滅其跡以一人心，首易官制，盡從魏、晉之舊，所謂唐沿隋故者，隋非能自立一代之法，蓋因循前事耳。宇文所改雖未必是，而隋之所因循者，不待辨而知其爲非矣。今既以唐爲沿隋故，則固應浸漶紛錯，莫知得失之所在。然反以爲其法則精而密，其施於事則簡而易行，制度紀綱，垂之萬世。然則唐、虞、三代之治不可復行於後，而必隋唐之法可也。且秦變古，漢不能復，武、宣以意妄作，流及魏、晉，遂有三省以爲政本，所謂簡而易行者，秦之餘，漢之初也。精而密者，武、宣所創也，蓋患秦之簡而以爲疏，且不便於人主。是秦雖暴戾，猶未至於全失古意，及武、宣斷壞之令盡耳。況精密亦何有？賈誼云：簿書期會不報之間，以爲大故。至於俗流失，世壞敗，因恬而不知怪。新史之所謂精密者，豈亦若是歟？《周官》所建，宏大深遠，大冢宰言之尤詳，此乃東周人追載，猶未爲周公自著書也，而歐陽氏已疑之。夫簡易精密既歸於隋唐，則煩重粗疏，堯、舜、三代任其責矣。漢有賈誼、晁錯、董仲舒，頗能攻斥秦、漢之短。

後人如魏相、王吉、劉向等尚有所執守，唐乃無其人，止一陸贄。然贄所欲步武者，貞觀及武后時事耳。歐陽氏爲本朝議論之宗，蘇氏專嚮陸贄，所以數百年好惡從違，無所統一，而古人之道終於不可行。此亦今世之大患，有志於學者所宜知也。

舊史敘水部郎中之職，天下水泉三億二萬五千五百五十九【一〇】，在遐荒絶域者不可知。又言江河爲大川之外百三十五水，是爲中川，千二百五十二水是爲小川。其具載名數零餘如此，必有所考見。蓋昔人之於事物，無不用其勤矣。

新史言唐立府兵之制，頗有足稱。又言古之兵法起於井田。又言此高祖、太宗之所盛。按府兵成於周、隋，史非不知，而謂之唐立，何也？每觀後世之論，皆謂當寓兵於農，故共稱府兵，以爲得先王之遺意。然歷考戰國、秦、漢之後至未立府兵之前，兵農本未嘗相離，何待寓也？惟其苦爭好戰，屢鬭不息，民失耕作，無以轉餉，則國貧而兵弱爾。宇文、蘇綽患其然也，始令兵農各籍，不相牽綴，既隸府額，長征莫返，而居者晏然不知，緣此國富兵强，奮其至弱，卒以滅齊。隋文因之平一宇内，當其時，無歲不征，無戰不克，而財貨充溢，民無失業之怨者，徒以兵農判而爲二故也。然則豈必高祖、太宗所以盛哉？乃遵其舊法行之耳。兵農已分，法久而壞，齊民雲布，孰可徵發？以畏動之意，求願從之名，雖至百萬，無不用募，何足怪矣！　且井田丘乘所以人人爲兵者，天子不過千里，大諸侯不過百里，其勢無獨克之民也。若以天下奉一君而人人不免爲兵，不復任養兵之責，則

【一〇】五百五十九　「五百」原脱，據黄本、《舊唐書·職官志》補。

聖人固所不爲。若以天下奉一君，而養兵至於百萬，獨任其責而不能供，則人知其不可。今自守其州縣者，兵須地著，終日力耕。千里之内，番上宿衛，已有諸衛前兵，不可輕改，因其地分募樂耕者以漸歸本。邊關扞御，盡須耕作，人自爲戰，三説參用，由募還農，大費既省，守可以固，戰可以克。不必慨慕府兵，追羡井田，誤離爲合，徇空談而忘實用矣。聖人復起，不能易也。

新史敘節度之兵，引兵猶火也【一一】，弗戢將自焚。太宗既得天下，不能息兵以富民，而用之不已，延及高、武、玄宗，未嘗創艾，故杜甫《兵車行》言：一從十五北防河，便至四十西營田。去時里正與裹頭，歸來頭白還戍邊。而史謂高宗、武后時久不用兵，府兵之法浸壞者，非也。蓋既以征戍耗亡而不復完補，則自然無兵可交。及其變爲節度之法，汲汲自救，大權在下，愈多愈弱而已。然則弗戢自焚，太宗、玄宗之過也，肅、代節度之兵，焚燎已迫，雖欲戢之而不可爾，非所以責之也。

舊史載楊炯《駁孫茂道、蘇知機冕服議》，識達通諒，安於古今。唐人本不善立論，能如此者固少矣，其有俊名，不虚也。但惜文字煩雜，無以發之爾。茂道、知機何人？世之凡鄙妄作，徒費爬梳，往往而是，何足算哉！

新史：凡授田者，丁歲輸粟【一二】二斛，稻三斛，謂之租；丁隨鄉所出，歲輸絹二匹，綾、絁二丈。舊史：每丁歲入租粟二石，調則隨鄉土所産，綾、絹、絁各二丈。稻不應多於

【一一】引兵猶火　「兵」原脱，據文淵閣本、黃本補。

【一二】丁歲輸粟　「丁」原脱，據黃本、《舊唐書·食貨志》補。

粟一斛，絹不應特二匹，恐新史誤也。舊史獨言嶺南諸州則税米，新史併記揚州以錢，安南絲，益州羅、紬、綾、絹，江南以布。新史稱：非蠶鄉則輸銀十四兩謂之調，舊史亦不記也。

授田本起北齊、後周，而隋因之。然古人用民力，歲不過三日，而隋唐相承以二十日，又征其庸。古人不税而藉，今計田取輸矣。唐令：里具手實，歲終爲鄉帳，鄉成於縣，縣成於州，州成於户部，又有計帳，具來歲課役以報度支，國有所須，先奏而後斂。《易》言：王假有家，交相愛也。天下之大，安用屑屑煩碎，必親手付授而後足？故李林甫以歲爲旨符，遣使一告，費紙五十餘萬，條目既多，覆問逾年。雖古今制度不必盡同，然自三代而下，經常簡易之法，皆不逮兩漢遠矣。新史不深考，直自高祖、太宗截斷言之，不知唐後事當安所處？若以後者爲是，則兩税係省鹽酒百名，又唐初所不爲。若以爲非，則孟子謂：斯速已矣，何待來年？竟於甚處著力而可。蘇氏載司馬氏之言曰【一三】：天地所生財貨百物，止有此數，不在民則在官。雖然，王氏之苛心，欲取於無可取。司馬之善意，欲散於無可散，空分邪正，一種病民，而古人逾遠，後世逾迫。真有志於民者，其可不懼哉！

唐又有義倉畝二升，即正税也。鹽、酒、茶、麴雖皆出於天寶亂後，自前代叔季未嘗無加賦，至易姓輒廢省以新民。如本朝累更治主賢臣，然唐、五代之末斂，非惟不能廢省，反因而增算之，猶患不足。新史不是之思，徒備載以爲事始，何益政道。《詩》云：「燎之方

【一三】司馬氏之言　「氏」原脱，據文淵閣本、黄本補。

揚，寧或滅之」！蓋隋唐既爲府衛之兵，與民各行，法壞不修，復不能反，遂至竭天下以養兵，此受病本根，所以因循末世之横斂，有加而不可已也。若君臣同心儆懼，力求所以變易，本征末利，從而漸損，唐以前事猶或可望。不然，上下相劫制，苟且度日，如以漏舟重載，泛然波濤中，孰知畔岸所在？則其不亡者幸而已矣。

刑辟自古有，叔向謂：議事以制，不爲刑辟者，堯、舜、禹、湯特缺此一門，雖有刑而無辟故也。故曰：象以典刑，流宥五刑；鞭作官刑，樸作教刑，金作贖刑，眚災肆赦【一四】，怙終賊刑。欽哉欽哉！惟刑之恤哉！縣刑以示民，而不曰某罪必入某刑，惟數聖人爲然。蓋純用父兄師友之道薰染而入，而民亦自然樂從，其麗於刑者少矣。新史謂：懼民知爭端，故不爲刑辟。夫民淳漓誠僞，豈有常質？不爲之法，其爭愈多爾。又謂後世作刑書無不備，俾民知所避，尤不然。後世君上德薄，設險以馭民，微細動息，皆有以待之。使民不知所避，卓茂謂：一門之内，小者可論，大者可殺。茂已能爲此言，而況聖賢，安得爲俾民知所避也？又言其爲法雖殊，而用心則一。嗚呼！吾不知後人之心與古人之心爲一也。

張藴古奏：李好德病狂瞀，法不當坐，爲權萬紀所劾，太宗殺之，後悔。舊史載太宗曰：吾嘗禁囚於獄内，藴古與之奕棊，今復阿縱好德，是亂吾法也。新史没之，既失太宗蓄怒之由，況藴古雖實平恕，何必與罪人奕棊，以慢獄激發人主哉？不然，則太宗遽斬藴

【一四】眚災　「眚」原作「生日」兩字，據文淵閣本、黄本改。

古，誠爲暴矣。

《六經》之道簡嚴易直而天人備。乍看此語似無病，然謂其餘作者精深閎博，各盡其術。則是《六經》之外尚别有一理可以發明，天下自然敺而從之，安在其爲備也？世外之論，惟浮屠氏，蓋彼已自爲異端殊域，置之而已。若共此世，而精深閎博不質於聖人，則法之所不許也。故凡道理不經聖人所定，皆粗淺而狹陋者也，非精深閎博也。

## 校勘記

【一】至言韋后　「韋」原作「常」，據文淵閣本、黃本改。

# 卷四十

## 唐書列傳

高祖竇后，太宗長孫后，唐賢后獨此二人爾。新史所載皆不如舊史詳實。徐賢妃二十餘歲作《諫征伐疏》，詞富理博，王勃不能逮也。新史但約載百餘言，讀者不復成章，掩其美矣。至言韋后持權不如武氏【一】，故敗而無成，未知武、韋何論成否？

憲宗郭后事，新史記其爲宣宗不禮，欲自殞，是夕暴崩。及貶禮官王皞，白敏中、周墀皆詰怒，甚詳。而舊史乃言宣宗即后之諸子，恩禮愈異於前朝。無一語類新史。豈唐故史文所諱，遂承用之耶？

江夏王道宗以贓論。太宗謂侍臣曰：朕富有四海，士馬如林，欲使轍跡周宇内，遊觀無休息，絕域採奇玩，海外訪珍羞，豈不得耶？勞萬姓而樂一人，朕所不取也。人心無厭，惟當以理制之云云。夫以其可爲而不爲，太宗自見識實處也。堯曰：「人心惟危，道心惟微」。若夫堯、舜、禹、湯皆以其不可爲而不爲者也。如太宗所言，皆決然不可爲之事，而太宗自以爲可爲，則古之治主無此論。然能以理制而不爲，則世之亂君無此識。雖然，欲在理先，難乎其語上矣。

因太宗欲使功臣宗子世襲不行，攬動論封建者。蘇氏謂柳宗元之論出，諸子之論皆廢，雖聖人復起不能易。然宗元言封建非聖人意也，勢也。觀《易》「地上有水，比，先王以建萬國，親諸侯」。《書》載萬邦義尤多。聖人惟恐德不足以有諸侯，更分別甚意與勢【二】，而又謂其不得已乎？堯、舜、三代時所爲置其國家者，皆天下之聖賢，故臧文仲聞六、蓼滅，謂「皋陶、庭堅不祀【三】，忽諸！德之不建，民之無援」。豈如漢、唐以腥臊劍挺之臣，膏粱乳臭之子，加諸億兆人之上哉！自晉、楚滅國最多，已自別爲郡縣，至秦始盡空之，天地霍然一變。宗元乃言公天下之端自秦始，何也？大要古無封建之論，因李斯不主，後世之説方角立，宗元據末以抗本，自應失其旨也。漢以後有國者，不論地大小，皆爲置相，王侯未嘗自專，相與守何異哉？然秦分三十六郡，大於諸侯數十百倍，綱目未繁，粗得體統。漢稍分至百餘，猶不害其爲疏簡。比齊、隋唐益以釐析，至今愈甚，長吏削弱，代易促遽，天下之貴聚於一人，德不能化，力不能給，而吏胥制其命，其間藏無限弊事，民何嘗受實惠！若此者，蓋宗元與諸人之所未通，直謂善制兵，謹擇守，則理平。然則不習治道而强言之，做成標的，後學反受聾瞽之患矣。

舊史載建成、元吉謀宴太宗於昆明池，率更丞王晊以告，太宗召府僚定計，蓋房、杜預焉。其言舜焚廩浚井，小杖受，大杖走，世俗引聖賢以自解，固多如此，不足怪。舜、曾子

【二】更分別　「更」原脱，據文淵閣本、黄本補。

【三】庭堅不祀　「堅」原作「聖」，據文淵閣本、黄本改。

可以免死而不可以屠戮其親也，太伯至於斷髮文身然後已。夫以盜竊之利，欲藉聖賢之名，亦何所不至哉！

長孫無忌殺吴王恪，爲高宗及身慮至矣。及其身與家不保，而君與國從之，反不能慮焉【四】，何哉？無忌，晟之子，以詐諼徼幸自其所長，至於社稷安危存亡之地，非其責也。陳平之智，漢高尚謂難獨任，晟與房、杜佐命猶較良、平、蕭、曹多少，而漢高亦非太宗所能及，漢人其未可輕視。

宋王憲之賢，伯夷、季札何遠？使其得位，有開元之治，必無天寶之亂也。而當時執政乃謂聖庶抗嫡，非唐人何以發此論哉！明皇於憲，終始盡愛，餘昆弟併賴其寵，蓋志滿願足之所生，油然而不自知也，而唐人又謂之友悌天性。使誠天性，烏有悌於兄、友於弟而不慈於子者乎？

李景儉善言王霸大略，高自負，王叔文比於管、葛。叔文成敗雖已往，然終未可定論。景儉固俊偉人也，前輕蕭俛、段文昌，後罵王播、崔植、杜元穎。朝士信無侵辱宰相之理，然如此輩人爲百辟首，何以服士大夫心？不至於見陵者幸也。史家疏略，不能記其語言行事，無以考驗是非，可恨爾！前代亦多如此，唐事差未遠【五】，或尚有逸書可求也。

方豆盧著誣告宋申錫，甘露之禍已成。文宗志雖立於此，而聰明不加於彼，坐失事會，捨易求難，悲夫！

【四】反不能慮焉　「焉」原作「然」，據文淵閣本、黄本改。

【五】唐事差未遠　「未」原脱，據文淵閣本、黄本補。

德宗始末無可道者，惟有禮會院成婚一事，而新史不收。然則肅、代之衰微，可勝歎哉！

漢光武得天下，湖陽公主縱奴撓法，幾殺董宣。諸劉姑嫂飲酒懽笑，謂文叔直柔爾，此固家人女子之常，非責望所及也。而高祖柴氏女，糾合群賊，有衆七萬，遂與秦王會兵渭北，分定關中，此古今所無，其功多於楊玄感、李密遠矣。然則唐安得不驟興，豈亦天所命耶？按《馬三寶傳》又歸功家僮，未知孰是。

文宗問郭鏦公主，所服何年法，對以貞元時所賜，未嘗敢變。及言元和用兵賞士，內中纖麗散於人間。南陽信有儉德，然衣製不齊，隨時變改，亦未可遽定。文宗時比貞元爲侈，比神龍、景雲、天寶之間則陋矣。自余省事五六十年中，見昔之狹者方爲廣，短者方爲長。又記元祐以前，冠、髻、簪、履皆高廣長大，蓋當時所尚者，時過則以爲棄，故漢人有「宮中好廣眉，四方且半額」；「宮中好大袖，四方全匹帛」之謡。文宗不正其本，而區區以一己好惡格物，徒見其傴下，未見其能化俗也。《詩》稱「何彼襛矣，唐棣之華，曷不肅雝，王姬之車」。又云「彼都人士，狐裘黄黄【六】，其容不改，出言有章，行歸於周，萬民所望」。人主苟知道而示人以禮，則非奢儉所能奪而由於中行矣。

唐以義兵自名，後世亦從而義之，余固論其非矣。如李密、竇建德之流，其勢力材能不足以合一而卒以敗亡，然其是非善惡實與唐無以相絶。而新史乃謂觸唐明德，折北不

【六】狐裘黄黄　原脱一「黄」，據文淵閣本、黄本補。

支。又言僞辨易窮，卒以誅死，高祖聖矣哉！按司馬遷以漢人述史，自陳勝、項籍、魏豹、田儋兄弟皆極其稱譽，蓋廢具常理，成敗偶然。陳壽爲晉論諸葛亮，則聲價尤重矣。今新史以異代之書，所排毀如此，不知何等見識，且於後學有三大害【七】：且以勝負成敗爲德之有無，一也；據下而言，無復語上，二也；近前虛諂，今事何望？三也。世道益衰，無足怪矣。

劉文靜初與太宗建謀，及詐集兵伐遼，告王威、高君雅反，於坐因執，詒突厥借助，皆與前代起事者指意同符。自戰國以來，一種智慮無不如此，非有高下。而新史乃謂非有卓越之資，何也？裴寂猶可，文靜可乎？此用司馬語而失之也。又言應龍之翔，雲霧滃然而從，震風薄怒，萬空不約而號。尤不然。《易》稱「飛龍在天」，聖人事也，道成德熟，居得尊位，物無燥濕，各以類從，故有風雲龍虎之喻。若漢、唐淺迫，苟用末術，並希富貴，暫爲君臣，猜阻在心，獲全者少矣。舊史載文靜獄詞云：官賞不異衆人，東西征討，家口無托【八】，實有觖望之心，因醉或有怨言，不能自保，故高祖以爲反。而新史節略其語，但云官賞等衆人，家無贏，誠不能無少望，則失其實矣，當從舊史爲正。然高祖雖守地而不得有其財賦，父子倉猝反，粟帛甲兵皆寂所奉也，又以美女滿其欲，此功亦可忘耶？

審其清者不加恤，疑其濁者罪所舉，亦好善不篤矣。此語魏、晉以後人不能道也。當改尋初語如何。太宗智能及之，加以信愛，遂致貞觀之治，蓋非偶然。所可惜者，褊忮常在

【七】且於後學 「後」原脱，據文淵閣本、黄本補。

【八】家口無托 「口」原脱，據文淵閣本、黄本補。

先，明豁常在後，所以不及古人也。

太宗諸將惟尉遲恭勇略異常，急難得力，雖粗暴而識事體，克以令終，近古名將。新史《恭傳》刻畫反不若舊史之明暢【九】，頗著其功也。新舊史皆言屈突通一心能事兩主，自古降人，背前向後，不觀其昔，安保其今，彼此常情。然安有一心兩事之理，古人無如此立義者。如通要於隋臣節不盡，但其人品素卑，非譏貶所及耳。新史又言敬德與太宗君臣相遇，古人謂之千載。果若此而爲相遇，則劉玄德何以得諸葛亮而輕關張？又言張公謹抵龜事爲投機之會。不知兄弟相屠，遂攘父位，何名機會？甚矣其無識也！

余於隋既敘李密事，密始輕歸唐，俄又捨去，遂敗，世共笑之。然無怪者，亂離時英豪角逐，迭相强弱，直以幸不幸爲得失爾。劉備轉側諸雄間，去來尤不常，卒亦能有所就。密謂事變方無窮，而不知唐興之勢悍急不可禦，非前代比，縱未值盛彦師，終亦爲擒。然則負材而妄動易，審時而不爲難也。

歷觀前世，崛起成事，未有如唐高祖之縱放自快者。爭王競帝之人，皆俘傫繫頸，陳於都市，雖降者殺而無禍。蓋子依父而盡力，父依子而受功，其數有以致然，非道勝也。新史論蕭銑盜仁義，詭臣亂俗，聖人所必誅。未知高祖何以爲聖賢哉！

杜如晦雖蚤死，房玄齡比死，太宗亦崩矣。唐一代典章文物，細大皆出二人之手，其誰不知。而新史反謂求所以致之之跡，逮不可見，輔贊彌縫藏諸用，使人由而不知，如此

【九】刻畫反不若　「畫」原作「晝」，據文淵閣本、黄本改。

閑言語流轉世間，是懸日月而論夢寐也！況後生學問日益謏陋，如房、杜已不能望管、蕭，又鼓動以此等無用見識，銘刻心骨，則人材何由可得增進？又舊史言：世傳太宗嘗與文昭圖事，則曰非如晦莫能籌之，及如晦至焉，竟從玄齡策也。蓋房知杜之能斷大事，杜知房之善建加謀云云。然則所傳嘗與圖事者，非必事事須得如晦，其間蓋有輕重緩急，而新史乃改爲「每議事帝所」。又「房知杜能斷大事，杜知房善建加謀」，已全模寫不行，然猶是分別輕緩急。而新史直謂：「如晦長於斷而玄齡善謀」，古今未有待人之斷而後得爲善謀，亦未有短於謀而自許以能斷者。如新史所言，則謀須是一人，斷須是一人，各出並行，頹然死法，是教後世以不能謀又不能斷也。以余考之，房、杜近世名相，固無改評之理。所爲恨者，以其如是之專且久，而做唐風俗不成，死則墜地矣。蓋太宗英明果鋭，舉心動意，不無輕失，常須匡弼，方從中道。自玄齡以下，隨事救正，每患不給，既無餘力可以致遠，然其建功立效，亦止於目前，雖欲致遠而非其德器智慮之所及故也。況於志寧、李勣之徒乎？

高士廉能敬禮朱桃椎，當時以爲美談，士廉比一時士大夫差有遠韻也。太宗令撰《氏族志》，仍以崔幹居第一，而太宗不許，止取今日官職高下作等級。信如太宗之言，世代衰微，全無冠蓋，材識凡下，偃仰自高，而重舊録古之意固已失之。況又未必盡然，而今日以詐力相聚，遂居顯位者，豈便爲賢，與光武用卓茂爲太傅，何不同乎？蓋太宗止是據自前夸耀，念未及遠爾。余所謂做唐風俗不成者，此類是也。又按作《氏族志》時，貞觀九、十年間，方國家新造，本原風俗自有大者，何暇至此？許敬宗、李義府又損益其間，人但以爲勳格，不復貴重，則太宗褒貶進退之義，亦何用也。

貞觀致治，全在魏徵一傳，最當詳看。以諫諍事考之，如堯、舜、禹、益、皋陶、湯、伊尹、武丁、傅説皆是防虞警畏功用，非有驕淫敗德，實亂於政也。至《詩》言文王「不顯亦臨，無射亦保，不聞亦式，不諫亦入」，則尤精密。不惟本無敗德亂政之畏，而其身未嘗不先以有過自處，古人所謂防虞鑒省者，抑又其次矣。近世乃謂漢高祖、唐太宗但以改過不吝，從諫如流，爲秦、漢以來百王之冠。使堯、舜、文、武之聽受，禹、益、伊、傅之進説，精粗不辨，微顯莫察，學者隨和，混然一科，於治道之統紀，所失多矣。孔子曰：「智及之，仁不能守之，雖得之，必失之。」太宗之於天下，猶未能以智及也，力而已矣。若其驕奢淫佚，强狠暴戾，猜阻疑間，動衆勞民，如亂君敗國所爲者，色色皆有。使其天資不幸而不能聽諫，又不幸而無魏徵之切諫，則所謂仁不能守，危亡之禍，及身而見矣。然則實無過而諫不敢忘，與實有過而諫不可緩，豈得並日而語哉！考證傳中，提耳訓飭，與察父嚴師之語無異，而大抵以煬帝爲戒。舜非不戒丹朱，成王非不戒紂，然舜則無之而太宗則有之也。或又謂太宗何不自置身於無過之地，必待已形於言動，而後以受規爲美？余觀太宗，罔念在先，克念在後，聖狂反手，明白洞達。如使謂身無過，恥於見攻，處偏受之地，隳愎諫之域,則其所喪又大矣。此又學者所當知也。王安石初對神宗,言諸葛亮、徵皆有道者所羞,而舊史以爲徵尤屬意縱横之説。觀徵學問,雖未足以進於孔孟,若夫儒墨之流,諸子所言靖民厚下之意,知之有餘矣,非爲縱横者也。安石以其未至於道而羞之,豈自悟其悖謬壞亂而爲徵所羞乎?然則道固未易知也。

新史稱徵面折封倫「三代以後人漸澆譌」之説,倫不能對。至貞觀四年,帝謂群臣曰:此徵勸我行仁義既效,惜不令封德彝見之。後世謂太宗致治定於行仁義一言。按舊史言:「惟有魏徵勸朕偃革興文,布德施惠,中國既安,遠人自服,朕從其語,天下大寧,絶域君長皆來朝貢,九夷重譯相望於道,皆魏徵之力。」蓋舊史既已著語,而新史又轉易之,不知當時本説定云何也。仁義固致治之標的,然須有條目推行次第。若只據此兩字便可謂致貞觀之治,而以《徵傳》及諸書所載雜考,則有不然者。故戴冑稱:關中河外,盡置軍團,富室强丁,並從軍旅,重以九成作役,餘丁向盡,去京二千里内,先配司農將作,假有遺餘,勢何足記云云。此貞觀五年也。《馬周傳》稱:供官徭役,道路相繼,兄去弟還,首尾不絶,遠者五六千里,春冬略無休時。此貞觀十一年也。又《徵傳》諫止封禪,稱:今自伊洛,東暨海岱,灌莽巨澤,蒼茫千里,人煙斷絶,雞犬不聞,道路蕭條,進退艱阻。此貞觀十二三年也。安得爲仁義之效哉!昔賈誼謂:仁義恩厚,人主之芒刃;權勢法制,人主之斤斧。今欲擇斤斧之用而嬰以芒刃,不缺則折。豈可罪誼禁漢文帝不得行仁義乎？則不求致治之實，而姑被之以仁義之名，則仁義無時而可行矣。

太宗初立，謂侍臣：正主御邪臣，不能致治，正臣事邪主，不能致治。惟君臣相遇有同魚水，則海内可安。於是有諫官隨中書門下及三品入閤之事，此太宗自知治道所由，不待人言而發者也。然其幸九成宫，以漳川縣官吏改舍宫人，欲並按王珪、李靖，則魚水之心又已忘之，而威怒震於操制矣，貞觀六年也。

太宗使王珪論房玄齡、温彦博、戴胄、李靖、魏徵，玄齡等以爲確論。是時六人同輔政，而君臣之間相知如此。三代以後最盛節目也，蓋魚水之言驗矣。漢高自言三人，張良不相，韓信殺死。光武但祇評量仕官所至而已。

權萬紀、李仁發事太宗，末世之度終不忘，有識雖知其非，然畏偪者惟自拘防，短懦者不足開廣，猜阻既立，忌克便成，信不可一日無魏徵也。又如權懷恩譖楊德幹汴橋成立木止過車事【一〇】，學者亦鮮有不以爲快。孔子曰：「不教而殺謂之虐，不戒視成謂之暴，慢令致期謂之賊」。新史何必收入傳也。

蕭鈞諫高宗欲殺樂工宋四通等，以其爲宫人通傳信物，仍令附律，蓋鑒如姬盗取兵符，其思慮通於千載之上，可謂深遠矣。然目前宗國爲武后公取，而乃不加省，何耶？時在永徽中，豈清明於初而昏惑於後耶？其實意外徧察者蔽之所生，而度内虚朗者，明之所集，不可不知也。

【一〇】楊德幹　「德」原脱，據黄本、《舊唐書·權懷恩傳》補。

蕭氏八宰相，新史謂世家之盛與唐盛衰。此論余固於世系表發之。按瑀偏狹，不足以共武德、貞觀之治。俛潔清，遘自負，然反以致亂。湛寘無傳，嵩華碌碌，惟倣粗可而復賢相也。余觀本朝韓、吕氏不過再世宰相，皆自以爲國家源流所繫，況八葉乎？其講明本末，斟酌世變，使盛有以致而衰有以扶，所謂與唐盛衰也。若唐盛亦盛，唐衰亦衰，隨時高下，卒以泯滅，烏在其爲世家哉！

貞觀十一年穀、洛泛溢，岑文本以中書侍郎上封事，言：古人譬之種樹，年紀綿遠，則枝葉扶疏。種之日淺，根本未固，一人摇之，必致枯槁。今之百姓頗類於此，常加含養，則日就蕃滋，暫有征役，則隨而凋耗。可謂切於治理。新史削而不載。唐人議論雖淺短，如此見識，新史本所不及，故輕棄之也。

令狐德棻在武德初便已建明修史，故貞觀中，晉及南北諸書皆獲完具，而李延壽又自爲集史，雖皆文字不足以望古人，而成敗有考，統紀不失，其補益於世多矣。自北齊至隋，詞學彙興，太宗又置文學館，收拾時彦，名章俊筆，相繼而起，後世乃謂：東漢以來道喪文弊，房、杜、姚、宋不能救，而古文由韓愈始復振。此論固不可易。本朝繼之以歐、王、曾、蘇，然雖文詞爲盛，往往不過記、敘、銘、論，浮説閑語，而著實處反不逮唐人遠甚。學者不可但隨聲因時，漫爲唱和，虚文無實，終於斷喪而已。今唐、五代姑因其舊勿論，宋興二百五六十年尚未有成史，諸經自孔穎達等舊義既廢，而新書雜沓，各不相一，其他藝文流略亦皆無所宗統。夫皆嚣然以無涯之知而肆其自私之辨，則孰若知要而篤守，降心而約言？不然，雖有高材異能，均爲無用，可長歎也！

# 卷四十一

## 唐書列傳

新史論于志寧諫承乾："知太宗之明，雖匕首揕胸不媿。不諫立武后，知高宗之昧，雖死無益。身任宰相，人主烝妾爲妻，國存亡所繫，豈更論有益無益？惟不居其位則可矣。如志寧者，恃太宗諫必不死，不惟不死而已，高宗時直畏死禍不敢言，隨時觀望，孟子所謂逢君之惡，正永徽之罪人。新史去取如此，安能有輔世教耶？

張易之之亂，所從當時文士，房融、崔融、李嶠、宋之問、杜審言、沈佺期、閆朝隱。崔融詩有「昔遇浮丘伯，今同丁令威，中郎才貌是，藏史姓名非」，號爲絶唱。蓋其醜甚於賈謐、祖珽、王叔文矣，而士猶歸之若流，悲夫！此「文王以寧」所以爲在上而不在下耶！

《于志寧傳》載修定《本草圖經》事，世謂神農嘗藥，而黄帝以前讖識相付，不傳文字，安得有此《神農本草》？自古爲醫師所傳如黄帝、岐伯對問皆非矣。

杜正倫爲魏徵所薦，既以漏語承乾見逐，併惡魏徵。余觀太宗與正倫語，乃不使聞於承乾，與臣爲密而疏其子，好惡乖舛，疑阻横生，此心術之害而臣下承其羞，徵與正倫，豈有過哉？

劉祥道所陳釐補選部敝缺六事。自齊至隋，敘進人材，非復漢、晉之舊，則唐人所謂銓選者，乃兼總昔日郡縣功曹職任耳，如祥道父子所能，何足以預世道盛衰哉？然後人亦不能及者，以其尚隨材論擬，猶有甄拔品第之遺餘，至裴光庭則蕩然壞盡矣。祥道言：歲入流千四百人，不知色目各幾，文武總別異同，且欲歲定爲五百人，不知驟減三之二，於時得否。又言内外官一品至九品萬五千四百六十五員，則亦不至甚多。新史記太宗定内外官爲七百三十員，曰此足以待天下之賢材矣，恨其後不能守而徇一切之苟且。然都不論，朝廷一切自除吏，與古不同，則七百三十員果足以盡内外之用耶？按班固《百官表》載卿相任政中二千石大略不盈二十人，朝士千石秩以上者二百人，其數絶少，然議郎、中郎屬光禄勳者亦名朝士，乃至千人，相郡尉、刺史、守、縣令外官也，亦二千人，而佐史以上十三萬餘人。蓋其多如此。今太宗所定七百三十員者，衹以在内職任通計，五百員固得爲多，而外官自節度使、都督、刺史猶當不止二百餘員也，則已少矣，況縣令不入員數，則是設官不復爲民也。以漢議郎、郎中千人例之，更無餘地，則是議論不廣，情志不通也。守令功實之所由成，議臣功實之所由出，漢時常以郎宰邑，又患見大夫無可使，而今止以七百三十員限之，則無怪其少，而員外、特置、同正、兼、守、檢校之類紛紛復出也。亦絶不知太宗與房、杜輩何以定制，而遺落不具。史家從而信之，遽載於書，遂爲成説，疑誤後人矣。

舊史陳子昂入《文苑傳》，止載《諫返葬長安》、《蓢雅州生羌》二書。而新史別爲傳，所載甚多，及言變徐庾體，始追雅正，又言學堂至今猶存，蓋用韓愈輩語，以唐古文所起尊異之也。然與傅奕、吕才同列，則不倫甚矣。又嗤其勸武后興明堂太學，薦圭璧於房闥【一】，以脂澤汗漫之，則輕侮甚矣。惟聖賢自爲出處，餘則因時各繫其所逢。如子昂終始一武后爾，吐其所懷，信其所學，不得不然，可無訾也。舊史言子昂父爲縣令段簡所辱，遽還鄉裏，簡乃因事收繫獄中，憂憤而卒。而新史乃言父老表解官歸侍，詔以官歸養。段簡貪暴，聞其富，欲害子昂，家人納錢二十萬緡，簡薄其賂，捕送獄中。子昂名重朝廷，簡何人，猶以二十萬緡爲少而殺之？雖梁冀之惡不過，恐所載兩未真也。

舊史以劉仁軌、裴行儉比諸葛亮、王猛。國之有將如病得奇藥，有敵而無將必亡，有病而無藥必死。然無病則不可用，故善者養以待事。若裴行儉兩勝皆在薛仁貴、李敬玄喪師之後，足以救敗雪恥，使夷狄不敢輕唐，此以藥愈病也。劉仁軌、蘇定方奮其巧詐，滅百濟，平高麗，生擒三王，是時唐自强盛，無益勝敗之數，徒誇暴戾之名，此無病而服藥也。《詩》稱南仲、方召，皆迫於不得已【二】，而孟子謂「善戰者服上刑」，後世雜而言之，無事則妄用，有事則無所用，所以兩失之也。高宗孱懦，而繼太宗之後，狃於所習，故亦以用兵爲戲。賈誼所謂「胡亥今日即位而明日射人」也。

郝處俊諫止高宗遜位，處俊安陸人，蔡確守安州，因以作詩。確固小人，情在諷斥，然

【一】圭璧　「璧」原作「壁」，據黄本改。

【二】不得已　「已」原脱，據文淵閣本、黄本補。

未知何以爲罪，而舉朝張皇，以爲大議論。范堯夫又謂嶺南一路久已荆棘，不可踏開。又是何見識？使確果當於罪【三】，投之四裔，與衆棄之可也。豈以不可踏開而自爲地耶？然則元祐之所以開皇極者，止於如此，又何以責熙、豐乎？

唐所用蕃夷諸將，或其君長，或其子弟，雖固有忠義立功者，然華戎混並，豈足爲法！新史謂夷狄性悖固，其能知義所在者，鶩挺不可遷。尤不然。古人以嗜好不同，言語不通，故謂之夷狄，非謂其悖固。審如是，則非夷狄者爲輕薄而易摇矣。此等議論於世道亦陰有所害，與稱霍光不舉可任大事同類爾。

王義方孤峻，動必以義，其徒便有員半千，如此等人亦可自成風俗。但高宗、武后時舉世貪沓，而義方又孤遠，故不能達其所爲爾。

韓琬所言景雲時事，皆亂世常態也，稍異於此，即爲貞觀矣。治亂雖在反覆手之間，然貞觀時獨太宗自謂已治，若魏徵事事收拾，未嘗以爲治也。琬由後觀前，故其説光明如此，愈後則愈顯，而白居易、元稹之流遂至形於歌頌。善言治者，必以身履其間，常到實處，方能有益。若徒爲影響所銜，則雖漢、唐之治，亦不復彷彿矣，況求其不爲漢、唐乎！

觀王求禮折豆盧欽望、姚璹、蘇味道事，可見爲宰相者情意也。學者失於匆脱，往往謂武后時宰相如此，不知後世之相，其能不如此者絶少，大要以爲分謗體國，自不當與朝士同操。此等節目須子細勘過，不然則淪墮而不自知矣。

【三】使確果當　「確」原脱，據文淵閣本、黄本補。

唐人之論謂：徐有功過於張釋之、于定國。二人平世執法者，其議罪在輕重之間，非無罪而故入也，非有功時比，不得言過不過。又言當雷霆之震而能全仁恕。此語不知底麗而妄爲高遠，亦非是。至新史言：有功不以唐、周貳其心。則尤陋矣。今改云：當武氏篡盜，酷吏爲之起獄殺不從命者，獨有功能生之。夫人雖有必殺之心，而天無必殺之理，非有功能自生之也，天也。

以人臣處吕、武擅命事，自陳平、王陵已不能全，固不可責之唐人。狄仁傑猶以能還廬陵，薦張柬之爲解，然亦非所以責之也。惟郝處俊折之於始，比諸人差若明白。然使其未死，親見武氏自取之，又未知當如何爾。

舊史謂裴炎斬阿史那、伏念、温傅等五十四人，負義殺降，搆成陰禍，其敗也宜。此不特舊史語，蓋唐人相承之語也。忌功殺降信有罪，然武后方逞其志，炎不惟不同，又使還政，當此時，縱有能一介之休休，以活千萬人爲陰德，未知何道以免死。而唐人所言如此，蓋無識之論從昔充滿，何足怪哉！當武氏事顯然立異如炎者，不過數人，豈可訾也！

魏玄同論選舉，與劉祥道相關。玄同併非魏、晉，則愈不見從矣。其言諸色入流，歲以千計，似比祥道時稍損。然祥道欲限五百人，而玄同乃言選集之始，霧積雲屯，擢敘於終，十不收一。則又當削少。蓋其時吏部權重如此，異日宰相不敢望也。此疏貫通古今，苞括體統，後學但稱陸贄，而未知玄同之論比贄尤更精確。新史删簡其文，故觀者莫辨爾。

陸象先能使崔湜敬己，引之同升，而又爲太平公主所用，極是異事。蓋宰相子登高科，早在朝廷，勢或然也。象先簡遠有識量，終始無玷缺，自不失爲賢。若布韋干進，而欲以此爲法，謂富貴可以兼取，其喪壞不勝計矣。

五王誅二張而捨武三思等，以非當時救急害爾。不然，其愚不應至此也。凡舉大事，無不倉猝，况唐人要自智不及遠。彼以武、李皆一等宗室，平居俛首爲之臣畜，未嘗有唐、周之異，則安得知三思、承嗣之非！野人曰父母何擇焉？於兹信矣。

按舊史稱誅二張時，薛季昶謂敬暉：二凶雖除，産、禄猶在，請因兵勢誅武三思之屬，匡正王室以安天下。暉與張柬之屢陳不可，乃止。《通鑑》亦載季昶謂柬之敬暉：二凶雖除，産、禄猶在，去草不去根，終當復生。二人曰：大事已定，彼猶几上肉耳，夫何能爲？所誅已多，不可復益也。新史乃言：柬之勒兵景運門，將遂夷諸武，薛季昶亦勸之，會日暮事遽，桓彦範不欲廣殺，曰：三思几上肉耳，留爲天子藉手。是柬之等初不欲除三思，而有屢陳不可之論，舊史、《通鑑》皆合，不知新史何所據而云？然則止是薛季昶有言，柬之初不欲誅三思明甚，新史轉易其辭，故至失實爾。

「人主亦有逆鱗」，戰國人語也。「自下摩上」，漢人語也。後學皆祖用之矣。「官師相規，工執藝事以諫，臣下不匡其刑墨」，禹、湯間語也。後學未嘗知也。立節而不辨義，下者爲利，高者爲名，而世道愈降矣。李渤以考功而校宰相，考杜元穎，雖欲附離，猶能言舉舊事爲褒貶。後世豈惟無渤議論，併元穎議論亦無矣。治之興替，可不懼乎？渤行其意，而未嘗在利名之間，庶幾古人也。

崔融，武后時有《諫税關市疏》，陳六不可，利害深切，不止以義理不應税而已。又言魏、晉、齊、隋所不用，蓋創事自難爾。融號能文，此疏詳密可觀。新史節略太甚，乃無足采。後人惟恐税不重，宜其輕視之也。

新史稱姚崇以十事要説天子而後輔政，顧不偉哉！而舊史不傳。《通鑑》亦言元之請抑權倖，愛爵賞，納諫諍，却貢獻，不與群臣褻狎，上從之。與新史條目略同，但新史誇耀其語太過爾。崇及宋璟皆以功業自矜，然旁觀粗有識者便已不許。蓋壅滯處豁開，横流中猛截，祇是隨時精彩，何異白駒過隙？至於一家局面伸縮，一人身分整頓，能使之自然及遠，則非二人本質所有矣。張九齡却頗近似，宜乎後人謂其用捨爲開元、天寶治亂所由分也。夫古人之事，誠非崇、璟所知，而今人之論不過崇、璟而止，則豈復更有以上地位，是可哀也。

玄宗時宰相可稱者，源乾曜亦一人之數。史載其罷相，以京兆尹留守京師，大内失白鷹，詔京兆督捕，獲於野外，掛榛而死。史懼得罪，乾曜曰：上仁明，不以畜玩罪人，苟獲戾，尹當之。遂入，自劾失旨，帝一不問，衆服其知體而善引咎。其君臣之間，議論趣操如此，治道高下可知矣。悲夫！此亦姚崇在相位時輔贊一驗也。

代宗問裴諝榷酤一歲出納，諝初不對，且及孟子「何必曰利」。代宗謂非諝不聞此言【四】，然榷酤終於不改。諝與代宗皆不知何以致榷，何道罷之，故其臣徒泛持高論，而君亦苟爲虚美，無廢利明義之實功也。鹽、酒、茶、麴皆始於天寶亂後，雖貪君邪臣無所不爲，要亦有急迫不得已而然者。考詳治道，須使到自然不征利處。哀公問有若年饑用不足，對以盍徹。夫年饑當貸，而何徹之有？其君臣問答皆爲不切，恐記者誤也。

宋慶禮爲河東、河北營田使，史稱好興作，濱塞掘穽，植兵以邀虜徑，議者笑其不切事。余常議使沿邊盡爲障捍，穿河設穽，疆者聚居，守望互救，金革相聞，因利乘便，外可進攻，内則寧輯。蓋今世議論所未有，其爲嗤詆，不既多乎！然武后嘗使桓彦範行河北，郭斷居庸、五回以支突厥。夫不立藩牆，而使將士肉薄以較勝負，勇者猶懼其怯，而怯者安能勇哉！慶禮再治柳城，宋璟力爭以爲不可，故張星以好巧自是，謚之曰專。而張九齡言「慶禮在邊垂三十年，既城營州，則罷海運收歲儲，其功可推，不當醜謚」而已。蓋慶禮之事，唐人無稱焉，可悲已！然今北虜窺邊，計固出此，若山東群盗方興，與我共舟楫，爲心腹之患，則又當别論。

因玄宗令崔隱甫見牛仙客，不從，遂不用。其既用仙客，知時議不歸，以問高力士，力士謂本胥史非宰相器。玄宗忿然曰：「朕且用康詧。」知人主宰制天下，未論聖賢，須實

【四】非諝　「非」原作「裴」，據文淵閣本、黄本改。

見得細密處。若玄宗終始粗豪，以喜怒爲用捨，非有存亡治亂之形象自懸於前，而世以爲能清内難致太平，蓋出於僥倖。而身逢大亂，殺人如刈麻，幾亡其國，蓋非不幸也。或言其始勤力而終怠棄者，亦非也，如用牛仙客事可見矣。與太宗因房玄齡言李緯好髭鬚遽改命者，何智愚殊轍哉？

武后營大像於司馬坂，以張廷珪諫止，其疏全用浮圖《金剛經》義解析。蓋因其所溺，易於回曉，亦足以見一時士大夫習尚也。而新史削去，豈以爲非雅言耶？

韋后表民二十二成丁，既敗，有司追趣其課。楊瑒獨以爲韋后當國，擅擢士大夫，赦罪人，皆不改，何獨取已寬之人重斂其稅？遂止不課。此瑒爲麟遊令時所言也。瑒拒竇懷貞，自謂：所論者民冤抑，官高下，於何取？懷貞壯其語，沮所爲。懷貞雖不肖，猶能如此。天下大患在於議論不開展，則下者不能言，上者不能聽，國雖存而亡矣。

文宗清約思治，好言論，與李石反復，乃甘露後也，然無救於敗，每使人歎恨。謝安謂晉簡文爲「惠帝之流，但清談差勝」。簡文猶能保全武陵王，而文宗不能明宋申錫，又在簡文下，其敗自當。

沈既濟論武后不當立本紀。天下之義理能知於事初者爲難。晉董狐書趙盾，齊太史書崔杼，孔子齋三日請伐齊，此知於初也。事之初作，固滅義理，而能以義理正事初者，非聖智不能。武氏事初舉，一世不能知，及既濟時，已百年矣，聞者尚漫無省。又數百年方復追論。儒者之論每若此，則何益乎！

《既濟傳》載百司權公錢收子，月本千萬，得息百萬，配户二百復除其家，且得入流，是等户歲出六十千，免税役又與官，爲優矣。然上之取雖止此而下之誅求乃不勝計，所以毁家破産，積而不能革。後世一切收於上而與之，似免此患，然官既負不義之責，而私亦若無名之斂，固未有以處。

安禄山難作，封常清以市人挑戰，固當敗。然扼關而守，遲以旬月，四方兵至，則事定矣。史謂玄宗雖爲左右蒙瞽，然荒奪其明，故至此。不知玄宗本無明，何荒奪之有！自始至末，但以豪氣用賞罰，其欲親征亦是。未嘗明見事機。封常清、高仙芝死，其意亦只如平時行敗軍之戮爾【五】，及哥舒翰不可得而殺，則脱身逃走不贍矣。史不知人闇明智愚，多輕與奪，極有所害。惟梁武可以言荒奪，苻堅猶自取之，而况玄宗乎？常清表文宛轉可哀，初以作捷書發，名果不妄，新史但存一句爾。

李郭之功，後世所稱，過於前人。按初有加山之捷，光弼、子儀同之，此不足言。光弼守太原守河陽兩勝，可以言功矣。然潰於相州，敗於邙山，唐由此遂不復振。子儀敗清渠，雖復兩京，尋與九節度奔北，而中興之業隳矣。其後吐番再犯長安，賴子儀不亡，號爲一時大功。然而扶持收拾，僅救目前，比於撥亂反正，一勞久逸，世載不朽者，安得同年而語哉！是李、郭之功猶未能及李靖、道宗、裴行儉、張仁願之流。而後世誇大俊特，掩絶

【五】只如　「只」原作「人」，據文淵閣本、黄本改。

前美者，蓋庸情常論，狃於近而忘其遠也。後世又不止尊異李、郭而已，如趙普、李沆、王旦皆欲以無功而自爲功。又其決不可無者，文彦博以貝州，富弼以議和，狄青以儂智高，韓琦以定策，張浚以苗劉，趙鼎以親征，皆爲元功盛業矣。然則古人之功名，豈終不可及耶？

古今毁譽，類不可憑，而房琯、李泌爲甚。琯明敗事，立朝疏略，論者終以爲王佐盛德。泌歷三主，艱難時彌綸補益，蓋不爲少，然毁之者乃無異於左道怪民，何也？琯結知於衆人，泌結知於人主，勢應至此。唐興百五十年，士大夫未有風流學尚，王義方卑賤，張九齡孤特，皆不能開其端，至琯始爲宗主，所以名過其實爾。泌薦陽城爲諫官，與柳渾、顧況爲交友，亦何必哉！夫不能與人同好者，惡之所集也。

校勘記

# 卷四十二

## 唐書列傳

楊綰誠清簡，所以得重望者，由元載爲之資藉，蓋天下公好惡未嘗廢也。綰誠不附離，然載能容於朝終其身，小人之不肖亦尚有齊量矣。當時人主苟於弛懦，上下習爲崇侈，然則一朝誅載用綰，人情震懼，而所改化者如此，後人便以舉皋陶、伊尹不仁者遠爲比，恐亦非其實也。

唐人奇崔祐甫謀略，謂可復貞觀、開元之治，然自古無兩易宰相。德宗初立，率情任意，匆匆如此，可以占其後矣。祐甫方鋭於自見，任責如流，未暇計他日，楊炎乃其所薦，固已失之，而祐甫亦遽死。不然，君臣之終始未可知也。

舊史言唐以來詩人之達者惟有高適。按新舊史載適事皆不止於能詩。又其論建亦非疏略不切時用，而謂之言過其實，爲大臣所輕。新史又改云「不爲縉紳所推」，亦非也。且大臣之輕重又何足計？況唐世能詩之達者甚衆，何必高適！豈待之在甫、白、郊、島之間耶？適論東西川利害，可見當時率然割裂州縣以爲節度，自成弱勢，而適亦不能知其本原，但據目前言之爾。

元結放浪其跡，以文墨自命，出處不常，若非利禄所能羈紲者，而實有材用，論能扶世，政能便民，與温造、李渤之流，唐時高品人物不過如此也。傳載道州西原蠻掠居人數萬去，遺纔數千，而諸使調發符牒乃至二百函，故結賦詩以爲賊之不如。而杜甫有「粲粲元道州，前賢畏後生」之語。余憶在金陵時，前歲運米來淮西界，一户已費百餘千。次年運至廬州，轉運司復欲調民，余力止之，請以本府錢自用水運，終不聽，會徐邦憲至，乃免。蓋一經兵亂，不肖之人妄相促迫，草芥其民，賊猶未足以爲病，而官吏相與亡其國矣。

郄士美爲昭義節度，昭義自李抱真以來私廚月費米六千石，羊千頭，酒數十萬斛，潞人困甚。通一歲由今計之，二十四萬緡矣。士美悉去之，出廪錢市物自給。又盧從史時日具三百人膳以啗牙兵，士美亦罷之。按《抱真傳》稱能完實府庫，教成丁二萬，繕甲治兵，遂雄山東，天下依昭義爲强鎮。蓋當時良帥也，而浮侈如此，則其不良者又可知矣。然史隨舊述，各務私美，融會者少，恐士美所剔除，容或未盡然也。

户部侍郎崔蠡上疏論國忌日設僧齋，百官行香，事無經據。詔曰：「朕以郊廟之禮嚴奉祖宗，備物盡誠，庶幾昭格。恭惟忌日之感，所謂終身之憂。而近代以來，歸依釋、老，徵二教以設食，會百辟而行香，將以有助聖靈，冥資福祚，有異皇王之術，頗乖教義之宗。昨得崔蠡奏論，遂遣討尋本末，禮文令式，曾不該明，習俗因循，雅當整革。其兩京天下州府，以國忌日於寺觀設齋行香，迄今以後並宜停罷」。此開成四年也。唐世禮文，不爲知禮者所許，然如此等事猶能釐正。不若後世定著不刊，以爲臣子恭順報孝之節無逾於此也。近傳蘇子瞻、程正叔爭行香日食葷素饌，有劉氏左袒之誚，而范淳父、黄魯直各私其所主，遂結怨嫌。然則安於流俗而計恭慢之偏，恐或未考也。

代宗本以涉歷艱難，忍事能斷，故僅存壞亂之餘。其於李輔國、魚朝恩、程元振、李光弼、郭子儀生死始終之際，皆用此術，雖不足爲君道，然不可謂無其意也。獨至元載，則初乃放縱，未遂猜殘，操御乖離，全不中理，且已知其爲姦而不遂罷黜。不知何所疑畏，而必待遷延歲月，養成大惡，用舉國之力，如捕强寇而後勝之耶？楊綰既自當相，置之閑地，直俟載誅乃以爲代，既非致麟鳳之道，而綰不量其君，冒昧前進，適會即死，姑留美名，不然，君臣之義終何所就也！學者輕信往事，異時自處不審，無與建功，趨向日以卑下，不可不知。

楊炎變兩税，蓋當是時不復授田久矣。自古官養民，辛苦爲立制度，若家人父子貢税之田，號曰藉力，官民不相雜也。春秋季年已履畝賦田，至戰國而授田之制蕩盡。漢人疆理廣大【一】，但因民所自有而廉取之，雖非古法，至於隨時簡易，不大望於民【二】，則反過之矣。唐雖因周、隋爲授田法，非古法也，而歲輒更改，煩擾難遵，方其盛時已不能守，迄於民自有田而後已。夫民自有田，多少不等，貧富不齊，奈何猶欲用授田時法税之？而

【一】疆理廣大　「廣」原脱，據文淵閣本、黄本補。

【二】不大望於民　「不大」原作「大不」，據文淵閣本、黄本乙正。

後世之論謂：租、庸、調近古，兩税變古。乃是全不究始末爾。所謂户無主客，以見居爲簿，人無丁中，以貧富爲差。此變爲兩税之要，而租、庸、調之所以不可久行者，正以主客丁中難分別故也。

舊説李德裕重修《實録》，增崇其父之美。然以吉甫事與李絳對看，心念識慮，固非吉甫所能及，至處置國家節目，絳尤過之，信如傳者所言。德裕更淺下，雖欲虚誇，益彰其短爾。然絳自罷相後，沉浮粗使垂二十年，不知早退，卒蹈奇禍，最爲可痛！蓋唐人之陋，雖絳及宋璟不能免也。

管仲始以鹽策霸齊【三】，余常疑《左氏》所不載，而《管子》書乃諸子辯士刻薄揣摩者附會其説，非實事也。是時王道雖衰而未盡，聖賢餘論尚存，若管子果奪商賈之利以自封殖，議者安肯赦之！且陳氏盜齊柄，蓋以家量貸，以公量收，晏子謂「民愛之如父母，歸之如流水」。然則豪奪民利，非管氏所爲決也。自後遂有桑弘羊、孔僅，又後遂有劉晏、李巽。弘羊等奉漢武之欲，最得罪於民。晏事與弘羊無異，其可恕者，弘羊興利用兵，晏用兵而後興利，若不得已爾。然又後至今五百年，晏之術不廢愈增。史家乃言：取人不怨，予人不乏，道御而王，權用而霸。不知帝王所謂食貨者，如禹、益、稷播奏艱食鮮食，懋遷有無化居，烝民乃粒，萬邦作乂。乃是爲民通致食貨，全與無取，豈得以權道王霸爲一種！史家無識，如此輕立論，自不足責。其如學者因之淪浹心髓【四】，一則非弘羊，一則

【三】鹽策　「鹽」原作「監」，據文淵閣本、黄本改。

【四】其如學者　「其如」原作「甚矣」，據文淵閣本、黄本改。

是劉晏，隨聲褒貶，無復根柢，此治道所以淪没不可復振，稍有意者，宜痛哭流涕而思之也！

顔真卿論「群臣奏事，先白長官」，利害甚明，庸人皆可曉。是時去載誅且十年，使代宗能因此發悟罷載，不待稔極惡，用大刑也。怪唐人及後世都作尋常文字看過，至殺載而代宗亦無追憶先見之言，視真卿與衆人無異。豈以真卿遇事輒言，望風厭之，故不能感動耶？其言：「自艱難之初，百姓尚未凋弊，太平之理立可便致，屬李輔國用權，宰相專政，遞相姑息，莫肯直言，大開三司，不安反側，逆叛散落，將士北走黨項，合集土賊，至今爲患，僞將更相驚恐，因思明危懼，扇動却反。又令相州散敗，東都陷没，先帝由此憂勤，至於損壽，臣每思之，痛切心骨！可謂曲盡事情。使得用，必消平世難，非止直氣叫呼，徒言之而已也。世但知真卿剛烈，能視死如歸，蓋孔子所謂「殺身以成仁」，而不知其身在可以成仁。然則李、郭之功勳，又何足亟稱哉！

李晟材出李、郭上遠甚。德宗將相有晟與陸贄，當朱泚死後，便盡其用，必能制吐蕃以除關中之逼，漸處置諸鎮，遲以歲年，兩河之患十減五六矣。世無其人，固所不論，若有之，又以在當用之地，而抑遏掩没，自取衰微，詩人所以歎「日之方中，在前上處」，故可爲痛傷爾。

合天下之兵，累年以攻淮、蔡，無尺寸效。而李愬不殺一人，用李祐招董重質全師，獨有不血刃之功，前代固未易一二數。而韓愈作《平淮西碑》遂言：乃勅顔、胤、愬、武、古通咸統於弘。夫不擇將任人，而陽拘泛率以僥倖於一勝，乃唐人之大失。愈既不能知，又無所别異，使絶世奇勳挫折庸帥姦將之手。若魚朝恩、吐突承璀而有成，又將何詞？宜其不心服而卒以沮毁也。

陸贄論事，始末無疵，獨諫德宗「失在推誠」一説，不中其病，蓋德宗以輕信爲推誠，徒信言而不觀行，初不憂其悔誠而爲詐，此乃贄有所未達也。唐人頗病贄褊急，不能容於邵、于公異，竇參之死，以爲漏言，此猶其小者。蓋古人將欲輔世，必先度其君。德宗相崔祐甫、楊炎、盧杞、姜公輔、竇參，皆出於一時匆匆，至其廢罷，甚者誅戮，皆用一律。贄不度幾見微，與參及吴通玄兄弟計較是非，以勝負爲離合，誅參相贄，安然受之，比其去也亦然。夫矜其所長而不能照其所短，詩人之稱仲山甫已不然矣，而況伊、傅、周、召乎！惜乎贄之所未及也。

舊史全載梁鎮奏止李國禎立大地婆父等祠堂文字，學者味之，自當長益志意。雖唐畿赤令尉得自通於朝廷，然長民者既有城社而不以實利害告君，徒以奉令爲恭而竊議於下，則何取焉。當其時，宰相導逢人主荒惑，而道士威脅於其間，固亦可見，蓋不特如林靈素輩能爲姦慝也，而鎮以縣令獨嬰其鋒，朗激傾盡如此，然則人患不爲而已。

裴延齡、皇甫鎛進用，陸贄、裴度皆有諫疏。贄雖詳復懇切，不如度之簡重得體，真大臣之言也。度言：比者淮西糧料所破五成錢【五】，其實衹與一成兩成，士卒怨怒，皆欲離叛。臣到行營，方且慰諭，責其遷延不進，供軍漸難，但能前行，必有優賞。以此約定，然後功勒，供軍官且支九月一日兩成已上錢【六】，俱容努力，方將少安。雖侵刻不少，然漏落亦多，所以罷兵之後，輕費錢數一千三十萬。不知所謂漏落者，鑄私以自入耶？吏所乾没耶？邦賦有名而無實耶？度爲宰相，不能透見事柢，但以意言之，亦未可也。

朱泚既反，朱滔連回紇圍貝州，將絶河津，窺東都，與泚合。時李懷光據河中，李希烈自汴逼江、漢，李納、田緒猖狂未已，唐號令所及，十纔二三，然而天下卒不至土崩者【七】，李抱真結王武俊之力。抱真所以能説回武俊者，賴賈林之詞也，存唐之功過於曹劌、燭之武矣。德宗初立，運動天下，事出萬全，及其荒急謬計，自取遷辱，而以存亡離合呼吸俯仰之勢，寄於辨士之口，爲人主者可不監哉！

德宗天資喜文，愛《李楷落碑》，用楊炎，作《宸扆台衡銘》、《君臣箴》，筆意精穎，該涉治道，非魏文、隋煬所能及也。然與諸將裴延齡、渠牟、執誼之流應和附著如影響，而陸贄輩乃不能容。蓋樂與不勝己者處，而安其言以爲莫予違者，人主之大患自古然矣。至於王安石，則又反是，奈何？

蕭昕薦張鎬自布衣爲拾遺，昕亦拾遺也，唐世尚存此風。其言「用之爲帝王師，不用則幽谷一叟」，亦可想見昕之風致。鮑防爲竇參逼致仕，未七十，言：吾與蕭昕之子齒，

【五】所破五成錢　「成」原作城，據《舊唐書·皇甫鎛傳》改。本段所見城皆當作成。

【六】供軍官　「官」原脱，據文淵閣本、黄本補。

【七】然而天下　「然而」原作「而然」，據文淵閣本、黄本乙正。

而與昕同致仕。蓋昕致仕時八十八矣。唐人雖以義責士大夫，而不以法限之，故柳公權以元會先稱賀，占奏忽謬奪俸【八】，議者恨其不歸事，猶至咸通初乃致仕，亦八十餘。

高崇文在長武城練卒五千，常若寇至，及討劉闢，卯時宣命，辰時出師，與楚莊王投袂而起正同。杜黄裳不可謂不知人，其能成功，非偶然也。黄裳首開憲宗中興之業，然論方鎮，亦祇言貞元近事，勸以法度整肅諸侯而已，終不能言事本。夫力爭於横流者，勞而難爲功，故賈誼謂當衆建諸侯而少其力，趙普亦請支郡各自奏事京師。憲宗十二三年竭生民之力，僅取數鎮，此事固不易收拾【九】，亦其君臣思慮有未至也。

舊史稱前代以史爲學者，率不偶於時，多罹放逐，其故何哉？誠以褒貶是非在於手，賢愚輕重擊乎言，君子道微，俗多忌諱，一言切己，嫉之如讎，所以峘薦坎壈於仕塗，沈、柳不登於顯貴，後之載筆執簡者可以爲之痛心！道在心伸，物不終否，子孫藉其餘祐，多至公卿者，蓋有天道存焉。此語雖不足以定世論，然比於韓愈自言人禍天刑，則粗勝矣。古人以官守道，況史者與義降升，國之賞罰，莫敢望焉。天下臧否在我，則何計位之高卑？舊史之意，不已陋乎？

李夷簡劾楊憑，欲抵以死，置對未得狀，即捕故官屬，簿録家貲，當時御史之權如此。夷簡亦號賢者，而怙勢作威，與陽球、崔暹無異，何耶？時論雖以挾私不與，而乃謂摧挫方鎮爲得宜。推挫方鎮，以道不以力，此固無識者所言，不足爲準。但憑本士人，習於侈

【八】忽謬奪俸　「俸」原脱，據文淵閣本、黄本補。

【九】固不易收拾　「固」原作「故」，據文淵閣本、黄本改。

汰，自取頓辱，爲可恨爾。

獨孤及言減江淮山南諸道兵，謂：今天下惟朔方、關西有吐蕃、僕固之虞，邠、涇、鳳翔兵足以當之。此外東洎海，南至番禺，西盡巴蜀，無鼠竊之盜而兵不爲解。此言肅代間無故變天下皆爲兵之實録也【一〇】。蓋其患自古所無，而至今終在。

盜殺武元衡，許孟容以吏部侍郎白宰相，請起裴中丞輔政。余記往時，朱熹坐本曹侍郎，林栗劾去，而大學諸生啓其師，乞扣閽留熹爲司業，當時謂：即師求師爲侮其師。夫即師求師爲侮其師，則即相論相爲侮其相矣。然孟容所言，廟堂不以爲忤，而度果相。淮、蔡之平，事至淺鮮，尚須議論不壅，方能致之，況有大於此者乎？

唐中世以後稱家法之美，父兄子弟相繼賢材者，穆、崔、柳氏爾。子貢問：「何如斯可謂之士矣？」子曰：「行己有恥，使於四方，不辱君命，可謂士矣。」「敢問其次。」曰：「宗族稱孝焉，鄉黨稱弟焉。」又問曰：「言必信，行必果，硜硜然小人哉！抑亦可以爲次矣？」夫不原道德之大意，不知古人之本末，而以宦學所由之塗，便爲立身之大節，足以干禄而已，視漢陽陳氏【一一】、江南袁氏，固已遠矣。

自天寶亂而吐蕃强，國西門即戰地。古人稱無怠無荒，四夷來王。太宗君臣恃一時兵力以除凶雪恥，驕穉前代，豈知子孫之患至此乎？於時馬璘、劉昌、郝玭、史敬奉、野詩良輔相繼扞境，僅能自保。而謂其不能北踰白道，西出蕭關。以爲將略有所未至，蓋猶以

【一〇】此言肅代間　「此言」原作「訔」，據文淵閣本、黄本改。

【一一】漢陽陳氏　「氏」原脱，據文淵閣本、黄本補。

太宗時事望之耶？

元稹李逢吉交扇險賊，乃穆、敬中大事。文宗初稱肅清，韋處厚之力也。其《貶熊望詔》曰：孔門高懸百行，由至順者其身必榮；朝廷廣設衆官，踐正塗者其道必達。前鄉貢進士熊望，因緣薄伎，偷異褻幸。營居中之密職，擾惑朝經，致僞下之囂聲，因依邪隙。及衆議波湧，累月不寧。司門驗繻，累月至四，夷覆謬妄，乃非坦塗。朕大啓康莊，以端群望，俾示投荒之典，用正向方之流，可漳州司户。望，劉栖楚客也。

余既於《平淮西碑》論陽拘泛率之非，然猶有未盡者。韓弘，賊也，去李師道、王承宗一間爾，而乃使爲統帥，責以成功，此武元衡、李吉甫之謬歟？去杜黄裳遠矣。弘無狀，至於蠱壞李光顔，裴度雖督戰，尚不敢當招討。凡事利害縱曉然在目前，終非智者也不能睹，而世以爲智，則必待決了於冥冥，亦豈皆然哉！

國忌行香外，又有人主生日稱賀。春秋釋奠於孔子，按韋綬、劉禹錫言可見。蓋當時皆以爲非禮，而今世反以爲盛禮也。有其舉之，莫敢廢，前世禮師相傳之語則然。夫不論其是非，而直以廢舉斷之，可乎？新史所云，陋矣。

《高瑀傳》稱韋、裴作相少債帥。此本起於中官貪冒所行，及積習漸久，則人以爲常，非賢者不能革，雖杜黄裳不免，況其下乎？近世固有債帥之論，淳熙間除授清明，然外傳闔倖以告覓而得【一二】，亦不爲少。夫天下之私情常欲貶至公，此乾德所以爲難矣。

【一二】以告覓而得　「而得」原作「得而」，據文淵閣本、黄本乙正。

憲宗問政之寬猛，權德輿言：唐家以仁厚爲先。余考於載籍，自古流俗未嘗不以猛勝，惟聖人能用寬，周衰而寬道廢，故孔子力爭深辨以明嚴猛之非。如「佚道使民」，「生道殺民」，則孟子固已偏駁，不能盡究孔氏之義也。德輿但以利害言之，蓋俗儒常見爾。然近世引經講學，未嘗不主寬，及其從政未毫末，則雄猜刻畢，叱咤百出，何止於用嚴而已，又德輿之罪人也哉！

唐輔相三節，自魏徵外皆不及元和諸人。至杜黄裳懲刈德宗，首開治柄，百年賴之，又非諸人比也。所可恨者，材智止於其所能，既不知上一截，又不知下一截爾。夫不知上一截，則國論不明。不知下一截，則士俗不成。尚未可望兩漢、魏、晉人材也。

裴度能聚天下之望在己，爲公卿大夫所宗終其身。此一事自唐以來貴人皆無其意，與僅有其意而不能成，其能成者度一人而已。笑受崔咸罰爵，可併看。然若使其所知稍進，又當不止此，未嘗不拊卷深惜之也！初，韓愈科目輩行，立朝所歷，與度略等。而愈工文字，自致名聞，非度敢望也。及愈先依鄭餘慶，方能在百僚間，後益困，非度提衡不復進，遂判然爲下，與馮宿、李正封輩無別矣。豈愈皇皇然以行道自任，而不計其身之重輕哉？抑行道者必輕其身哉？曾子謂「士不可以不弘毅」，比其死也，未免易季孫之簀。蓋古人難之，抑講明猶有未至歟？

# 卷四十三

## 唐書列傳

牛、李之黨蔓延可畏，然罪在李吉甫。如皇甫湜輩烏足以爲訐？而吉甫懷之，子孫不忘，宰相不平心，國家安危存亡所由分也。本朝范、吕事亦然。

元稹本與白居易同稱，然隳節取卿相，則不得齒於士類，遂與裴延齡、皇甫鎛等。古今人受病處，皆以身之材能外之官職對立，一念既偏，至於失其身而不能救，是真可哀也！

白居易論詩，謂：周衰秦興，六義始刓，及江鮑則六義盡去。按《周官》教六詩，不言詩有六義。主文譎諫，蓋後人顛倒其説。孔子教詩，但言興、觀、群、怨而已。居易專以諷爲主，固已失之。白既以此致謗，至本朝蘇、蔡遂成詩禍矣。

李渤校宰相，考當時議者，以宰相曠官，自宜上疏論列，而越職釣名，非盡事君之道。夫以考功而考及宰相，謂之久不行可也，謂之越職不可也。余觀《左氏》載君子之論，亦當時所謂議者，其間不近理極多。大抵古今風俗好惡不甚相遠，其因循拘礙則謂之流俗。

而能自超越者，則謂之賢。但世愈降，則超越者愈微，而道義遂淪没矣。如渤何愧古人乎？

唐賢良策惟有劉蕡。余嘗論唐人無識治亂者，惟以文華進身，以氣力任事，隨其所至，裁割而成。如蕡考據經術，條析急務，一時大義，略皆先具，進士之俊傑無能及矣。然知治與致治不同，惜蕡不一試用，觀其所爲如何也。

宦官所以制人主之命，以其有兵。而訓注之徒但欲殄滅其人，至不勝，遂縱兵以逞，唐之亡形由此成。訓注固不足道，然唐人之慮，要自無及此者。王叔文收宦官兵權不就，韓愈著於《實録》方以爲幸，其詩謂「六軍百萬虎與貔，天子自將非他師，一朝奪印付私黨，懔懔朝士何能爲」？昔季路隳三都不克而孔子出奔。人在天地間，職分必有所底麗，不然，雖勵志業無用也。

李德裕密勿綜理，當國威重，知大體，料敵制勝，任事獨克，唐宰相皆所不及。然其以父爲準的，父之所怨，己亦怨之，結成大隙，不可救止，自爲黨魁，而辨懇朋黨不少置，豈惟身災？國祚長短之所繫也。嗚呼！德裕智不足以知此，以天下之大，惟父是崇，至於宗不能庇而猶不顧省，豈所謂賢哉？

道家澹泊，主於治人，其説以要省勝支離。漢初嘗用之，雖化中國爲夷，未至於亡也。浮屠本以壞滅爲旨，行其道必亡，雖亡不悔，蓋本説然也。自梁武不能曉，用滅國之術，當身而失，至唐憲、懿，識慮又出其下，直謂崇事可增福利，悲哉！

流品不分，無甚於唐。至末年始欲分別，劉瑑謂當循名責實，崔慎由坐此罷。《周官》以九兩繫民清濁粗細，各有所得，此真循名責實之要，非戰國、秦、漢所能知也，而況瑑乎！然崔遠以風流爲時所慕，有飣坐黎之目，白馬之禍，與唐俱亡。昔石勒謂：王衍不可加以鋒刃。夜排牆殺之。而朱温乃投於黄河，使爲濁流。夫流品自標，爭於亡國而擅其貴位，此豈伯夷所謂清乎？

新史敍群盜亡唐，其一因王處存定京師，悲唐室屏翰皆爲朱温翦覆，甚於夷狄荆舒之害；其二謂王重榮似霸而非；其三惜楊行密無霸材，不能提兵爲四方倡以興王室；其四鄙高仁厚、田頵、朱延壽材不足爲吴蜀之老。夫唐自天寶失馭，無故瓜分爲藩鎮，夷虜盜賊據天下要會，百餘年禍日深，内有中官爲疽根，廢立生殺出其手，至於驕卒饑民，相扇四起，壞於黄巢、秦宗權，極於朱温、李克用，裨劫特剽，倏敗忽成，隨所建置而得將相，坐待滅盡，豈有救法？尚欲責重榮、行密、桓文之功，而以管仲、狐偃望其下耶？歷觀前世，周、晉以諸侯王，漢以外戚宦竪，秦及隋唐以盜賊，其勢已成，雖聖賢復出無益，猶不能容口，而況爲之者欲措手哉！

第前世之事不足追議【一】，本朝立國幸無前世之患，獨有夷狄對立，須爲服弱，使弱而常安，甘於屈服，何所計惜。然真宗、仁宗當太平盛時已不敢保有中原【二】，至靖康果

【一】第前世之事不足　「第前世之」原脱，據文淵閣本補。敬鄉本行頭有空格，可見其有脱漏。

【二】仁宗當太平　「仁宗當」原作「當仁宗」，據文淵閣本、黄本乙正。

然兀术一渡江，則江東西、兩浙皆震蕩，幾不可立。中間凌突淮、漢，聲言渡江，縱横破碎，難於補葺者凡數四焉。夫極盛不免衰微之形，已安常有覆亡之懼，所恃者惟有納賂請和，堅守不背約爾。況舊虜垂亡，與新虜並行，人事草創，和好未成，直指江淮，所在城戍，望風奔遁，我雖無虐政逸德可以召亡，而虜威所加，自然有土崩瓦解之勢。然則安樂無虞，引日玩歲，而傾壞常臨於目前，未知執事者何以救之？是其證。雖與前世不同，而同歸於亡則有甚矣。故余素論，常欲於沿邊牢作家計，壯固藩墻，以保堂奥之安。且漢、淮沃壤，形勝控扼，直以並塞視爲棄物。今若取地五十里間，比其室廬，時其耕稼，什伍而用之，虜來必捍於垣塹之上，長戟勁弩，持滿以待，則自此以南，人情帖然，蚤卧晏起，無朝夕之憂矣。此今日救法，百年之利也。或曰自古未有沿邊二千餘里，縻費數千億萬，尺寸而守其地，若是之拙者。然不思今日甚有費數千萬億爲無益之用，歲歲無窮，未嘗敢一毫削損，而獨此之吝，何哉？又請以一家譬之，夫富者多積厚藏，廣宅美室，聚子孫而居，何嘗不高牆外實，僮僕備守，不使强鄰暴客輕輒窺伺而後得安者。天下與一家何異？盡沿邊道里，費數千億萬，尺寸備守，乃事理當然，安有袒裼空洞，示人以室家之好，皇皇於内而反不汲汲於外歟？孔子曰：「微管仲，吾其被髮左衽矣」。不然，以堯、舜、文、武所傳之衣冠禮樂、道德仁義，將一舉而棄之，吾不知所税駕矣。

按崔彦昭相於乾符初，在路巖、楊收、韋保衡後，僖宗尚能加以訓誡，勉其克終，不知此意出於人主或中官爲之。然則雖將亡，而馭臣之柄猶存也。至於舉一國以聽姦臣之所行，賢否同聲，威福日運，而莫名其所以然，彼卒伍賤人未至於橫潰而問罪者，特有幸不幸爾。

唐末可稱者劉瞻、崔彦昭、鄭畋、鄭從讜、王鐸。至鐸爲收復元功，然以三百口併命於高雞泊，則士大夫力指氣使之勢蕩盡，而唐隨以亡矣。蓋識慮不及而倚虛驕立事，唐人之敝也。若鄭綮粗自立，能量其材分所止，未餗先顛【三】，不爲國辱，比於諸人殆似過之，而當時反以爲命相尤謬，季末之妖。然則議論好惡若此，國祚何以望其少延哉！

按舊史，獨孤及爲盧奕謚議，中間稱："或曰洛陽之存亡，操兵者實任其咎，非執法吏所能抗。師敗將奔，去之可也。委身寇讎，以死誰懟？及以爲不然云云。夫居位食禄必死其難，乃理之常。當及議時，庸夫小人間有爲此論者，及因而正之可也。至新史修改，遂揭其語於前而後著及議，則是當時衆論無不如此，非及不能破之，是以一國之大不復有人心之所同。史文顛倒，豈不害義！余觀夏侯端、劉感、常達、羅士信、吕子臧、李公逸、張善相、李玄通在唐初草草，君臣未定，而皆能以死固節。及貞觀、開元之後，反有此論。又如張巡、許遠事尤卓偉，亦有謂其死守爲愚者。昔由於言「脾泄之事【四】，余亦弗能」，蓋興亡之變可見矣。

【三】未餗先顛　「餗」原作「報」，據文淵閣本、黄本改。

【四】脾泄之事　「脾泄」原作「紲絏」，據文淵閣本、《左傳》定公五年文改。

韓愈作《諍臣論》，年甚少，是時意盛，謂天下事但當如是爲之，及出入憂患終不能有所爲，去陽城遠矣。城與元德秀卷舒以己而不以人，唐人未有及者，近於東漢人矣。蕭穎士仕不爲己，而以誨俗進人爲任，蓋又其次也。其與李林甫相失事，新舊史載不同，以其所立考之，舊史妄矣。然舊史言穎士以縗服至政事堂，爲林甫所逐，不過門生賓客下俚謗讟之辭，自無足辨。而新史乃稱宰相李林甫欲見之，穎士方父喪不詣，林甫嘗至故人舍邀穎士，穎士前往，哭門内以待，林甫不得已前弔乃去，怒其不下己云云。疑亦出於門人所傳，非其實也。蓋以今準古，宰相至故人舍求見名士，大爲難事。戰國相傾，容或有之，田蚡過竇嬰，同列尚不肯，遂成死禍。侯霸召見嚴光，光報以腰領絶，霸怒，封奏其書。然則雖古宰相，亦未必肯下士也。自「父喪不詣」以下當削去别修。

讀于公異、吴通微兄弟事，爲陸贄歎息。唐置翰林，本非用人材正路，後出干進者，資淺而地親，雖以贄之賢，居群小所必爭，未能免於利害是非之間也。贄既不能容，又不能去，以此得相而欲濟世，難矣！至本朝欲以唐故事使蘇軾入翰林，則不然。蓋已位次執政，習見爲貴人，當王安石變更而得地位重者與之較，或未可知。然宰相止以近例姑入館，則眇然朝士上書諠譁而已，去之如掃枯葉，何難之有！古人立人之朝，必觀時度己而後制義矣。

立國之勢有未當論治亂安危而當先論存亡者，自昔善論之士少有能知。新史謂唐兵三變，歸咎於玄宗，而神策宿衛之兵，姑泛言之而已。如募兵藩鎮，以治亂安危言之可也，而存亡之分猶未及焉。自玄宗以楊思勗將兵平蠻，始啓亡國之禍，肅宗用李輔國，代宗用程元振、魚朝恩，德宗遂爲故事。不獨其君以爲故事，其臣亦以爲當然，終唐之世未有言其非者，惟劉蕡對策，欲挈兵柄以歸於將。然王叔文既已取之而不能，使蕡得用，未知其何道以歸於將也。然則以唐事考之，募兵藩鎮，不過能危亂其國，而亡唐者特中官將兵而已。三代所以久長，及其諸侯之國有至七八百年者，皆以其雖可危亂而未可亡故也。使其可亡，誰得而存之？至如今日事勢，亦祇當先論存亡。今日存亡之勢，在外而不在内。而今日隄防之策，乃在内而不在外。一朝陵突，舉國拱手，隄防者盡壞而相隨以亡，哀哉！

昔三良之死，秦人爲賦《黄鳥》以哀之。李邕將見殺，孔璋不識面，乃請以身代死，其爲國愛材惜賢之意又過於《黄鳥》矣。秦穆公狃所私以殉，君子猶謂之棄民。玄宗昏庸聽姚崇、張説、李林甫，放戮名士，如除垢污，斃狐兔，棄天下不亦多乎！宜其保治不終，隳唐之成業也。

太宗攘除夷狄之盛，始於滅頡利，自夸以爲古所無有，世論亦以爲古所無有，故新史謂自《詩》、《書》以來，伐暴取亂，蔑如唐神且速也。按自晉諸胡之亂，迭據北方，及拓跋喪敗，高歡、宇文本用夷狄起，至武帝勝齊，浸成中國之强勢。隋文繼之，出兵四克，當是時，既已能臣服突厥矣。故太宗因隋餘力，而突厥又方再亡，是以立功最易，然則亦非其英威神武能獨過於前世帝王而然也。大種既破，餘國震裂，偏師暫出，或轉令相攻，無不望風歸命，而唐反應接不暇，蓋二百餘年中國之强甚矣。天寶以後奔播日削，猶未失羈縻封册之柄。然自是中國浸弱，獨一周世宗欲稍自立，不幸即死。至本朝太祖經營天下，又不幸未盡集而崩。五百年間積成弱勢，亦自古未有。士大夫之論，終莫知其所以然。夫强者非無故而强，弱者非無故而弱，無怠無荒，四夷來王。苟得起頭處日新不懈，漸葺漸成，隋唐之功，雖非聖賢所願得，然亦可以反今日之弱而爲强矣。

突厥既歲侵無已，宇文士及請避寇，將遷樊鄧，豈不用大王語乎？而群臣多贊行者，獨太宗論：能假數年，願取可汗以報。卒滅而臣之。蓋雖興王，未有無爲立國之計者，士及何足道也！澶淵之役以和爲權，寇凖雖不肯遷，然輸幣約和，幸其少定，而上下之論，不自警惕，求其當然，反謂上策無出於和，至今不可移改，然則士及何足道哉！

太宗初，或請築古長城，發民乘塞，帝陳頡利四事，證其將亡。古稱天子有道，守在四夷，其衰在諸侯，諸侯守在四鄰，其衰在四境。築障煩民，誠爲下策。夫有道而不知修，有障而不知築，捨下策而自歎其無策，將何以自存乎？

郝靈佺傳默啜首事，宋璟謂天子年少好武，抑其勞，逾年僅授郎將，靈佺慟哭而死。按默啜强盛，爲中國患，殺人不可勝計，有能得其首者，可謂大功，安得無厚賞？今爲他虜狙擊，而靈佺偶入蕃，乃傳首之人爾，行賞如此，正合事宜，不知何名爲抑。況唐是時兼制戎夏，默啜雖死，而暾欲谷爲患未衰【五】，方勞攻守之計，亦不得言好武强開邊隙也。恐此非璟本語，而後世信之，傳誦不已，捨明從暗，失實得虛，利害不細。

新史因敍張保皐、鄭年，併智李、郭，遂反召公不説事，以爲苟有仁義之心，不資以明，雖召公尚爾，況其下哉！觀《君奭》篇，周公爲周家長久，堅留召公，詞語明白，不待講解而知。若新史用世俗所疑，則其陋甚矣，何足稱述！不然，則所謂有仁義而不明者安在？且烏有仁義而無明而可爲召公耶？

太宗既滅突厥，又平高昌、吐谷渾、焉耆、龜兹號四鎮，置兵三萬人，唐人供億者行萬里矣。太宗嘗語大臣：「朕始即位，咸言天子須耀兵以威服四夷，惟魏徵勸我修文德，安中夏，中國既安，遠人自服。今天下既安，四夷君長皆來獻，此徵力也」。夫徵之所以勸修文德者，欲其息兵而不用，而太宗無一日不用兵，則徵何勸之有？四夷之所以來王者，謂不用兵而自至，而太宗因勝而後得，則徵何力之爲？蓋太宗以武功而駕言於文德，以拒諫而傳至於從諫，學者不考其實而信其言，爲後世害大矣。禹稱：外薄四海，咸建五長，各迪有功。則如太宗立四鎮、置羈縻州府之類，亦必有之，而其事遠，不可見矣。然苗頑弗即功，則其君臣以爲深疚，而所謂「誕敷文德，舞干羽於兩階」者，亦不若太宗徒指魏徵之空言，以武爲文，以黷兵爲偃革，而欺後世也。

【五】而暾欲谷　「暾欲」原作「暇」，據黄本、敬鄉本及《舊唐書·突厥傳》改。

因新史論唐滅提兵托勤王者五族，然卒亡朱氏，爲唐滌耻者【六】，沙陀也。使李克用能如齊桓、晉文，稍知古今，唐遽亡乎哉？夫漢、唐有國，皆庶幾三代之長。曹操狙賊欺詐，不爲人心所服，而孫、劉君臣，英傑所聚，遂抗然自立於一隅。今舉天下無不拱手以聽朱温屠戮，而崔胤、柳璨又佐成之，反以興復之責歸於沙陀，豈海内遂無一人而然耶？自古聖賢天造草昧，不止爲一時私計，所以修立人紀，蓋與萬世其功，傳之無窮。而太宗偏躁狹劣，苟循一人之智勇，薄中國之氣類，而篤所厚於蠻夷，華戎雜统，漢虜參用。及其衰也，殘蕃遺羯盤據腹心，卒伍僕隸相因而起，奮劍俄頃化爲人雄。士大夫徒諷詠花草以拾貴位，無能商略其間，其不靡然相隨以盡，如司空圖者一人而已。昔孔子歎齊桓，謂其能使中國之人不爲左衽。而新史責左衽之克用不能如桓文，何其悖哉！

新史諸傳好以刻削簡約爲功，又必易本語之質俚以從雅訓，反墮褊迫，故可觀者殊少，惟夷狄諸傳多佳，如《渤海傳》最勝，支司、憲象不甚佳。

史載訶陵國上元間，國人推女子爲王，號悉莫，威令整肅，道不舉遺。大食君聞之，持金一囊置其郊，行者輒避。如是三年，太子過，以足躪金，悉莫將斬之，群臣固請，悉莫曰：爾罪實本於足，可斷趾。群臣復爲請，乃斬指以徇。大食聞而畏之，不敢加兵。此與商鞅事同。古人勤心苦力爲民除患致利，遷之善而遠其罪，所以成民也。堯、舜、文、武所傳以爲治也。苟操一至而已，又何難焉。故申、商之術命堯、禹曰桎梏。戰國至秦既已大

【六】爲唐滌耻者　「者」原脱，據黄本、敬鄉本補。

敗，而後世更爲霸、王雜用之説，自以爲甚恕矣。至於書傳間時得其一若申【七】、商之類者，未嘗不拊卷嗟惜，以爲偶舉而必效，當行而無疑也。今史載其事而不辨其失，意亦出此，哀哉！

太宗十七年伐遼既不勝，二十年復伐薛延陀，滅之，北方悉平。其詔謂：曩者聊命偏師，遂擒頡利；今兹始弘廟略，已滅延陀。至云混元已降，殊未前聞，無疆之業，永貽來胤，斯實書契所未有，古今之壯觀！余觀府衛之成，太宗獲其用所，向必克如此，乃以爲一己神靈致之耶？又太宗二十餘年間曾無一日息民靖國之念，其去煬帝幾何？而新史以爲中材庸主之所常爲。夫常爲者固可無敗，而中材者卒以久存歟？

僕固懷恩雖驕而非逆，李光弼激之，終以畔亂，唐幾亡。後世方以斬張用濟爲名談，可謂不中利害之實矣。惟顔真卿言懷恩不反，薦用郭子儀，始有收拾處。

## 五代史

朱温事至不足言，然其脱於盜賊，以宣武節度區區數州，在四戰之郊，而能翦滅黄巢、秦宗權，咀吞河南、山東，竟篡唐室，更七姓至本朝，皆因其故都邑。而後人之論，乃以大梁爲不可戰，亦不可守，使女真入吾地數千里如無人，而卒有之，其故何也？余嘗歎李綱世所謂有志【八】，宗澤世所謂有材，二人皆以位將相，使其盡河南而守，身當勞苦，而以安

【七】其一若申　「申」原脱，據文淵閣本、黄本補。

【八】余嘗歎　「歎」原作「數」，據黄本改。

佚付黄潛善輩，國家之敗，宜不至酷烈如此。而中原遂爲左衽，以逮於今。若猶不悟，則又將有甚焉者。然則議論定而利害明，要先自士大夫之心術始可也。

李克用父子，李嗣源、王從珂三姓不同，皆稱繼唐，雖可笑，而唐之故家文獻由此粗傳。豈惟一唐，乃中國夷狄分合之所繫也。劉備、諸葛亮號爲紹漢，而漢事乃無髣髴，余於莊宗蓋有感焉。

晉《紀》、《傳》載出帝陷虜及桑維翰、景延廣始末甚詳。是時中國已再與契丹和。韓琦、富弼守信誓如金石，然不知靖康之禍有甚於開運也。余頗疑漢人固已專主和親，然猶未以此遽分士大夫之賢否功罪。方建炎、紹興十餘年間，天下能憤愾視虜如仇敵，秦檜既堅持之，自此不惟以和親爲性命義理之實，而言復讎雪恥者，更爲元惡大憝，滅天常，絕人理，其事極大，未知此論何時當回也！

裴樞、獨孤損之流雖其力未必能存唐，終不亡唐而獨存。歐語如此。然是時已隨朱温至洛陽，何不亡唐之有！其不使非清流爲太常卿，乃習氣尚存耳。以此立義，欲扶世教，亦如司馬氏言不當命韓、趙、魏爲諸侯而自壞其名分也。

張承業諫止唐莊宗無舉大號，與荀彧不欲曹操求九錫，語意正同。彧爲操所殺，而承業至於自殺。承業宦者，見聞不廣，獨持一意，自應如此，而彧何爲亦然？孔子所謂不能反三隅者，與許劭異矣。

初，後唐廢帝憂石敬塘，吕琦、李崧請與契丹和，如漢故事，給金帛，妻以女。是時張延朗爲三司使，謂歲費十數萬緡，責吾取足何也。事既不行，而敬塘竟以割地稱臣得天下。及劉旻抗中國，亦倚契丹，後不助，則破滅矣。此一段議論，至本朝遂爲廢興存亡根本。方曹利用往來評認，遂有手指三百萬之傳。然則琦、崧策劃無理，不過十數萬緡，而君臣之間猶喧悖不同如此，況敬塘歲賂，亦止於三十萬匹絹而已。寇準既過用之，反以爲大功名。王旦又依並作無限勳業，富弼再和，墓碑乃明言：增幣二十萬而契丹平，北方無事又四十年矣【九】。大書深刻，後生傳誦，以爲元臣碩相殊勳盛業，無出於此。余老矣。不復預世論，讀《吕琦傳》，掩卷嘆息而已。

【九】四十年　「年」原脱，據文淵閣本、黄本補。

# 卷四十四

## 荀子

傅説固已言學之要，孔子講之尤詳。道無内外，學則内外交相明，今在《書》、《論語》者，其指可以考索而獲也。荀卿累千數百餘言，比物引類，條端數十，爲辭甚苦，然終不能使人知學是何物，但雜舉泛稱，從此則彼背，外得則内失。其言學數有終，義則不可須臾離，全是於陋儒專門上立見識，又隆禮而貶《詩》、《書》，此最爲入道之害。後揚雄言：「學，行之上，言之次，教人又其次。亦是與專門者較淺深爾。古人固無以行其上而教人爲下者，惟後世陋儒專門，莫知所以學，而徒守其師傳之妄以教人。雄習見之，以爲能勝此而兼行者則上矣。近世之學則又偏墮太甚，謂獨自内出，不由外入，往往以爲一念之功，聖賢可招揖而致【一】。不知此身之稂莠未可遽以嘉禾自名也。故余謂孔子以三語成聖人之功，極至於無内外，其所以學者，皆内外交相明之事，無生死壯老之分，而不厭不倦於其中，此孔氏之本統與傳説同也。

止鬬一義，莫曉其故【二】。按子路問君子尚勇，孔子稱「戒之在鬬」，《中庸》「衽金革

校勘記

【一】招揖　「揖」原作「楫」，據黄本改。

【二】莫曉其故　「曉」原作「能」，據文淵閣本、黄本改。

死而不厭，北方之强」，司馬遷亦言：「子路陵暴孔子，孔子設禮誘之」。古之師友，豈固訓導於戈矛陵奪之間耶？　而荀卿之戒，則尤爲鄙暴不近人理，至謂「以少頃之怒，喪終身之軀，室家立殘，親戚不免刑戮」。若立學聚教而其弟子粗猛至此，則奚以學爲？　雖古今材品强弱不同，而荀卿亦有過論，然致道必有象，而果若是，則仁義道德安從生？　有子以「孝悌而好犯上作亂者鮮」，後世疑之，觀此殆非誣爾。然則後世之學，又有愈焉者矣。

荀卿屢言爲治當以後王爲法，後王者，周也，意誠不差。然周道在春秋時已自闕絶不繼，自一魯外，諸侯視之皆如弁髦【三】。孔子盡力補拾，其大者十僅得七八，而小者不存多矣。況至荀卿，王法滅盡之餘，暴秦大並之日，孔氏子孫畏偪不敢【四】，而獨倀倀然以無因難驗之説叫呼於其間，有輕易之情，無哀思之意，徒以召侮而不能爲益也。自晨門荷蓧、楚狂接輿之流猶以孔子爲病，而魯兩生、梁鴻尚謂漢人不足爲，況昭、襄、始皇之際耶？

余嘗疑孟子盡力排楊、墨，楊、墨豈能害道，然責之不已者，害所由生也，此自孟子一病，不可爲法。若夫荀卿所言，諸子苟操無類之説，自衣食於一時，其是非尤不足計，而乃列攻群辨，若衢罵巷哭之爲，至於子思、孟軻併遭詆斥，其謬戾無識甚矣！又好言子弓，常與仲尼同稱，安有與仲尼齊聖，獨爲荀卿所私而他害無見者？　既無立言行事可以考其是非，使非荀卿之妄，則或者子弓、仲尼之別名，不然，姑假立名字以自況爾。孟軻亦屢扳

【三】弁髦　原作「髦弁」，據文淵閣本、黄本乙正。

【四】畏偪　「偪」原作「福」，據文淵閣本改。

仲尼，孔子乃無所比，何哉？竊比於老彭，吾何執。

「仲尼之門人，五尺豎子，言羞稱乎五霸。」按孟子或問曾西，吾子與管仲孰賢？曾西艴然不悦，然則豎子羞稱，固當有之。蓋幼志先登，能自啓迪，不墮駁地，而雖成勞茂烈，苟徒止於所能，則晚進後生皆輕貶之矣。此一義常存，自應有益於新學。孟子，大人也，天下臧否由己而定，豈以其身與人稱量高下者哉！故孔子雖謂管仲小器，而終以九合之功歸之，此亦深於學者所宜知也。

荀卿言周公大儒之效，與《中庸》「仲尼祖述堯舜」一章略相似，皆誇毗飛動之辭，聖人自用力處極不然。二者參觀，子思言理閎大，而分限不可名。荀卿言事雖張皇，而節目猶可見也。周公、孔子艱難一世以就德業，而後世學者反以爲甚易而無難，若是，則神靈之所爲而非人也。且又引以自神，則近乎狂惑矣。

荀卿論治，多舉已然之跡，無自致之方，可觀而不可即也。惟言國具，差若有意，謂「無便嬖左右足信者之謂闇，無卿相輔佐足任者之謂獨，所使於四鄰諸侯者非其人之謂孤」也。然穆王命太僕、左右、僕從、侍御「無以便嬖側媚，其惟吉士」，是則嬖者不吉，吉者不嬖也。卿相輔佐所以同起治功，臣雖專任其勞，君不獨有其逸。謂不能不有遊觀安燕之時，欲倚之爲基杖，則用人之道狹矣。湯滅桀而自慚，仲虺誥而解之，德誠有餘，安用其臣喻志於四方？然則荀卿所言者，戰國之事，非帝王之治也。

讀荀卿與臨武君議兵，及「四世有勝非幸」，又入秦何見，以爲無儒，又與秦昭王辨「儒有益於人之國」，令人歎息。周衰，諸侯皆恣己自便，而秦以夷狄之治【五】，隳滅先王之典法，吞噬其天下，別自爲區域。孔子力不能救，不過能不入秦而已，子孫守其家法【六】，故曰「秦爲不義，義所不入」，遂死於家。荀卿談王道若白黑，嗣孔氏如家嫡，不秦之讎，而望之以王，責之以儒，嗚呼固哉！秦惟不能自反也，不用荀卿而用李斯者歟！

「天行有常，不爲堯存，不爲桀亡。」所以言有常道者，覆幬運行，日月之所麗爾。堯之時則治，是爲堯而存也；桀之時則亂，是爲桀而亡也。謂「不爲堯存，不爲桀亡」非也。又言「應之以治則吉，應之以亂則凶」。吉凶果在所應，則是無常也。謂「天行有常」，非也。「强本而節用，則天不能使之貧；養備而動時，則天不能病；修道而不二，則天不能禍。」夫古人既强本節用矣，既養備動時矣，既修道不貳矣，其不貧、不病、無禍則皆曰天也，非我也。今偃然而自居曰我也，非天也。夫奉天以立治者，聖人之事也。今皆曰我自治之，非天能爲。是以己滅天也。「不爲而成，不求而得，夫是之謂天職」，謂下文天情也、天官也、天君也。夫物各賦形於天，古人謂其獨降衷於民，然必爲而後成，求而後得，故謂聖賢。敗而失之者，下愚不肖也。今謂當清天君、正天官、養天情以全天功，而又謂「不求知天」【七】。且雖聖人無不自修於受形之後，而未有求知於未形之先者，及其既修而能全天之所賦矣，則惟聖人爲求知天。今謂「聖人爲不求知天」，非也。又謂「全

【五】夷狄之治　「之」原脱，據文淵閣本、黄本補。

【六】子孫守其　「子」原作「秦」，據文淵閣本、黄本改。

【七】不求知天　「不」原脱，據文淵閣本、黄本及《荀子·天論》補。

其天功，則天地官而萬物役」。且古聖人未嘗敢自大其身而曰吾能官使天地者也。又曰「大天而思之，孰與物畜而制之？從天而頌之，孰與制天命而用之？」按孔子曰：「大哉堯之爲君也，惟天爲大，惟堯則之。」是堯未嘗物畜而制之也。《詩》曰：「不識不知，順帝之則」，是文王未嘗制天命而用之也。詳荀卿之説，直以人不能自爲而聽於天者不可也。然則人能自爲而不聽於天，可乎？武王曰：「惟天陰隲下民，相協厥居。」堯舜傳之至於周矣，然則謂人之所自爲而天無預也，可乎？又曰「道之所善，中則可從，畸則不可爲，匿則大惑」【八】。嗚呼！惟其不知中也，是以其言屢變而卒爲畸且匿也。又曰「萬物爲道一偏，一物爲萬物一偏，愚者爲一物一偏，而自以爲知道，無知也。慎子有見於後，無見於先；老子有見於詘，無見於信；墨子有見於齊，無見於畸；宋子有見於少，無見於多。」嗚呼！萬物之於道，無偏也，無中也。一物之於萬物，無偏也，無中也。自其中言之，皆中也，一物猶萬物也。自其偏言之，皆偏也，萬物猶一物也。荀卿以諸子爲愚而偏，而自謂爲中也，而其乖錯不合於道如此，吾求見其能異於諸子也。

世俗之爲説曰：堯舜禪讓。荀卿明其不然，以爲天子至尊，無所與讓，故有「以堯繼堯」，「以堯易堯」之語。又謂「諸侯有老，天子無老」，以「血氣筋力有衰，智慮取捨無衰」，「持老養衰，莫如天子」。按《書序》「將遜於位，讓於虞舜」，《書》記堯舜禪讓甚明，而又自言「在位七十載，耄期倦於勤」。然則荀卿不信《書》而詆其爲世俗之説耶？且必

【八】匿則大惑　「大」原脱，據黄本、《荀子·天論》補。

不當禪讓何義？以天子之位爲持老養衰之地何據？孟軻言「民爲貴，社稷次之，君爲輕」，雖偏，然猶有儆也。而荀卿謂天子如天帝，如大神。蓋秦始皇自稱曰朕，命爲制，令爲詔，民曰黔首，意與此同，而荀卿不知，哀哉！

「故禮者，養也。芻豢稻粱，五味調香，所以養口也；椒蘭芬苾，所以養鼻也；雕琢刻鏤，黼黻文章，所以養目也；鍾鼓管磬，琴瑟竽笙，所以養耳也【九】；疏房檖貌，越席牀第几筵【一〇】，所以養體也。」按孔子教顔淵：「非禮勿視，非禮勿聽，非禮勿言，非禮勿動」，謂能自克以復禮。夫自克則不費乎物而後禮行焉。而荀卿謂制禮以爲養，使耳目口鼻百體之須必皆有待於禮，則禮者欲而已矣。且顔子簞食瓢飲陋巷，不改其樂也，孔子亟稱之，故獨許以復禮。今爲費以求多於禮，筋骸通塞，紛紛乎豢養於外物之不暇，而安所復哉？然則養者，禮之文也，非禮之實也。

荀卿議論之要有三，曰解蔽、正名、性惡而已。其言諸子莫不有蔽，而不蔽之理莫如知道而治心。故曰「虚一而靜，謂之大清明，萬物莫形而不見，莫見而不論，莫論而失位，坐於室而見四海，處於今而論久遠，疏觀萬物而知其情，參稽治亂而通其度」。至於參日月，滿八極，謂之大人，而無有蔽之者也。雖然，難矣。蓋諸子之學，何嘗不曰知道而治心，使之虚靜而清明以形天下萬物之理，而自謂不能蔽也。荀卿以己之所明而號人以蔽，人安得而受之？舜言「人心惟危，道心惟微」，不止於治心。箕子「思曰睿」，不在心。古

【九】「鍾鼓」至「養耳也」原脱，據黄本、《荀子・禮論》補。

【一〇】越席牀第　「越席」原脱，據黄本及《荀子・禮論》補。

之聖賢無獨指心者，至孟子始有盡心知性，心官賤耳目之説。然則辯士素隱之流固多論心，而孟、荀爲甚焉。孔子曰：「學而時習之，不亦説乎！有朋自遠方來，不亦樂乎！人不知而不愠，不亦君子乎！」夫學常進則得其養，同於人則不偏於己，重於己則不尤於人，捨是吾未見其不蔽也。

「後王之成名，刑名從商，爵名從周，文名從禮，散名之加於萬物，則從諸夏之成俗曲期。」荀子之言如此，其於名可以爲精矣。雖然，古人正事而不正名，名與天地並，未有知其所由來者。以《書》、《詩》所稱，則何必後王？捨前而取後，是名因人而廢興也。孔子謂衛之政當先正名，是時父子不正而人道失序，則孔子所欲正者，亦其事而已。名不正故事亂，名正則事從矣。戰國群談聚議，妄爲無類之言，彼固自知其不可，而姑爲戲以玩一世。其貴人公子亦以戲聽之，然於事不爲之損益也。荀卿不知其不足辯，而辯之終身不置。是時去六國滅亡無幾，焚經籍，殺儒生，事既壞而名亦喪，荀卿無以救之，則與十二子者同歸於盡爾，哀哉！

孟子性善，荀卿性惡，皆切物理【一一】，皆關世教，未易重輕也。夫知其善則固損夫惡矣；知其爲惡，則固進夫善矣。然而知其爲惡而後進夫善以至於聖人，故能起僞以化性，使之終於爲善而不爲惡，則是聖人者，其性亦未嘗善歟？伊尹曰：「茲乃不義，習與性成」。孔子曰：「性相近也，習相遠也，惟上智與下愚不移。」嗚呼！古人固不以善惡

【一一】皆切物理　「切」原作「竊」，據文淵閣本、黄本改。

論性也，而所以至於聖人者，則必有道矣。

荀卿於陋儒專門立見識，隆禮而貶《詩》、《書》，爲入道之害，又專辨析諸子，無體道之弘心，皆略具前章。按後世言道統相承，自孔氏門人至孟、荀而止，孔氏未嘗以辭明道，内之所安則爲仁，外之所明則爲學，學則《六經》也，門人之志於《六經》者少。至於内外不得而異稱者，於道其庶幾矣。子思之流始以辭明道，《中庸》未必專子思作，其徒所共言也。辭之所之，道亦之焉；非其辭也，則道不可以明。孟子不止於辭而辯勝矣。荀卿本起稷下，凡有所言，皆欲挫辯士之鋒，破滑稽之的，其指決割，其言奮呼，怒目裂眦，極口切齒，先王大道，至此散薄，無復淳完。或者反謂其才高力强，易於有行。然誅少正卯，戮俳優無怪乎陋儒以是爲孔子之極功也。學者苟知辭辯之未足以盡道，而能推見孔氏之學以上接聖賢之統，散可復完，薄可復淳矣。不然，循而下之，無所終極，斷港絶潢，爭於波靡，於道何有哉【一二】！

【一二】「口切齒」至「何有哉」百餘字原錯在他條，據黄本、敬鄉本移正於此。

## 揚子太玄

《太玄》雖名幽深，然既稱枝葉扶疏，獨説十餘萬言，侯芭又受其辭，則是雄所以作之意，固嘗曉然號於人，使皆可識，不爲甚難明也。至宋衷、陸績、范望乃皆創立注釋，若昔未嘗聞知者。如首名以節氣起止，贊義以五行勝尅，最爲此書要會。不知自雄及芭親相傳授已如此耶？或舊語果零落，而衷、績等方以意自爲參測也？以位當卦，以卦當日，出於漢人。若夫節候晷刻，推其五行所寄，而吉凶禍福生之至玄而益詳，蓋農工小人所教以避就趨捨者。雄爲孔氏之學，其書經緯大道，奈何俛首效之？且未有求其小而能得其大也，惜乎其未講矣【一三】！

《連山》、《歸藏》雄時固應有完書，然《左氏》已不道，《八索》、《左氏》所記，孔安國亦言之，則漢世猶存也。安國又言：孔子贊《易》道以黜《八索》，則《八索》義當與孔氏絶異。所謂《十翼》者，獨《彖》、《象》爲孔子之文，其他或先或後皆非也，然皆自附於孔氏。司馬遷固不能辨，而劉向父子與雄尤篤信之。及班固取《七略》以志《藝文》，百世之後雖有豪傑特出之士，心不能思，智不能慮，滁膠以漆，妄爲清明，而孔氏之學榛棘蔽路矣。嗟夫！雄雖誤後世，而自誤亦豈少哉！古人有作無述，孔氏有述無作，《彖》、《象》，述也，非作也。雄不能知，以爲《彖》、《象》者，作而已，故既首之，復自贊之，又自測之，述作雜而紀法亂，自誤一也。言一而已，有精者無粗也，有深者無淺也，《十翼》非一人之言也，淺深精粗宜其不同。雄既以爲皆孔氏之書矣，故或衝或錯，或攡或瑩，一書而異其言者十數，自誤二也。《易》之始，有義而已，義立而後數從之，今之所謂數者，非《易》之初也，雄見其已成，而謂爲《易》者必先數而後義，故研精殫智於歷，而後《玄》始成，不知數既立，則義豈復有哉！自誤三也。

【一三】「經緯」至「未講矣」二十八字原錯在他條，據黃本、敬鄉本移正於此。

《十翼》言大衍分而爲二以象兩，掛一以象三，至可與酬酢佑神，蓋贊筮占有此功用，雖以卑淺，然乃筮人所爲，不言《易》當自爲也。雄不悟，遂爲假《太玄》自著揲法。近世司馬氏擬《玄》爲《虚》，專以五行起數，而亦先以揲法示人，其詞義乃類連珠，比《玄》尤狹劣矣。按《易》之始，其義有陽而未有陰，其物有天而未有地。及其陽而陰之，初虚取諸風，中虚取諸火，終虚取諸澤。陰而陽之，初實取諸雷，雷有形。中實取諸水，終實取諸山。畫起於一，物莫先於天，故象天，天尊，陽也。二也則象地，地卑，陰也。及自陽爲陰，自陰爲陽，始有虚實之辨。取物以配義，義立而物隱。《連山》、《歸藏》既不存，不知其爲義爲物。今《易》卦及《彖》、《象》皆不以物而以義，蓋其簡直易知如此。《十翼》所謂帝出於震，齊於巽，相見於離，天地定位，山澤通氣，雷風相薄，其詞前後差重蔓衍，皆説《易》者爲之，非《易》之書本然也。況於五行、四時、二十四節，癸甲而計之，晷刻而察之【一四】，又遠在《十翼》之下數十等，安得爲義理所歸哉【一五】！

## 揚子法言

因雄論「吾子少而好賦」，見自屈原，堯、舜、三代之文始變。數百年間惟章句經生不能工，而通人俊士未有不由此者。至雄方知以上更有事，故謂「孔氏之門用賦，賈誼升堂，相如入室，如其不用何？」其語甚大，乃雄回轉關捩處，懷襄浩浩，障止東趨，所以於

【一四】晷刻而察之　此句原脱，據文淵閣本、黄本補。

【一五】「詞前」至「所歸哉」五十三字原錯在他條，據黄本、敬鄉本移正於此。

道有功也。如董仲舒、蕭望之、夏侯勝非不專守經術，然力微勢弱，不過僅自立而已。蘇氏謂：《離騷》、《六經》之變者，雖與日月爭光可也。又言賈誼見孔子，升堂有餘，不當以賦貶之。雄正以屈原變《六經》而誼未免於用賦，致大道分裂不合，豈蘇氏猶未知雄意耶？

事辭稱則經。按雄所見史，襞積故實，又組繪浮語，使事辭偏重，故《法言》、《太玄》欲離此二過，辭必稱事，事必稱辭，雖然，淺矣。自有文字以來，聖人迭起，唐、虞、夏、商間，觀其百年數世之遠，纔袛垂數十簡，若以爲道，則固有非言語所能載。若以爲事，則何止勝辭而已。至周乃稍詳於前，不獨文、武、成、康變故殷煩，周、召經營之勞未必倍於伊、傅，時近故耳。孔子當壞亂之後，惜其無所統紀，又將隨事滅散，是以由唐沿周，極力收補【一六】，雖魯人區區記録，以其猶有繫於當世大義，亦復爲之討論。而《左氏》又偏採諸國，旁加翼贊。然則孔子之業已成，譬如權衡度量不可有二，雖更有孔子，其書亦不得爲經也，而況《太玄》、《法言》乎？

多聞則守之以約，多見則守之以卓；寡聞則無約也，寡見則無卓也。按孟子稱「博學而詳説之，將以反説約」；又言「曾子守約」。荀卿多言博約，顔淵既竭吾才，如有所立卓爾。雄酌於顔、孟，故定約卓之論也。義理隨世講習而爲準的，誠無後先，然必質於孔子而後不失其正。按孔子「博學於文，約之以禮，亦可以弗畔矣夫」。顔淵自言「博我

【一六】收補　「收」原作「扶」，據文淵閣本、黄本改。

以文，約我以禮」，則所謂博而約者，禮也。子曰「惜乎吾見其進也，未見其止也」；又曰「譬如爲山，未成一簣，止吾止也；譬如平地，雖覆一簣，進吾往也」。古人自修不惰，以山明之，故曰「爲山九仞，功虧一簣」。而顔子自言「欲罷不能，既竭吾才，如有所立卓爾」。則所謂卓者，進而不止也。今於多聞多見中欲守以約卓，而不知約爲何實，卓爲何形，意擇而妄執，則前言滿胸而固吝不除，往事溢目而驕肆逾長，是誤其所由之途而趨於愚闇爾。子曰：「賜，汝以予爲多學而識之者歟？」子貢曰：「然，非歟？」曰：「非也，予一以貫之。」一以爲學，古聖人未之及也，而獨見於孔子。曾子徒唯而子貢疑之。孟子自以爲無所不悟，然漸失孔子之意，故博學實而反約爲虛。雖至雄析見爲卓，而失之愈甚矣。夫苟得其一【一七】，無精粗，無本末，終身由之，安有約卓之異？不然則見聞無據而立説以爲主，未見其能至道也。

或問道，曰：「道也者，通也，無不通也」。或曰：「可以適他歟？」曰：「適堯、舜、文王者爲正道，非堯、舜、文王者爲他道，君子正而不他」。或問道，曰：「道若塗若川，車航混混，不捨晝夜」。或曰：「焉得直道而由諸」？曰：「塗雖曲而通諸夏則由諸，川雖曲而通諸海則由諸」。或曰：「事雖曲而通諸聖則由諸乎？古之言道也，以道爲止；後之言道也，以道爲始。以道爲止者，周公、孔子也；以道爲始者，子思、孟軻也。至雄則又失其所以始而以無不通爲道。夫行者以不得乎道也，故陷於迷；學者以不得乎道也，

【一七】苟得　「苟」原作「茍」，據文淵閣本、黄本改。

故趨於謬。是則道者限也，非有不通而非無不通也。道一而已，無正也，無他也，自行而言，車航混混，不捨晝夜，雖不得其道猶至也。自學而言，車航混混，不捨晝夜，苟不得其道皆迷也。奈何併諸子百家之紛紛舉以爲道，而姑教其惟堯、舜、文王之適？彼不知其所以適，雖堯、舜、文王而不知道，猶是也。徐行先長者，曹交烏得而爲？性善稱堯、舜，滕世子何取於信？以其始之易於言也，是以誤後世之無所始也。」至韓愈則又曰：「道有君子，有小人，德有凶有吉。豈惟無所始，幾於攘臂而詬矣？己則然，而曰吾闢異説以明夫道也，可乎？蓋周公、孔子之道，而學者喜爲異以離之，其初在毫忽，而其流有越南燕北之遠矣。」

或曰經可損益歟？曰：《易》始八卦而文王六十四，其益可知也。按伏羲民始畫八卦，造書契以代結繩之政，孔安國言之，則漢儒相傳固如此，不知何所授也。豈《周官》晚出，雄猶未通習，或雖通習猶未信據而然耶？雄因此遂以經爲可益，故作《太玄》、《法言》矣。

盛哉成湯丕承也！文王淵懿也！或問丕承，曰：由小致大，不亦丕乎！革夏以天，不亦承乎！淵懿，曰：重《易》六爻，不亦淵乎！浸以光大，不亦懿乎！此語全勿交涉，與湯「執中立賢無方」，文王「視民如傷，望道而未之見」，相去遠矣。

雄謂：遐言周於天地，贊於神明，幽弘擴廣，絶乎邇言。故曰：吾寡見人好遐者也。

邇文之視，邇言之聽，遐則偭焉，意皆爲《太玄》發也。孟子曰：「言近而指遠者善言也，守約而施博者善道也，君子之言也，不下帶而道存焉。」觀孟子之言，雄不待辨而知其非矣。然以言爲學，孔子没後事，在時固無之。

仲尼以來國君將相卿士名臣，仲尼之後，迄於漢道，德行顔、閔，股肱蕭、曹，爰及名將。兩篇皆詳看。統紀之學，論述今古，孔氏之後，《春秋》絶書，修其業者司馬遷、劉向、揚雄、班固而已。董仲舒局狹，孔安國拘淺，鄭玄浮肆，李膺、郭太之流言議殆不存，無以考見也。若鄭子真、莊君平、李仲元則固賴雄而傳矣。蘇氏稱子胥、種、蠡皆人傑，而揚雄曲士也。余嘗論孔子言「後進於禮樂，君子也」，而子胥、種、蠡皆無禮樂而得爲君子，此蘇氏所謂人傑歟？蓋自春秋而管仲始賢，孔子稍抑損之，晚至戰國，則子胥、種、蠡既顯於世，獨董仲舒言越無一人，而雄亦莫之與也。若文字由屈、宋變流，荆軻、聶政，人以爲壯烈者，雄皆論正，於大義有補矣。

論聖人固多變，子游、子夏得其書未得其所以書；宰我、子貢得其言未得其所以言；顔淵、閔子騫得其行未得其所以行。其於言孔子固甚淺，欲大而反小之，然猶未失際畔也。至謂聖人自恣者歟？何其言之多端也？曰：子未覩禹之行水歟？一東一北，行之無礙也，君子之行獨無礙乎，如何直往也？水避礙則通於海，君子避礙則通於理。按孔子之言皆在，未有多端而避礙者，不知雄何所指也。夫初使難知，已而易識，先設疑論，後乃誠言，始爲限礙，終也通達，此文人辨士玩弄筆舌之病也。春秋以前諸書猶不若是，有問則答，有藴則陳而已。至戰國、秦、漢，然後爭爲放恣，如雄所云。而雄雖振拔於常流，卒違眩於故習。且人有礙而我通之，未嘗自礙而又自通也，孔子之《論語》是也。雄之《太玄》自礙而又自通者也。理有海而學至之，未嘗自爲海而又自爲水也。孔子之贊《易》是也，雄之《太玄》自爲海而又自爲水者也。

雄稱周公以來未有漢公之懿也，勤勞則過於阿衡，漢興二百一十載而中天，其庶矣乎！辟雝以本之，學校以教之，禮樂以容之，輿服以表之，復其井刑，免人役，唐矣夫！詳此，《法言》之成在莽未篡以前，篡後爲《劇秦》、《美新》，亦言「和鸞肆夏，黼黻衮冕，欽修百祀，明堂雍臺，復五爵，度三壤，經井田，免人役，方《甫刑》，匡馬法」。與《法言》不異，則雄雖巽而不諂明矣。又按司馬相如而下，歌頌之文遂爲故實，文士無能免者。故雖易世，而班固謂：相如《封禪》，靡而不典，揚雄《美新》，典而無實，皆遊揚後世，垂爲舊式。則是當時議論相承，未有以爲不當作者。夫孔父、仇牧死，晏嬰不死；龔勝死，揚雄不死。古人各賢其賢，不以相厲也。而千載之後，方追數雄罪，爲漢舉法，惜哉！

# 卷四十五

## 管子

《管子》非一人之筆，亦非一時之書，莫知誰所爲。以其言毛嫱、西施、吴王好劍推之，當是春秋末年【一】。又「持滿定傾，不爲人客」等語，亦種、蠡所遵用也。其時固有師傳，而漢初學者講習尤著。賈誼、晁錯以爲經本，故司馬遷謂：讀管氏書，詳哉其言之也。篇目次第最爲整比，乃漢世行書。至成、哀間，向、歆論定群籍，古文大盛，學者雖疑信未明【二】，而管氏、申、韓由此稍絀矣。然自昔相承，直云此是齊桓、管仲相與謀議唯諾之辭。余每惜晉人集諸葛亮事而今不存，使管子施設果傳於世，士之淺心既不能至周、孔之津涯，隨其才分亦足與立，則管仲所親嘗經紀者，豈不足爲之標指哉！惟夫山林處士妄意窺測，借以自名，王術始變，而後世信之轉相疏剔，幽蹊曲徑，遂與道絶。而此書方爲申、韓之先驅，鞅、斯之初覺，民罹其禍而不蒙其福也，哀哉！

《牧民》、《形勢》、《權修》、《立政》、《乘馬》、《七法》、《版法》、《幼官》謂之《經言》。習管氏者敬守其語，按以從事，然亦多凡下鄙俚。如「政之初興，在順民心；政之所廢，

**校勘記**

【一】當是春秋末年　「是」原作「時」，據文淵閣本、黄本改。

【二】疑信未明　「未」原脱，據文淵閣本、黄本補。

在逆民心」。「能佚樂之，則民爲之憂勞；能富貴之，則民爲之貧賤；能存安之，則民爲之危墜；能生育之，則民爲之死亡」。「不爲不可成，不求不可得，不處不可久，不行不可復」。「言而不可復者，君不言也；行而不可再者，君不行也」。「取於民有度，用之有止，國雖小必安；取於民無度，用之不止，國雖大必危」。「天下者，國之本也；國者，鄉之本也；鄉者，家之本也；家者，人之本也；人者，身之本也；身者，治之本也」。「國之所以治亂者三，殺戮刑罰，不足用也；國之所以安危者四，城郭險阻，不足守也；國之所以貧富者五，輕稅租薄，賦斂不足恃也」。以上語猶爲就實而不夸，近民而可從。又如「國有四維，四維不張，國乃滅亡」。「下令如流水之源者，令順民心也」。「言室滿室，言堂滿堂，是謂聖王」。「一年之計，莫如樹穀；十年之計，莫如樹木；終身之計，莫如樹人」等語。自漢以來人尤稱頌，賈誼所謂：管子而少知治體，豈可不爲之寒心！司馬遷所謂：論卑而易行者也。蓋先王之澤竭，師友學尚不復繼，士以私智窺測，自立言議而被以管子之名，徒衆多，傳授廣，於時孔、孟、子思之論未行，學士諸生以是書爲教者，視《六經》無有也。余嘗疑曹參蓋用公言，治道貴清淨，既以相齊，又以相漢，至武帝初猶定爲國是。而此書偶因誼短世【三】，錯殺死，不極其用心。然諸子之學析爲道德、法令、術數、刑名，往往末異而本同，學者不能擇，則雖以堯、舜、湯、武之文，而卒歸於黃、老、申、韓之實者，皆是也。

【三】此書偶因　「因」原脱，據文淵閣本、黄本補。

分國爲五鄉，野爲五屬，當時諸侯制度，下於天子固宜。《小匡》乃言管仲「制國爲二十一鄉，商工六，士農十五」，縱横參亂，尤不近理，蓋非一人之筆。其言「正月朔太史布憲，五鄉五屬，大夫皆受而致之」，略如《周官》所記，然始有留令罪死之論矣。處士無故創奇語，後人遂倚以爲口實，甚害事也。「方設居方，別生分類」，比閭什伍，紀敘其民，乃自古有國之常，雖春秋、戰國亂世亦不廢，本非治亂存亡所係也。學者因管子所言，張皇矜衒，作一大事。王安石謂「梟居鴈聚，散而之四方數千年」。至言「察奸而顯諸仁，宿兵而藏諸用」。及夷狄猝起，禽犇獸遁，何嘗有一毫之益！後知無怠無荒，聖賢至戒，書生賸談，泛濫非實。

《九敗》言：寢兵之説勝，則險阻不守；兼愛之説勝，則士卒不戰。按古無寢兵之説，管仲雖能合諸侯稱伯，正以兵勝耳，寢兵在盟宋後也。兼愛先王正道，然因寢兵而兼愛，則佚墮以偷生，此兩語正切當世之病。上以寢兵兼愛文其卑弱，故險阻不守，士卒不戰，而敗亡之形常在目前矣。

治人如治水潦，養人如養六畜，用人如用草木。數術家立語如此，失倫類甚矣。記禮者云：大爲之坊，民猶逾之。若上以禮義爲民坊，謹而勿慢，如以治水潦之道治之猶可也。人之養六畜，未有不時其饑飽，爲之圈牢，求所以利之，而民之飲食居處，上則奪之以自利，是不如六畜也。人之用草木，未有不順其已成，隨其所宜，以遂其材，而民則斬刈不顧，喜近怒遠，進親退疏，以枉闕之，是不如草木也。然則失倫類之言，而志猶在於治，雖通倫達類而不足以治或反以害之衆矣，不知其病安在也。

「凡布國之重器莫重於令，令重則君尊，君尊則國安；令輕則君卑，君卑則國危。故安國在乎尊君，尊君在乎行令」。「明君察於治民之本，莫要於令，故曰虧令者死，益令者死，不行令者死，留令者死，不從令者死，五者死而無赦，惟令是視」。按《管子》無慮十餘萬言，而獨此數十語後人道説不置。夫論治一本而已，不可有二也，爲《管子》者，既稱「下令於流水之源」，取其順民之心而易行於其先矣，安得壓之以威，懼之以死，雖逆民心而不恤於其後哉！而道説之者，既以其言順民心者爲是，而不以其言逆民心者爲非，顧言之不置愈甚，又何哉？孔子曰：「其身正，不令而行；其身不正，雖令不從」。是數術家以令爲令，而孔子以不令爲令也。又曰：「人之言曰『予無樂乎爲君，惟其言而莫予違也』。如其善而莫之違也，不亦善乎？如不善而莫之違也，不幾乎一言而喪邦乎？」是數術家以言而不違爲興國，而孔子以言而不違爲亡國也。古人之於命令也，「先甲三日，後甲三日」，「先庚三日，後庚三日」。夫上之所欲未必是，逆而行之不可也；民之所欲未必是，順而行之不可也。非順非逆【四】，禮必可行而行之者也。先之以開其所知也，後之以熟其所信也，申重諄悉，終於無不知也，斯行矣。命令之設所以爲民，非爲君也，焉有未能生之而已殺之者乎？數術家闇於先王之大意，私其國以自與，以爲是命令者特爲

【四】非順　「非」原作「罪」，據文淵閣本、黄本改。

我而發，民所未諭而操制之術先焉，故始於欲尊君而行令，而其甚也無所不用矣。孔子贊《易》，以《巽》爲隨風，而其用曰「君子以申命行事」【五】，君子者，通上下之言也。以《姤》爲天下有風，而其用曰「后以施命誥四方【六】」，后者，獨一人之言也。夫通上下與獨一人，然皆非《巽》莫行焉。且數術家苟恣胸臆而不稽之先王，不足罪矣。後之爲學既一於堯、舜、周、孔，然不思以《易》、《論語》之言出令，而皆欲以《管子》之言出令，是數術、刑名常爲主，而申、商、韓非之禍無時可息也，悲夫！

「凡赦者，小利而大害者也，故久而不勝其禍；毋赦者，小害而大利者也，故久而不勝其福。故赦者，犇馬之委轡；毋赦者，痤雎之藥石也」。又曰：「文有三侑，武毋一赦，惠者多赦，先易後難，法者先難後易」。「惠者，民之仇讎；法者，民之父母」。當時論不可赦如此，豈如司馬遷所記陶朱公子之類，或者君臣之間固售其私，因以惠姦長惡耶？古人制法，未嘗不與赦並行，故雷雨作解，君子以赦過宥罪，而魯肆大眚，史無貶辭，此有國舊典，通上下常文，非所以爲成敗禍福之要也。然處士以意窺測，發語偏陂，遂與帝王之道離絶。後學因之，蔽固相承。劉備至謂：周旋陳元方、鄭康成間，言治道多矣，未嘗及赦。蓋漢以後復爲戰國數百年，此等見識不爲無助也。

「堂上遠於百里，堂下遠於千里，君門遠於萬里。」豈必天下與國？雖一家一身，其患皆然矣。古之聖賢所以昭明大德，蕩滌疑阻，《周官》一書，通達、壅塞之理居半，凡欲

【五】君子以申命　「以」原脱，據敬鄉本及《易・巽》補。

【六】后以施命　「以」原脱，據《易・姤》補。

去此患也。如數術家所言，猜慮積於心，忿忮形於色，左右前後無非蔽欺，鉤鉅設而告密用，群情惴惴，莫敢自安，是適以來？讒賊而長詐僞，速禍亂之成也，尚何以救之？故後世有以一切不知爲大度，無所復問爲寬仁，而反獲興其國者矣。

所以爲管子者，在三《匡》二卷，雜亂重復，敘齊襄公被弒，魯桓公見殺，皆與《左氏》不異。然此書所有者，《左氏》無不有【七】，而複重雜亂者，《國語》盡削除以就簡。明此書之出在《左氏》後，《國語》之成在此書後也。其記管仲，自謂小白必得國，召忽稱管仲爲生臣，朝之爭禄相刺者不絶。魯莊抽劍揕齊桓，皆浮傳妄説，而欲以此類預知人家國事，可乎？如《左氏》但云：「君使民慢，亂將作矣，奉公子小白出犇莒。亂作，管夷吾、召忽奉公子糾來奔。」又曰：「子糾親也，請君討之；管、召讎也，請受而甘心焉。」又曰：「管夷吾治於高傒，使相可也，從之。」如是，非無他書，不必詳載亦可矣。揚雄謂太史遷曰實録，然豈必盡紀當時事而後爲實哉！使當時諸侯不去其籍，又不經焚書而遷盡見，則將有不可勝録者，雄蓋未知也。

「今夫人患勞而上使不時，人患饑而重斂焉，人患死而急刑焉，如此而又近有色而遠有德，雖鴻鵠之有翼，濟大水之有舟楫也，其將若君何？」則未知其爲管仲之言歟？或設言之歟？雖設言之也，亦近之矣。故孔子曰：「節用而愛人，使民以時。」治國無異道也，能以治不能以教，則霸者之偏劣異於王術也。

【七】無不有　「不」原脱，據黄本、敬鄉本補。

「耳目者，視聽之官也。心而無與乎視聽之事，則官得守其分。夫心有欲者，物過而目不見，聲至而耳不聞也。故曰上離其道，下失其事。故曰心術者，無爲而制竅也。」按孟子稱耳目之官不思而蔽於物，心之官則思。余論之已詳。然則以心爲官而使耳目不得用，與以心爲官而使視聽盡其用，二義不同而皆足以至道，學者各行其所安可也。至言「專於意，一於心，耳目端，知遠之證，能專乎？能一乎？能無卜筮而知吉凶乎？能止乎？能已乎？能無問於人而自得之於己乎？故曰思之，思之不得，鬼神教之。非鬼神之力也，精氣之極也。」則執心既甚，形質塊然，視聽廢而不行，與前說大異。蓋辯士諸子之言心，其極未嘗不如此。而後學初不考驗，特喜其異而亟稱之，則爲心術之大害矣。《洪範》「思曰睿，睿作聖」，各守身之一職，與視聽同謂之聖者，以其經緯乎道德仁義之理，流通於事物變化之用，融暢淪浹，卷舒不窮而已。烏有守獨失類，超忽慌恍，狂通妄解，自矜鬼神，而曰此心術也哉！宜乎孔子謂季文子再斯可也。

《水地篇》以水諭道，以玉比德，儒者之學亦然，雖孔子未嘗不然也。「素者，五色之質；淡者，五味之中。」古之學必先見底，的是用工處，子夏言禮後乎？而孔子謂可與言《詩》。不然，則文義茫茫，如捕緝影象，失其實矣。此篇又言伏闇、龜、龍、涸澤、慶忌之類，放恣不已。夫純於義理而學者猶不能擇，況以怪妄厠雜其間乎？必並委棄之矣。

宋伐杞，狄伐邢、衛，桓公不救，裸體紉胸稱疾，召管仲曰：「寡人有千歲之食而無百歲之壽，今有疾病，姑樂乎？」管仲曰：「諾。」於是令之縣鐘磬之榱，陳歌舞竽瑟之樂，日殺數十牛者數旬。群臣諫。桓公又云：「彼非伐寡人之國也【八】，伐鄰國也，子無事焉。」宋已取杞，狄已拔邢、衛矣，桓公起行筍簴之間。公視管子曰：「樂夫仲父！」管子曰：古之言樂於鐘磬之間者不如此【九】，言脱於口，而令行於天下。遊鐘磬之間者而無四面兵革之憂。今君之事，臣之所謂哀，非樂也。桓公曰善。於是乃徹磬之鐘縣，起而封杞封邢封衛云云。兵革之會六，乘車之會三，反位以霸，修鍾磬而復樂。管子曰：此臣之所謂樂也。世所稱管仲相桓公事，大抵若此。按《左氏》：狄人伐邢，管敬仲言於齊侯曰：「戎狄豺狼，不可厭也；諸夏親暱，不可棄也。宴安酖毒，不可懷也。《詩》云：『豈不懷歸，畏此簡書。』簡書，同惡相卹之謂也。請救邢以從簡書。」邢人潰奔，師遷于夷儀，遂城夷儀，具器用而歸之，師無私焉。其遷衛也，衛國忘亡。然則管仲不當如《左氏》所言，以匡齊侯，而必縱其樂，乃激諫之，已事又復樂耶？余嘗疑《左氏》中管仲語，自降古人十數等，蓋「葛伯仇餉」、「朕哉自亳」、「有罪無罪，惟我在」不復見矣。然以侯伯救患，分災討罪，則稱《文王》之詩，正合理體，亦未可遽引湯、武責之也。今辨士之辭又降《左氏》數十等，世故日訛而王道淪失。學者之論又愈降，奈何使人君任法爲道？要始於管子，其説以爲佚樂馳騁宮中之懽皆無所禁圉，利身便形養壽命，垂拱而天下治，而堯及黄帝皆然。又謂《周書》爲國法，而人君者莫貴於勝。詳其大意，止是淺鄙無稽，不聞先王之常

【八】彼非　「彼」原作「被」，據文淵閣本、黄本改。

【九】間者不如此　「不如此」原脱，據《管子·霸形》補。

道，苟徇胸臆之劣想，初無足言者，然遂成戰國、亡秦之禍。司馬遷父子【一〇】晚出，不能明見，反謂陰陽、儒、墨、名、法、道德皆務爲治，直言之異路，有省不省。波流將泯，又漲興之，既列家數，真僞雜行，爲後世害無有窮已，悲哉！悲哉！故舜謂「讒説殄行，震驚朕師」。觀春秋戰國議論之變繁多至此，唐、虞、夏、殷之間又不知其幾也。

桓公放春三月觀於野，公曰：何物可比於君子之德乎？隰朋對曰：夫粟，内甲以處，中有卷城，外有兵刃，未敢自恃，自命曰粟，此其可比於君子之德乎？管仲曰：苗，始其少也，眗眗乎何其孺子也；至其壯也，莊莊乎何其志也；至其成也，由由乎茲免，何其君子也。天下得之則安，不得則危，故命之曰禾。此其可比於君子之德矣。桓公曰：善。夫遊豫觀物，不盪耳目之娱，尊粟重禾以食爲本，類德象賢，出語必敬。《詩》曰：「曾孫來止，以其婦子，饁彼南畝，田畯至喜。攘其左右，嘗其止否。禾易長畝，終善且有。曾孫不怒，農夫克敏。」君臣之間果若此，可以無刺矣。

輕重之權惟上所制。人君操本，民不得操末；人君操始，民不得操卒。民重者君輕之，民輕者君重之。黄帝、堯、舜、禹、湯、文、武皆以珠玉、黄金、刀布爲上、中、下幣，而疾徐先後行於其間。蓋爲管氏書者變詐之説，百出不窮，其盛在於鹽鐵，其用著於寶龜，蓄泄廢居，豪奪商賈，至於決瓁、洛之水，沐途旁之樹；傾魯梁之綈，搜荆楚之鹿，戲亂誤論今雖存而不舉者衆矣。獨鹽筴爲後人所遵，言其利者無不祖管仲，使之蒙垢萬世，甚可恨

【一〇】司馬遷父子　「遷」原脱，據黄本、敬鄉本補。

也！按其書記食鹽之人，月爲錢三十，中歲之穀，糶不十錢，而月食穀四石。是糴穀市鹽與食穀之費略不甚遠，雖今之貴鹽不至若是，而管仲何以行之？又按《周官》鹽人掌鹽之政令，不載政令之由，詳其義，官自造鹽食用耳，不榷賣也。又按《左氏》晏子言：「魚鹽蜃蛤弗加於海。」海之鹽蜃，祈望守之。是時衰微苛斂，始有禁榷，陳氏因爲厚施，將以取齊，晏子憂之，因疾而諫。然則管仲所行，安得爲晏子所非乎？齊卒以此二，若管仲果行之而乃以此霸，又可信乎？孔子以小器卑管仲，責其大者可也。使其果猥瑣爲市人不肯爲之術，孔子亦不暇責矣。故《管子》之尤謬妄者，無甚於《輕重》諸篇。

# 卷四十六

## 孫子

按司馬遷稱《孫子》十三篇，兩言之。而班固志《藝文》乃言吴《孫子兵法》八十二篇，又《吴起》四十八篇，而今《吴起》六篇而已。又今《中庸》一篇，而《志》稱四十九篇。豈昔所謂篇者，特章次之比非今粹書也？然遷時已稱十三篇，而劉歆、班固在其後，反著八十二篇，以《火攻》、《用間》考之，疑《孫子》亦有未盡之書。然此爲文字多少，其不存者自不足論。遷載孫武齊人而用於吴，在闔廬時破楚入郢爲大將。按《左氏》無孫武，他書所有《左氏》不必盡有。然穎考叔、曹劌、燭之武、鱄設諸之流微賤，暴用事，《左氏》未嘗遺，而武功名章灼如此，乃更闕略。又同時伍員、宰嚭一一詮次，乃獨不及武耶？詳味《孫子》，與《管子》、《六韜》、《越語》相出入，春秋末戰國初山林處士所爲，其言得用於吴者，其徒夸大之説也。自周之盛至春秋，凡將兵者必與聞國政，未有特將於外者，六國時此制始改。吴雖蠻夷，而孫武爲大將，乃不爲命卿，而《左氏》無傳焉，可乎？故凡謂穰苴、孫武者？皆辨士妄相標指，非事實。其言闔閭試以婦人，尤爲奇險不足信。且武自詭婦人可勒兵，然用百八十人爲二隊，是何陣法？且既教婦人而愛姬爲隊長，則軍吏不可參用男子，隊長當斬，其誰任之？倉猝展轉，武將自敗之不暇。然謬誤流傳，但謂穰苴既斬寵臣而孫武又戮愛姬也，不知真所謂知兵者何用此。或問：子不與斬愛姬，於事何所損益？天下有道，征伐自上出，而行陣部伍皆有定法以教天下。天下無道，匹夫賤人以意言兵，行陣部伍無復常經【二】，其流及上，而爲國者願聽命焉，禍結數千年，不可救止。此豈小故，而謂無所損益耶？

「兵者詭道也，故能而示之不能，用而示之不用，近而示之遠，遠而示之近，利而誘之，亂而取之，實而備之，强而避之，怒而撓之，卑而驕之，佚而勞之，親而離之，攻其無備，出其不意。」按子罕言：天生五材，民並用之，廢一不可，誰能去兵？兵者，所以威不軌而昭文德也。聖人以興，亂人以廢。其論突兀怪偉，無有典常，然猶是兵內事。今詭道二字於兵外立義，遂爲千古不刊之説。自司馬子魚以來不得已而一用之者，以類採集，自爲一家，變異翕忽，猶若鬼神，而古人之言兵者盡廢矣。亂而取，實而備，强而避，卑而驕，禹、湯、文王之兵也，正道也，非詭道也。孫子不學不能知，所知者詭而已。

「兵聞拙速，未覩巧久」，最爲論後世用兵要處。然巧者能久，拙者不能速，古人久速，此書未深考也。《書》稱武王「一戎衣」而「天下大定」，此非巧拙久速所能預。高宗伐鬼方，周公誅管、蔡之黨，齊桓、楚莊圖霸皆最久，後世諸葛亮雖無功，亦能久暴師而不

【二】行陣部伍　「部」原脱，據文淵閣本、黄本補。

困。夫行師有節，駐兵有制，於敵不厭，於我不勤，雖久可也。若輕行斂反，亟肄多方，譬如寇盗，有同夷狄，雖速，奚貴哉！

「智將務食於敵，食敵一鍾，當吾二十鍾，萁稈一石，當吾二十石。」按轅濤塗欲齊桓觀兵東夷，循海而歸，申侯反之，使出陳、鄭之間，供其資糧扉屨，而齊執濤塗。城濮之勝，晉入楚師，三日穀。邲之敗，楚亦穀晉三日，皆爲大慶。雖春秋用兵劣於前世，然未有指敵以爲食者。至於後世剽劫掠奪，無所不有，而此書以爲智將，則赤眉、黄巾紛紛起矣。

自周衰，諸侯强凌弱，大並小，春秋時無歲無之，圍、入、滅、取，至立爲凡例，而此書有全國破國、全軍破軍、攻城十圍五攻之論，又謂不戰而屈人兵，當以全爭於天下，初看似徑省，然豈伐謀伐交所能致？必如禹、湯而後不戰全爭者可言也。

極論縻軍引勝，又謂將能而君不御。春秋時固無中御之患，戰國始有而未甚也，秦、漢以後其語遂爲砭石。蓋此書亦非能見微者，本於窺測而勢轉激耳。

「先爲不可勝以待敵之可勝」；「能爲不可勝，不能使敵之必可勝」；「不可勝者守也，可勝者攻也，守則不足，攻則有餘」；「善守者藏於九地之下，善攻者動於九天之上」；「善戰者之勝也，無智名，無勇功」。其論彼己勝敗之際，至爲懇切，蓋止欲不敗，而未嘗敢求必勝也。而後之欲必勝者，皆於此書索之，其它不足道，而曹操、李靖爲最詳，則余所不能知也。

「戰勢不過奇正」，專爲將兵者言之可也，若爲國則有正無奇也。

「能知戰地，能知戰日，則可千里而會戰。不知戰地，不知戰日，則左不能救右，右不能救左，前不能救後，後不能救前，而況遠者數十里，近者數里乎？」凡戰，以聲相臨，以勢相加，決知戰地戰日，雖湯、武之師不敢以此自任，如是則有守而已。此書盡用兵之害，而與守與不戰持之最堅，學者亦未之詳也。

「兵非貴益多，唯無武進，足以並力料敵取人而已。夫惟無慮而易敵者，必擒於人。」此篇所記行軍候敵情僞數十條，而卒係之以此數語，蓋喜謀者多躁，有慮者易驕，智士之通患也。

「故戰道必勝，主曰無戰，必戰可也；戰道不勝，主曰必戰，無戰可也」。夫可以必勝而輕失之者，世固多有；不可以勝而輕犯之者，世固多有。不然，安得成敗存亡之易置也？此何獨爲兵言之？故曰：「進不求名，退不避罪，惟民是保而利於主，國之寶也。」又曰：「知兵者動而不迷，舉而不窮。」嗚呼！何獨兵也。

「投之無所往，諸、劌之勇也。」明此書不與闔廬、伍員同時。

「善用兵者譬如率然，率然者，常山之蛇也，攻其首則尾至，攻其尾則首至，攻其中則首尾俱至。敢問：可使如率然乎？曰：可。夫吴人與越人相惡也，當其同舟而濟【二】，遇風，其相救也如左右手。」又曰：「善用兵者，攜手若使一人，不得已也」【三】。古人謂

【二】同舟而濟　「而濟」原作「濟而」，據黄本及《孫子兵法·九地》乙正。

【三】不得已也　「也」原脱，據黄本及《孫子兵法·九地》補。

「善治者能使天下如一家,中國如一人」。又曰:「出入相友,守望相助,疾病相扶持,則百姓親睦」。然則善用兵者,人人知其勇怯,事事同其憂患,死生利害不相背離,所以首尾相救,如使一人非謂陣法奇正,同舟遇風,不得已而然也。如必曰投之死地然後生,陷之亡地然後存,是真死亡,豈復有生存之理哉!

火攻淺事,以此爲書,則不勝書,何止十三篇也。下文「戰勝攻取而不修其功者凶,命曰費留」,不與上篇連屬,戰國説士所謂養由基可教射之類也。

「故明君賢將所以動而勝人,成功出於衆者,先知也」。凡孫子所言,皆先知之事,而謂「先知者不可取於鬼神,不可象於事,不可驗於度,必取於人,知敵之情者」,而歸之於用間。則此書之綱領不過於用間而已。然謂「明君賢將以上智爲間者,必成大功」,蓋其妄意之過。若近事秦檜挾虜重以執國權,則可謂彼能用間矣。

司馬遷謂世所稱師旅多道《孫子》十三篇。始管子、申、韓之學行於戰國、秦、漢,而是書獨爲言兵之宗。及董仲舒、劉向修明孔子,其説皆已黜,而是書猶傑然尊奉逮今,又將傳之至於無窮,此文武所以卒爲二塗也。悲夫甚哉!揚雄不喜孫、吴而曰「不有司馬法乎」?嗚呼!不知雄所指何司馬也。

## 吴子

「强國之君必料其民。民有膽勇氣力者，聚爲一卒；樂以進戰效力顯其忠勇者，聚爲一卒；能逾高超遠輕足善走者，聚爲一卒；王臣失位而欲見功於上者，聚爲一卒；棄城去守欲除其罪者，聚爲一卒。此五者軍之練鋭也。有此三千人，内出可以决圍，外入可以屠城矣。」屠城、决圍非是。

「使地輕馬，馬輕車，車輕人，人輕戰。明知險易，則地輕馬；芻秣以時，則馬輕車；高錋有餘，則車輕人；鋒鋭甲堅，則人輕戰。」「用兵之法，教戒爲先。一人學戰，教成十人；十人學戰，教成百人；百人學戰，教成千人；千人學戰，教成萬人；萬人學戰，教成三軍。以近待遠，以佚待勞，以飽待饑。圓而方之，坐而起之，行而止之，左而右之，前而後之，分而合之，結而解之。每變皆習，乃授其兵，是謂將事。」按孫子言將事太深遠，不若此之切近。

吴子曰：「凡兵有四機：一曰氣機；二曰地機；三曰事機；四曰力機。三軍之衆，百萬之師，張設輕重，在於一人，是謂氣機；路狹道險，名山大塞，十夫所守，千夫不過，是謂地機；善行間諜，輕兵往來，分散其衆，使其君臣相怨，上下相咎，是謂事機；車堅管轄，舟利櫓楫，士習戰陳，馬閑馳逐，是謂力機。知此四者，乃可爲將。」按《孫子》

《軍形》、《兵勢》、《虛實》、《軍爭》、《九變》諸篇微妙入神。然起此語簡直明白，無智愚高下皆可用，用而必驗，則過之矣。

## 司馬法

「古者以人爲本以義治之之謂正，正不獲意則權，權出於戰，不出於中人。」「正不獲意則權」不成語。又言「有虞氏不賞不罰而民可用，至德也；夏賞而不罰，至教也；殷罰而不賞，至威也；周以賞罰，德衰也」。尤不成語。其它大抵類此。司馬遷謂：「司馬兵法閎廓深遠，雖三代征伐未能竟其意」，即此法耶？抑別有所指也？穰苴事，余固言其非。儒生、學士藉名於兵，漫漶弛靡無歸宿。夫非知德者不足以知兵，而遷之所云閎廓深遠纔若此，悲夫！

## 六韜

古人盛際，堯舉舜，舜薦禹、皋陶，湯用伊尹，高宗夢傅說，《書》皆詳紀。而文王遇太公望事乃闕略可恨，《詩》但言「維師尚父，時維鷹揚，諒彼武王，肆伐大商，會朝清明」而已。觀《左氏》載賜履一節，蓋太公初進，文王尚爲諸侯，及佐武滅商，遂屏輔於外，故其功不及周、召之大也。然世俗流傳，而兵家竊借以爲書，若今《六韜》者，後世承謬，謂其君臣遇合之間，陰譎狹陋至此，則何以「對越在天」而「上帝臨汝」乎？

自《龍韜》以後四十三篇，條畫變故，預設方禦，皆爲兵者所當講習。《孫子》之論至深不可測，而此四十三篇繁悉備舉，似爲孫子義疏也。其書避正殿，乃戰國後事，固當後於《孫子》。論將有十過，近於五危。戰車十死，戰騎九敗，與《行軍》、《九地》相出入。其《勵軍》言禮將、力將、止欲將【四】，「練士各聚卒，教戰成三軍」，又本於吴起。然則孫、吴固兵家所師用。至莊周亦稱九徵，則真以爲太公所言矣。然周嫚侮爲方術者，而不悟《六韜》之僞，何也？蓋當時學術無統，諸子或妄相詆訾，或偶相崇尚，出於率爾，豈足據哉！

按軍用述三軍器用攻守之具，科品衆寡之法，甲士萬人，器械重厚，無所不有，計十萬人乃足，蓋非道路所能容。《左氏》邲之戰，但言「軍行、右轅、左追蓐，前茅慮無，中權，後勁，百官象物而動，軍政不戒而備」。城濮七百乘，韅、靷、鞅、靽而已。若群物盡行，起江越海，皆有其具，臨時倉猝，施用不及，乃自敗之道，然亦不可不知也。孫子謂「無輜重則亡，無糧食則亡，無委積則亡」。又曰「百里而爭利，則擒將軍；五十里而爭利，則蹶上將軍」。夫阻守其處，見利而不能爭，則何取於兵？而捨輜重糧委，徒手而搏者，又未有不覆軍殺將，則兵焉往而求勝？然則爲孫子之術者，必無戰而後可爾。

【四】止欲將　「將」原脱，據黄本及《六韜·勵軍》補。

## 三略

「使智使勇，使貪使愚。」世以爲口實。按《孫子》，「將有五危：必死可殺；必生可虜；忿速可侮；廉潔可辱；愛民可煩。凡此五者，將之過也，兵之災也，覆軍殺將，必以五危」。然則無智勇貪愚者，孫子之所用；而使智勇貪愚者，孫子之所禁也。智勇猶不可，而況貪愚乎！師必以功，無不可使，惟其勝而已。患在勝後自賤而貴，自卒而將，亡國弑君，未有不由此矣。

「軍井未達，將不言渴；軍幕未辨，將不言倦；軍竈未炊，將不言饑。冬不服裘，夏不操扇，雨不張蓋，是謂將禮」。按「將禮」二字，及下禮將、力將、止欲將，皆兵家自爲之義，於古無所稽據也。《周官》宗伯「以軍禮同邦國，大師之禮用衆也；大均之禮，恤衆也；大田之禮，簡衆也；大役之禮，任衆也；大封之禮，合衆也。」所貴於禮者，謂能有所別異，而軍禮獨言同。然則「將禮」二字亦不可謂不得古人之意矣。晉侯登有莘之墟以觀師，曰：「少長有禮，其可用也。」不知當時所言有禮者指何事。然後世及今，訛謬相傳，爲將者不言禮而皆言威，故子玉治兵，終朝而畢，鞭七人，貫三人耳。國老皆賀，而蔿賈以爲剛而無禮，不可以治民。其有能吊死哀傷，同士卒甘苦，則又以爲恩而不復言禮矣。夫禮者，將之本，威者將之末，恩者威之餘也。況後世及今，士卒習慣望其上者，惟威是必，無敢希恩，正爲賈所謂「靖於内而敗於外」，安能勝敵哉！

## 尉繚子

「今國被患者，以重寶出聘，以愛子出質，以地界出割，得天下助卒。名爲十萬，其實不過數萬爾。兵來者，無不謂其將曰：無謂天下先戰，其實不可得而戰也。」史稱吴起「要在强兵，破遊説之言縱横者」。天下既亂，各有一種常勢隨其所趨，無得自免。且三代諸侯既已吞並及六七，可謂至强，而縱横之説方出，而制其死命，如尉繚之流，所見與起略同。然孱王謬主終不能翻然改悔而相隨以亡。其後唐化爲節度，每徵諸道兵討賊，度支倍廪給，陰與賊約，所取不過一縣一鎮而止，唐亦竟以此消盡，不復能改圖。今世固自有常勢【五】，士已無得出之智，所恃者以前代成敗自考質，或能警省爾。然無所增長，而更以眩惑多矣。至於兵書，則腐陋不足採聽尤甚矣。

「凡兵不攻無過之城，不殺無罪之人。夫殺人之父兄，利人之貨財，臣妾人之子女，皆盗也。」尉繚子言兵，猶能立此論。《孫子》：得車十乘以上，賞其先得者而更其旌旗，車雜而乘之，卒善而養之，是謂勝敵而益强。區區乎計虜掠之多少，視尉繚此論，何其狹也！夫名爲禁暴除患，而未嘗不以盗賊自居者，天下皆是也，何論兵法乎！

【五】今世固　「世固」原作「固世」，據文淵閣本、黄本乙正。

## 太宗李靖問對

太宗欲取高麗，專委李靖，固能辨之，如論用正兵及諸葛亮、馬隆事，皆後世爲將者所當知也。然太宗欲以高麗爲己功，忌靖不用，迄無尺寸效，而疲弊天下。當是時，豈奇正之説所可了？方人主鋭意自將，而靖不能出一言救止，或有蹉跌必與之俱敗。蓋靖者，止知言爲將，而不知言爲國也。夫以將事隱國謀，誤後人甚矣。當削。

霍邑之戰，唐事幾敗而成，高祖由此始定霸業。所以言者矜夸其功，特假設奇正爲問耳。靖非不知，而難斥高祖，固亦回護爲答。而太宗猶恐靖不悟，重複詰難，蓋其自伐之心終不忘也。蔽吝若此，安足以決奇正之實論哉！故言：旗參差而不齊，鼓大小而不應，令喧囂而不一，真敗却，非奇也。則已明告之矣。且建成軍卻，只謂之敗，太宗救敗，僅而致勝，固無奇正相生之理。今以敗卻爲奇，亦恐誤後人也。

孫子言：三軍之衆可使必受敵而無敗者，奇正是也。凡戰者，以正合，以奇勝。善出奇者無窮如天地，不竭如江海，終而復始，日月是也。死而更生，四時是也。戰勢不過奇正，奇正之變不可勝窮也。奇正相生，如環之無端，孰能窮之哉？曹操修其術，有一術、二術先後旁繫，至太宗與靖問答益詳，自是奇正爲兵家大議論。按孫子所謂奇正者，一軍之内，教令素明，士卒服習，若使一人，臨敵制變，分合在己，不可預料。且山林處士所以自神其説，遂有天地、江海、日月、四時之論【六】，乃一將之任非有國者所當言也。從古兵法，有正無奇，神農、黄帝雜説紛紛，不足考信。所考信者惟舜、禹、湯、武。禹之於三苗，豈是不能以奇勝？然終於班師而不用。及其必用而不得已，則湯、武之於桀、紂，亦卒用之，桀、紂之衆豈是不能以奇拒敵？然終於滅亡而不振也。況諸侯萬數，各出奇險，大者並吞旁鄰，小者自守其國，正帝王所禁，而可以自爲之哉！故《易》稱「師出以律，否臧凶」。律者，正也；否而臧者，不以律爲正而以奇取勝也。《易》者，三代所傳，孔子所述之正文，非孫子處士自神之説也。誠使舜、禹、湯、文、武之道復明，「師出以律」，「貞，丈人吉」而天下服矣。不然，則孫武、曹操更奇迭正，圖別指授，列散卒聚，一將之術講於廟堂，幾敗忽成，小獲大喪，而無底止也，哀哉！

靖以「分合所出，惟孫武能之，吴起而下，莫可及焉」。其説謂「兩軍相向，使賤而勇者前擊，鋒始交而北，北而勿罰，觀敵進取，一坐一起，奔走不追，則敵有謀矣。若悉衆追北，行止縱横，此敵人不材，擊之勿疑。臣謂吴術多此類，非孫武所謂以正合也」。按起所言設術嘗寇，昔人所用，固與武相出入，餌兵勿入，佯北勿追。未知靖何以爲不如起。簡直勝負，欲其易見，而武蔽秘務爲不可窺測。若如後世之論，用兵不過於求勝，奚必自分高下於其間？況武之指在於必受敵而無敗。夫使其可以疾速而取勝，則焉取夫遲緩而無敗哉！

【六】四時之論　「論」原作「諭」，據文淵閣本、黄本改。

靖言「前代戰鬬多是以小術而勝無術，片善而勝無善，安足以論兵法？謝玄破苻堅，非謝玄之善，乃苻堅之不善」。以余觀之，靖爲堅用，則玄信不足以敵堅矣。然靖不及王猛，猛勸堅勿以晉爲圖，是猶知兵有不可用者，非戰勝攻取所能與也。若靖之志在於用兵而已，使其爲堅謀，負其詐力，急於混平，大衆乖離，一旦氷解，非智所及，淝水之敗依然固在，正如贊伐高麗之比，則雖有兵法，何所施哉！靖又言堅爲慕容垂所陷，尤不近理。王猛本以垂非久畜，多方疑間，不能奪堅謬計。而堅以十分天下八九之威，貪得怙勝，自致滅亡，垂安能陷之？靖徒知從太宗取群盜之易，遂以筭略爲準極，輕視豪雄。不知兵法以上更有多少節次，固不可以責靖也。

兵法何必自黄帝起，而世所傳《握奇文》者，兵家流借其名，李靖亦有不知乎【七】？丘井所以度地居民，豈爲兵制？謂「數起於五終於八」，皆在此。非也。周自上世遷岐，已有立國之法，謂太公始建，非也。戎車三百兩，虎賁三百人，言師盡行，謂立軍制，非也。六步七步，四伐五伐六伐七伐，誓衆貴速，且不窮兵。謂教戰法，非也。夫法所以用兵，而兵之成敗不專在法。若必以法爲勝，則蚩尤、桀、紂若林之旅，豈其皆無法哉！且項羽之於漢高祖，固嘗百勝一敗而亡，豈漢一日而有法哉【八】？靖雖通明練事，而兵家之習氣不除，恐如此而謀人之國家，亦儘有害。偶值唐之方興，故不見耳。至李勣則見之矣。

民與兵皆自伍法起，蓋自有生民以來如此，最爲大事，而靖輕言之，但云：臣酌其法，

【七】李靖亦有「李靖」原脱，據文淵閣本補。

【八】漢一日「漢一」原作「一漢」，據文淵閣本、黄本乙正。

自五人變爲二十五，二十五變爲七十五而已。而獨珍貴陣法，既以爲黄帝所制，又謂太公實繕其法，又謂齊人得其遺法，管仲復修之，又祖管子，言管仲分齊爲三，又爲諸葛亮八陣即握奇法，凡此皆山澤隱約以術自喜，夸妄相承，而後人信之。就如其言，則自黄帝、三代數千年，獨數人通悟陣法，餘皆寂寥零落。且天下之兵無日不鬭，而部伍卒乘將安所寄托乎？按《周官》司馬掌蒐、苗、獮、狩，其陳皆如戰之陳，其坐作進退疾徐疏數皆如戰之節，而《春秋》所記魯事皆具。以魯視之，他國何獨不然？然則醜家爲此，積而成鄉，五人爲伍，積而成軍，元帥居中，鄉大夫士各守部分，前戰後拒，險易分合，形勢自然，彼四頭、八尾、六花、八陣曾何區區執爲奥密哉？蓋當時上自王公，下至卒伍，皆明知之，不以爲異也。鄭魚麗，楚乘廣，晉毁車，雖臨時昧利，壞亂常制，終不能變大法，然後世反更以爲奇術。方戰國處士主議論，舊諸侯相次亡滅，秦亦繼之，豈惟《詩》、《書》、《禮》、《樂》淪没，而兵制亦大壞。盜賊亡命，化爲侯王，此古戰陣法所以蕩盡，而黄帝《握奇》遂爲秘文也。然前人未嘗學《周官》虚聲崇周，自不足怪。今之學者已學《周官》，奈何視爲外物，相與別畫陣法無休時？學既無所統一，而殫思竭慮，有害無益，是可嘆矣！

靖言漢戍蕃落，教習各爲一法，及其用之，則蕃而示之漢，漢而示之蕃。而太宗以爲奇正相生，正合朕意。昔秦、晉遷陸渾之戎，晉以姜戎敗秦，天下横潰，遂爲戰國。先王以華治夷，不以夷雜華，故有中國、夷狄之別。萊人以兵劫魯侯，孔子正義責齊，而汶陽之田以歸者，明華夷之機也。太宗幸能威制夷狄，然其君臣之謀，不過兼蕃、漢而用之。後百餘年，安、史反噬，西自流沙，北至朔、易，堯、舜舊地皆陷爲夷狄，至今不可復振。嗚呼！安得以孔子之道舉而措之乎！

太宗舉諸葛亮言，有制之兵，無能之將，不可敗也；無制之兵，有能之將，不可勝也。余每恨亮集今不存，無以考信其所行。蓋自戰國以來，能教其人而後用者，惟亮一人，固非韓信敺市人用之比【九】，所以其國不勞，其兵不困，雖敗而可戰，雖勝而可持。夫教者豈八陣、六花之謂？此特其色別耳，撫循安集，上下相顧，使皆曉然，旅泊不悲，死亡不痛，猶在其家室也。然則如敺群羊，敺而往，敺而來，莫知所之，孫子之術，靖與太宗所講，正亮之棄也。雖然，亮亦止於春秋、戰國之將耳。

「亟肄以疲之，多方以誤之，彼出則歸，彼歸則出，楚必道弊，闔廬從之，楚於是始病」，此戰國相傾之術也。太宗以天下之大，乃謂千章萬句不出乎「多方以誤之」一句。孔子曰：「智及之，仁不能守之，雖得之，必失之。」智非誤也，智得而仁不能守，猶且失之，況以誤得而又以誤守耶？此太宗與靖所未講也。

靖言：「王尋、王邑不曉兵法，徒夸兵衆，所以自敗」【一〇】。按王莽用事者，嚴尤最曉兵法，昆陽之戰尤爲謀主，既敗，乘輕騎踐死人而逃。嗟夫！莽之亡至此晚矣，何論兵法乎？

【九】之比　「比」原作「此」，據黃本改。

【一〇】不曉兵法徒夸兵衆所以自敗　此句原作「不曉兵徒夸衆所以自敗兵法」，據文淵閣本、黃本乙正。

太宗言：李勣非朕控御則不可用，它日太子治若何用之？靖言：爲陛下計，莫若黜勣，令太子復用之，則必感恩圖報，於理何損？太宗曰：善，朕無疑矣。太宗雖盡用一世豪英，而其心量狹薄如此，與漢武畫周公負成王以賜霍光，不太相遠乎！且固無父黜而子用，以此爲顧命者。然則房、杜、王、魏之流號爲遇時，而儒生譊譊稱誦不已，蓋可悲矣。

靖言：兵法分爲三等，一曰道，至微至深，《易》所謂聰明睿智，神武而不殺。又言：張良、范蠡、孫武脱然高引，不知所在，非知道安能爾？尤泛濫無實。兵之所謂道者【一二】，以義治不義，誅暴亂，禁淫慝，若《周官》司馬九伐之法是也。然益謂「惟德動天」，若兵之治人，深者不可以動天矣。又言：「滿招損，謙受益，時乃天道。」夫以兵加人而制其死命，滿孰甚焉！故知德者不以兵，而知兵者安能自托於道？雖太公、閎、散未敢當也，而况范蠡、孫武之流哉！

案諸子書，惟《莊》、《列》、《文中子》不及論述。先生嘗答之宏書云：《記言序目》，孫卿後僅有四卷，如《莊》、《列》諸書，能熟商量，莫知所以命筆，只得且放過。因思向前有多少聰明豪傑之士，向渠蘁甕裏淹殺，可憐！可憐！以此，且欲將《文鑑》結尾作了當去。然亦非盡此歲不能成也。又云：《莊》、《列》、《文中子》向本欲先下手，爲其當條理處太多，不勝筆墨，頗若煩碎。合爲一論，則又貫穿未易，至今不

【一二】所謂道者　「道者」原作「者道」，據文淵閣本、黄本乙正。

果【一二】。如《文中子》説經史，前代儒者所未有，説理雖不背馳【一三】，而模揭形似，無卓特見識，此爲大病。至於房、魏禮樂，其家子弟從舊傳習聞者，或信或疑，然要是淺者，未足論也。

【一二】至今不果　「不」原脱，據文淵閣本、黄本補。

【一三】雖不背馳　「雖」原作「能」，據文淵閣本、黄本改。

校勘記

# 卷四十七

## 吕氏文鑑

吕祖謙，字伯恭，公著五世孫，中進士第，又中博學宏詞，與張栻、朱熹同時，學者宗之，仕至著作郎，卒年四十五。初，孝宗命知臨安府趙磻老詮校本朝文海，磻老辭不能，遂以命祖謙。因盡取渡江前衆作，備加蒐擇，成百五十卷，蓋自古類書未有善於此。按上世以道爲治，而文出於其中。戰國至秦道統放滅，自無可論。後世可論惟漢、唐，然既不知以道爲治，當時見於文者往往訛雜乖戾，各恣私情，極其所到，便爲雄長，類次者復不能歸一，以爲文正當爾。華妄實，巧傷正，蕩流不反，於義理愈害而治道愈遠矣。此書刊落浩穰，百存一二，苟其義無所考，雖甚文不録；或於事有所該，雖稍質不能廢。鉅家鴻筆，以浮淺受黜；稀名短句，以幽遠見收。合而論之，大抵欲約一代治體歸之於道，而不以區區虚文爲主。余以舊所聞於吕氏，又推言之，學者可以覽焉。然則謂莊周、相如爲文章宗者，司馬遷、韓愈之過也。

禮部尚書周必大承詔爲序，稱建隆、雍熙之間，其文伟；咸平、景德之際，其文博；

天聖、明道之辭古；熙寧、元祐之辭達。按吕氏所次二千餘篇，天聖、明道以前，作者不能十一，其工拙可驗矣。文字之興，萌芽於柳開、穆修，而歐陽修最有力，曾鞏、王安石、蘇洵父子繼之，始大振。故蘇氏謂：雖天聖、景祐，斯文終有愧於古。此論世所共知，不可改，安得均年析號各擅其美乎？及王氏用事，以周、孔自比，掩絶前作。程氏兄弟發明道學【一】，從者十八九，文字遂復淪壞。則所謂熙寧、元祐其辭達，亦豈的論哉！且人主之職，以道出治，形而爲文，堯、舜、禹、湯是也。若所好者文，由文合道，則必深明統紀，洞見本末，使淺知狹好無所行於其間，然後能有助於治，乃侍從之臣相與論思之力也。而此序無一詞不諂，尚何望其開廣德意哉！蓋此書以序而晦，不以序而顯，學者宜審觀也。

賦雖詩人以來有之，而司馬相如始爲廣體，撼動一世，司馬遷至爲備録其文，駭所無也。揚雄喜而效焉，晚則悔之矣。然自班固以後不惟文浸不及，而義味亦俱盡。然後世猶繼作不已，其虚夸妄説，蓋可鄙厭，故韓愈、歐、王、蘇氏皆絶不爲。今所謂《皇畿》、《汴都》、《感山》、《南都》之類，非於其文有所取，直以一代之制，一方之事，不可不知而已。《皇畿》以事實勝，而《汴都》惟盛稱熙、豐興作，遂持被賞識。昔梁孝王、漢武、宣每有所爲，輒令臣下述賦，戲弄文墨，直俳優之雄，而歷代文士相與沿襲不恥，是可歎也。自與虜通和，太行皆爲禁山，坐失地利，故此賦感之。然謂以皇祐之版書較景德之圖録，雖增田三十四萬餘頃，返減賦七十一萬餘斛，以爲不用先王之法致然，則非也。夫墾闢衆則利在

【一】發明道學　「學」原脱，據文淵閣本、黄本補。

下，蠲放多則恩在上，何害爲王政，而必欲如宇文融乎？　蓋近世之論無不然矣。《五鳳樓賦》，是時大梁宫室始與西京比，而梁周翰歷陳前代亡國之君淫於土木者爲戒，何止諷也！　蓋顯刺必出於明時，無若丹朱傲，信其爲舜、禹之盛矣。

世多言太祖嘗議都洛陽以省冗兵，恨後世不能用。本據《王禹偁遺事》，其載李符、李懷忠之諫，或當有之。至謂：太祖答晉王，欲循周漢故事以安天下。又謂：不及百年民力必殫。則其家子孫以當時所見聞增益之，非本語也。冗兵自在真宗、仁宗世，太祖時兵何嘗冗，而預憂其後乎？　自唐裂藩鎮養兵，民力固已殫，而士大夫不能知，就有能知者亦不能改。安得謂本朝百年後民力始殫爲太祖語？　且五代時鹽酒末利皆輒殺人，民命尚不可保，何止殫民力乎！　秦、漢及唐雖都關中，何嘗不以兵强天下？　隋、唐府衛，民半爲兵，而人主歲猶就食東都，何止冗兵爲費哉！　歷代帝王不常厥居，汴無不可都之理。蓋自得太原，即乘勢伐幽州，算畫無素，一時倉猝，幾不自保，國勢由此而弱。契丹侵陵，河北破壞，始堅守和好，而兵因以日增，乃謀國者之謬，非謂必恃兵以爲固也。使太祖臨御久，其所以處此，要自有道。《遺事》所記，失其實矣。

《籍田》、《大蒐》、《大酺》不常有，賦頌所以記也。《明堂》未之有，所以兆也。凡此類以事觀可也。張詠《聲賦》，詞近指遠，宏達朗暢，異乎《鳴蟬》、《秋聲》之爲，蓋古今奇作，文人不能進也。

晏殊《中園》、葉清臣《松江秋泛》自謂得窮達奢儉之中，今亦以此録之。然上無補袞拯溺之公義，下無隱居放言之逸想，則所謂中者，特居處飲食之泰而已，不足道也。

狄遵度《石室》、《鑿二江賦》發明文翁、李冰有功於蜀，其言：民未得所欲，事或有不利，先世所未暇除去，聖人所未及裁制。皆吾人之所事，有感於斯言也。

聞之吕氏，「讀王深父文字，使人長一格」。《事君》、《責難》、《愛人》、《抱關》諸賦可以熟玩。自王安石、王回始有幽遠遺俗之思，異於他文人。而回不志於利，能充其言，殆非安石所能及。然若少假不死，及安石之用，未知與曾鞏、常秩何如，士之出處固難言也。

周氏《拙賦》爲今世講學之要。按《書》稱「作僞心勞日拙」，古人不貴拙也。「大巧若拙」，「巧者勞而智者憂，無能者無所求」，老莊之學然爾。蓋削世俗纖浮靡薄之巧而歸之於正，則不以拙言也。以拙易巧而不能運道，則拙有時而僞矣，學者所當思也。

初，歐陽氏以文起，從之者雖衆，而尹洙、李覯、王令諸人，各自名家。其後王氏尤衆，而文學大壞矣。獨黄庭堅、秦觀、張耒、晁補之始終蘇氏，陳師道出於曾而客於蘇，蘇氏極力援此數人者，以爲可及古人，世或未能盡信。然聚群作而驗之，自歐、曾、王、蘇外非無文人，而其卓然可以名家者，不過此數人而已。邢居實蚤夭，沈括、劉跂之流終不近也。

黄庭堅言：屈宋之後自鑄偉辭。此語當考。

《天下爲一家賦》吕大鈞作，大鈞兄弟從張氏學【二】，而大防爲相，程氏與司馬氏善，

【二】吕大鈞作大鈞　「作大鈞」原脱，據文淵閣本、黄本補。

當時在要地者多程氏之門，故元祐之政亦有自來。此賦與《西銘》相出入，然其言：「昔既有離則今必有合，彼既可廢則我亦可舉」，謂井田封建當復也。若存古道，自可如此論；若實欲爲治，當更審詳。

漢以經義造士，唐以詞賦取人，方其假物喻理，聲諧字協，巧者趨之，經義之樸，闒筆而不能措。王安石深惡之，以爲市井小人皆可以得之也。然及其廢賦而用經，流弊至今，斷題析字，破碎大道，反甚於賦。故今日之經義，即昔日之賦，而今日之賦，皆遲鈍拙澁，不能爲經義者然後爲之。蓋不以德而以言，無向而能獲也。諸律賦皆場屋之伎，於理道材品非有所關。惟王曾、范仲淹有以自見，故當時相傳有「得我之小者散而爲草木，得我之大者聚而爲山川」。如云「區別妍媸【三】，願爲軒鑑，儻使削平禍亂，請就干將」之句。而歐、蘇二賦非舉場所作。蓋欲知昔時格律寬暇，人各以意爲之，不拘礙也。

「有物混成，先天地生」，老氏之言道如此。按自古聖人中天地而立，因天地而教，道可言，未有於天地之先而言道者，有司不考詳，以邪説取士，士亦以邪説應之。既以此得，遂以爲是。豈惟不以德而以言，又並其言失之矣。

按吕氏有《家塾讀詩記》、《麗澤集詩》行於世，本朝詩與今篇目不同無幾，乃其素所詮次云爾。孟子言「王者之迹熄而《詩》亡，《詩》亡然後《春秋》作」。《春秋》作不作，不係《詩》存亡，此論非是。然孔子時人已不能作詩，其後别爲逐臣憂憤之詞，其體變壞，蓋

【三】妍媸　「媸」原作「嗤」，據文淵閣本、黄本改。

王道行而後王迹著，王政廢而後王迹熄【四】，詩之廢興非小故也。自是詩絶不繼數百年。漢中世文字興，人稍爲歌詩，既失舊製，始以意爲五七言【五】，與古詩指趣音節異，而出於人心者實同。然後世儒者以古詩爲王道之盛，而漢、魏以來乃文人浮靡之作也。棄而不論，諱而不講，至或禁使勿習。上既不能涵濡道德，發舒心術之所存，與古詩庶幾，下復不能抑揚文義，鋪寫物象之所有，爲近詩繩準塊然樸拙，而謂聖賢之教如是而止，此學者之大患也【六】。吕氏自古樂府至本朝詩人，存其情性之正、哀樂之中者，上接古詩，差不甚異，可與學者共由，而從之尚少，故略爲明其大槩如此。

後世詩，《文選》集詩通爲一家，陶潛、杜甫、李白、韋應物、韓愈、歐陽修、王安石、蘇軾各自爲家，唐詩通爲一家，黄庭堅及江西詩通爲一家。人或自謂知古詩，而不能知後世詩，或自謂知後世詩，而不能知古詩，及其皆知，而辭之所至皆不類，則皆非也。韓愈稱皐、夔、伊、周、孔子之鳴【七】，其卒歸之於詩，詩之道固大矣！雖以聖賢當之未爲失，然遂謂魏、晉以來無善鳴者，其聲清以浮，其節數以急，其辭淫以哀，其志弛以肆，其爲言亂雜而無章。則尊古而陋今太過。而又以孟郊、張籍當之，則尤非也。如郊寒苦孤特，自鳴其私，刻深刺骨【八】，何足以繼古人之統？又況於無本者乎！愈欲以絶識高一世，而不自知其無識至此，重可歎爾。

張衡《四愁》雖在蘇、李後，得古人意則過之。建安至晉高遠，宋、齊麗密【九】，梁、陳

【四】而後　「後」原脱，據文淵閣本、黄本補。

【五】爲五七言　「言」原作「然」，據文淵閣本、黄本改。

【六】此學者之大患　「學」下脱「者」，「之」下脱「大」，據文淵閣本、黄本補。

【七】孔子之鳴　「之鳴」原作「鳴之」，據文淵閣本、黄本乙正。

【八】刻深刺骨　「刺」原作「次」，據文淵閣本、黄本改。

【九】麗密　「密」原脱，據文淵閣本、黄本補。

稍放靡，大抵辭意終未盡。唐變爲近體，雖白居易、元稹以多爲能，觀其論敘【一〇】，亦未失詩意，而韓愈盡廢之，至有亂雜蟬噪之譏。此語未經昔人評量，或以爲是，而叫呼怒罵之態，濫溢不可禦，所以後世詩去古益遠，雖如愈所謂亂雜蟬噪者尚不能到，况欲求風雅之萬一乎？孟郊謂「詩骨聳東野，詩濤洶退之」。而愈亦自謂「還當三千秋，更起鳴相酬」。嗚呼！以豪氣言詩，憑陵古今，與孔子之論何異指哉！

四言自韋孟、司馬遷、相如、班固、束晳、陶潛、韓愈、柳宗元、尹洙、梅堯臣、歐陽修、王安石、蘇軾工拙略可見。余嘗怪五言而上，往往世人極其材之所至，而四言雖文詞巨伯輒不能工，何也？按古詩作者，無不以一物立義，物之所在道則在焉，物有止，道無止也，非知道者不能該物，非知物者不能至道。道雖廣大，理備事足，而終歸之於物，不使散流，此聖賢經世之業，非習爲文詞者所能知也。《詩》既亡，孔子與弟子講習其義，能明之而已，不敢言作。雖如遊、夏、子思、孟子之流皆不敢言作詩也。後世操筆研思，存其體可也。而韓愈便自謂古人復生未肯多讓，或者不知量乎！

李至《桃花犬歌》史官書事無大於此犬者乎？

月石硯屏，余頃見之長溪陳氏，云其舊物，莫知是非，然何足道。喜其似而强名之，又爲之窮搜異説以爲愽，君子之學所宜慎也。

王禹偁《高錫》詩言：「文自咸通後，流蕩不復雅，因仍歷五代，秉筆多艷冶。高公在

【一〇】觀其論敘　「其」原作「自」，據文淵閣本、黄本改。

紫微，濫觴誘學者，自此遂彬彬，不蕩亦不雅。」此文章小氣數，只論用世者，柳開、穆修至歐陽氏以不用世之文，欲捩回機括，雖不能獨勝，然後世學者要爲有用力處。夫可以自勉而安於自棄，時文誤之爾。

韓氏晝錦堂自爲詩，而歐陽氏爲記，未知與蘇季子、朱買臣所較幾何，而謂伊、周事業可幾而及！《崧高》、《韓奕》備敘文物之美，使誠得其道，孔子不以爲過。不然則沐猴而冠，顧影惕息，韓生之譏終在，未可以言邦家之光也。

歐陽氏《讀書》：正經首唐、虞，僞説起秦、漢，篇章與句讀，解詁及箋傳，是非自相攻，去取在勇斷。初如兩軍交，乘勝方酣戰，當其旗鼓催，不覺人馬汗。至哉天下樂，終日在几案。以經爲正而不汩於章讀箋詁，此歐陽氏讀書法也。然其間節目甚多，蓋未易言，以其學考之，雖能信經，而失事理之實者不少矣。且箋傳雜亂，無所不有，必待戰勝而後得，則迫切而無味，强勉而非貞，几案之間，徒見其勞而未見其樂也。几案之樂，當默識先覺，迎刃自解，如日月朗耀，雲陰解駁。安在鬭是非、決勝負哉！

《東州逸黨》言西晉阮籍、王衍等事，余固辨之。司馬懿父子殺夏侯玄、嵇康，遂篡曹氏，天地陰陽爲之顛倒者數百年。使孔子在，何止臨河而返！太初憤逸黨可也，柰何以罪籍、衍乎？

劉敞言多古意，與王安石同，安石爲世所信而敞不能者，敞據科目爲官職故也。蘇軾少年時便謂其奮臂取兩制，不十餘年非有汗馬之勞，米鹽之能，大意略可見。堯、舜、文王不作，士無必遇者，固多得於奔走困窮之餘爾。

《日出堂上飲》欲主人高礎爲去蟻之地，其自任重矣。然不知蚍蜉由己而生，蚍蜉猶惡其漸，而又尋斧焉。余嘗疑其文字言語之工未嘗在小人之列。呂氏云：「既爲小人之事，只是小人。」今人往往未知此。

王令、邢居實皆少而雄邁，有古人筋骨，略不相上下。然令逆爲憤嫉，不能容人，居實過自摧殘，不能自容。壽夭雖有命，其德之所近或有以取之也【一一】。令《採選詩》，韓愈遭駁議寖甚。愈年長矣，後生何可畏之甚也！然令謂：安知九列榮，顧是德所累。按孔子稱「以吾從大夫之後，不可以徒行」。又謂：「喜將閭巷好，特與妻子議」。「子疾病，子路使門人爲臣」。曾子曰：「季孫之賜也，我未之能易」。古人亦未至輕鄙富貴，顧其義何如爾。令一至之見，固未能盡道，謂之有志可矣。

蘇氏半字韻詩酬和最工，爲一時所慕，次韻自此盛於天下，失詩本意最多。夫以六義爲詩，猶不足言詩，况以韻爲詩乎？言「今年一線在，那復堪把玩，欲起强持酒，故交雲雨散」。無乃與川上之逝異觀，比於博塞爲歡娱粗勝耳。

《東坡七首》哀而不傷，放而無怨，高於古今數等。秦、黄諸人欲至而不能，蓋其天之所資，至是而後信爾。

【一一】其德　「德」原作「得」，據文淵閣本、黄本改。

五七言律詩，按詩自曹、劉至二謝日趨於工，然猶未以聯屬校巧拙。靈運自誇「池塘生春草」，而無偶句亦不計也。及沈約、謝朓競爲浮聲切響，自言「靈均所未覩」，其後浸有聲病之拘，前高後下，左律右吕，匀致麗密，哀思宛轉，極於唐人而古詩廢矣。杜甫强作近體，以功力氣勢掩奪衆作，然當時爲律詩者不服，甚或絶口不道。至本朝初年，律詩大壞，王安石、黄庭堅欲兼用二體，擅其所長，然終不能庶幾唐人。蘇氏但謂七言之偉麗者，則失之尤甚，蓋不考源流所自來，姑因其已成者貌似求之耳。

王安石七言絶句，人皆以爲特工，此亦後人貌似之論爾。七言絶句，凡唐人所謂工者，今人皆不能到，惟杜甫功力氣勢之所掩奪，則不復在其繩墨中。若王氏則徒有纖弱而已。而今人絶句無不祖述王氏，則安能窺唐人之藩牆！ 況甫之所掩奪者，尚安得至乎？

「初分大道非常道，緫有先天未後天。」大道、常道，孔安國語； 先天、後天，《易》師傳之辭也。《三墳》今不傳，且不經孔氏，莫知其爲何道。而師傳先後天，乃義理之見於形容者，非有其實。然山人隱士輒以意附益，别爲先天之學。且天不以言命人，所謂卦畫爻象皆古聖智所自爲，寓之於物以濟世用，未知其於天道孰先孰後，而先後二字亦何係損益？ 山人隱士以此玩世自足則可矣，而儒者信之，遂有參用先後天之論。夫天地之道常與人接，顧恐人之所以法象者，不能相爲流通，至其差忒乖戾，則無以輔其不及，而天人交失矣。奈何捨實事而希影象，棄有用而爲無益？ 此與孟子所謂「毁瓦畫墁」何異？ 蓋學者之大患也。

邵雍詩以玩物爲道，非是。孔氏之門，惟曾晳直云「浴乎沂，風乎舞雩，詠而歸」，孔子與之。若言偃觀蠟，樊遲從遊，仲由揖觀射者，皆因物以講德，指意不在物也。此亦山人隱士所以自樂，而儒者信之，故有雲淡風輕、傍花隨柳之趣，其與穿花蛺蝶、點水蜻蜓何以較重輕【一二】，而謂道在此不在彼乎！

呂大臨《送劉户曹》「獨立孔門無一事，惟傳顏氏得心齋」。按顏氏立孔門，其傳具在「博我以文，約我以禮」，「欲罷不能，既竭吾才」。雖非杜預之癖，相如之俳，然非無事也。心齋，莊、列之寓言也，其言「若一志，無聽以耳而聽以心，無聽以心而聽以氣」，蓋寓言之無理者，非所以言顏子也。今初學者誦之，深入肺腑，不可抽吐，爲害最甚。

鮮于侁《九誦》亦爲當時所稱。《清廟》祀文蓋無以言其德。而侁祠堯、舜、周、孔，語絕鄙近，不知何故。

《通商茶法詔》，按是時富弼、韓琦爲相；《貢舉條制敕》，按是時范仲淹爲參政。本朝治道極盛之日也。余嘗考自慶曆、嘉祐以來，士之有志於當世者不少，顯用於時者亦衆，然不知天下事經隋、唐苟且變壞，古人治法遂不可復。如財賦則天寶之後以税養兵，如取士則開皇、貞觀已爲科舉，以韓、富極力，僅能使茶法通商；以范深思，僅能先試策論。而歐陽氏又謂「欲復《訓》、《誥》於三代之文」者，不過如此，是可悲已！古人治法，

【一二】何以較重輕　「較」原脱，據文淵閣本、黄本補。

從上相承，當其將變而知其不可變者，叔向與孔子而已。既變而以爲當復者，孟子而已。蕭、曹、邴、魏偶當治法未甚變壞之時，故其行事猶粗有可觀。使其已壞，則一等是收拾不來，韓、范、富亦不足深責也。歐陽氏言：「古者山澤之利與民共之。此謂鹽鐵金錫之類可也，若茶則民所自種，官直禁而奪之爾，何共之有！」至韓刺義勇爲兵，則不惟不知所以復而增益，其變壞又甚矣。

《賜陝西招討經略都部署司勑》寬放公用庫錢事【一三】，呂氏言：「國初宰相權重，臺諫侍從莫敢議，朝士不平，屢有攻擊，如盧多遜、雷德驤、翟馬周、趙昌言、王禹偁、宋湜、胡旦、李昌齡、范諷、孔道輔更勝迭負，然終不能損廟堂之勢。至范仲淹空一時所謂賢者而爭之，天下議論相因而起，朝庭不能主令，而勢始輕矣。雖賢否邪正不同，要爲以下攻上，爲名節地可也，而未知爲國家計也。然范、韓既以此取勝，及其自得用，臺諫侍從方襲其跡，朝庭每立一事，則是非鋒起，譁然不安。如滕宗諒、張亢因用公使錢過當，至爲置獄劾治，范始覺其非，以去就爭之。雖幸而獄不竟，而小人窺伺間隙，外則尹洙貸部將，內則蘇舜欽賣故紙，方紛紛交作，諸人之身幾不能自保。且元昊反，敗軍殺將，殫困天下，曾不知所以爲謀，乃以公使錢數十百萬持英豪長短而陷之死地耶？鄭子孔爲載書，大夫諸司門子弗順，將殺之，子產止之，又請爲之焚書。子孔曰：『爲書以定國，衆怒而焚之，是衆爲政也，國不亦難乎！』子產以爲衆怒難犯，專欲難成，迄焚而後定。然及子產自爲相，却

【一三】部署司勑　「勑」原脫，據《宋文鑒》卷三十二補。

不如此，直云「禮義不愆，何卹於人言」而已。蓋韓、范之所以攻人者，卒其所以受攻而無以處此，是以雖有志而無成也。至於歐陽，先爲諫官，後爲侍從，尤好立論，士之有言者，皆依以爲重，遂以成俗。及濮園議起，未知是非所在，而傾國之人反回戈向之，平日盛舉，一朝隳損，善人君子，無不化爲仇敵，至今不定。然則歐陽氏之所以攻人者，亦其所以受攻而不自知也。孔子曰：「天下有道，則政不在大夫；天下有道則庶人不議。」夫不以道而以言，其末流宜若是矣。

歐陽修《尊皇太后册》文：昔者明王之以孝治天下者，非家至而日見之矣，推所以行於己者爲天下率，盡所以奉其親者爲天下先，而四海靡然其承風矣。此人臣規諷人主之辭，非人子所以施於其親也。又言：深鑒漢家母后之失，訖不踐於外朝。此人臣推美母后之辭，亦非人子所以施於其親也。又言：歸政衝人，合於《易》之進退，不失其正之聖。且英宗本以荒迷得疾，不能聽斷，故暫請后，非后自欲之，此尤非人子所當言也。曹后還政，世多異說。然以神宗奉承之謹，終始待遇曹氏不少衰，則知宫闈固無間言，而外人妄傳耳。

# 卷四十八

## 文鑑

按孔安國稱《典》、《謨》、《訓》、《誥》、《誓》、《命》之文，《典》、《謨》且置，《訓》、《誥》、《誓》、《命》三代至今通用。三代時人主至公侯卿大夫皆得爲之，其文則必皆知道德之實而後著見於行事，乃出治之本，經國之要也。周衰，五六百年命令不復行於天下，雖齊、晉迭霸，文告亦不能施於諸侯。至秦擅事，貴人盡軍吏，而丞史賤官執文墨之權，於是所言非所用，所用非所言，而人主制詔、朝廷命令爲空文矣。兩《漢紀》摘舉一二，後世祖述，以爲不可及，其視《書》所稱，何啻涇渭之異流，朱紫之殊色也！蓋人主及公卿大夫不知道德，而丞史賤官徒耀文詞，虛實各行，體統分裂，乃爲治之大害，不知者但以古今不同爲解，是可歎已！然余嘗考次自秦、漢至唐及本朝景祐以前詞人，雖工拙特殊，而質實近情之意終猶未失。惟歐陽修欲驅詔令復古，始變舊體。王安石思出修上，未嘗直指正言，但取經史見語錯重組綴，有如自然，謂之典雅，而欲以此求合於三代之文，何其謬也【一】！自是後進相率效之，昔人所謂質實近情，如高皇帝側室之子，即位三十年，百姓

【一】何其謬　「謬」原作「繆」，據文淵閣本、黄本改。

怨氣滿腹，吾誰欺，欺天乎！指笑鋤剔，以爲拙陋，隱映旁出，自謂奇巧。至以「獻公之子九人，重耳尚在」，「歲星吴分，鬬士晉師」之類，盡爲警切矣。因吕氏載詔誥訓詞，略叙大指如此，蓋大道既廢，專爲虚詞，則今之號稱摸擬典雅以求配合復古者，固未必是。而昔之率然突出質實近情者，亦未必非。且盤誥皆君上與民庶家人父子之語，而韓愈反以爲佶屈聱牙，則安石之謬，又何怪也！

雍熙三年趙普《請班師疏》，此本朝大議論也。蓋太祖平一諸國，尚有太原未克，未暇及幽州。太宗既得太原，便欲乘勝取幽州，志既不就，時太平興國四年也，距今七年矣。普疏云：旬朔之間便涉秋序。當在六月中，而曹彬等以五月敗于岐溝，奏入適相先後，明年虜求報復河北、山東。取幽州豈有秘計？而浪戰亦安能有獲？必盡擇智勇廉仁者爲將，尺寸守之，虜來使不能得氣，去勿追逐，鬬虜而無鬬燕民，不計歲月，待其自潰，然後築長城，實塞下，則夷夏分而漢虜安矣。普既不足以知此，王旦、寇準迄變爲澶淵之和，韓琦、富弼一一承用。及國難梗棘，河東、河北盡委與之，未聞以爲非者，堯、舜、三代禮義之區，獨江淮而已，其誤皆出於普。然則所以江淮爲固，守國制虜之道，又未知其孰從。或曰：今姑憂不能守江淮，遠指幽燕何益？曰守淮堅而虜不可越，所以安江南也。用之山東、河南猶是也，用之河東、河北、關陝猶是也，用之燕薊猶是也【二】。取天下不可有異説也，守天下不可有異道也，舜、禹不能易也。

【二】燕薊　「燕」原脱，據文淵閣本、黄本補。

王禹偁言：聖朝享國四十餘年，邊鄙未甚寧，人民未甚泰，求利不已，設官太多，今陛下治之惟新，救之在速，此真宗初年也。「臣伏慮書生執言，此奏陛下以爲三年無改於父之道，可謂孝矣，此不知古今異制，家國殊塗者也。假如帝堯既殂，帝舜在位，堯時有八元未進，四凶未除，舜乃流放舉用，善惡兩分，未聞後之人曰堯不及于舜也，舜不孝于堯也。伏惟陛下遏老生之常談，奮英主之獨斷，則天下幸甚！」此設諭也。按哲宗初，司馬光將罷新法，其時真有三年無改之論，而光乃謂：宣仁后以母改子，非子改父。卒爲紹述之禍。禹偁語簡直不回護，光何不徑以爲據依，如魏相引賈誼、鼂錯者，豈鄙其樸率故耶？禹偁受知太宗，夫世有直道自有直氣，而爲真宗言此不疑，真宗亦未嘗以爲謗者，直道素明也。自慶曆後議論浮雜，直氣空多，直道已散，至治平、熙寧紛爭於言語之末，而直道蕩滅無餘矣。觀此兩節，風俗之變可以考見，今人欲景行前輩，須是於明道、景祐以前更接上去看，方得。

禹偁言：減冗兵，並冗吏，使山澤之饒稍流於下。按朱台符以京東運使應詔，亦言：陛下即位肆赦，臨朝聽政，覃恩而宥罪，施仁而及物，未嘗蠲免殘租，許行榷利，山海之貨悉歸於上，酒稅之饒不流于下，蓋不欲盡山澤之利而與民共。當時雖已無此事，而猶有此論也，其後則此論亦無矣。事之已往猶可追，論之不存深可畏。且使今日有欲言寬山澤之禁者，人不嬉笑而怒罵乎？至言太祖時東未得江、浙、漳、泉，南未得荆、湖、交、廣，朝廷財賦可謂未豐，然而擊河東，備北虜，國用亦足，兵威亦強，其義安在？所畜之兵鋭而不衆，所用之將專而不疑故也。自後盡取東南數國，又平河東，土地財賦可謂廣矣，而兵威不振，國用轉急，其義安在？所畜之兵冗而不盡鋭，所用之將衆而不自專故也。此事今日固不能行矣，而此論則至今猶在，尚可議也。且太祖精揀兵以嚴教習，專任將以責戰守，其謀不爲難知，其效不爲難繼，而卒無能髣髴其一二以行之者，何耶？若其論則固已腐朽熟爛，五尺童子皆能道之，而以陳於夸新喜奇者之前，雖不至於怒駡，而嬉笑者皆是矣。故余欲及此論之尚存，使明良忠智之士久於其任，悉力畢心，汰疲冗之兵，用廉恥之將，尺扞寸禦，敵人無敢逸越，以修太祖之烈，然後考尋已遠不存之論，散利薄徵，遺孔餘潤，民得資以衣食，不至於餓窮流徙而無告，以復前代之舊。則豈惟伸禹偁、台符之志而已哉！雖孔孟不過是也。

楊億《論靈州事宜》由今而觀，若曉邊事者。然拓跋思恭以來世有五州，中國不能問，則固已棄地久矣。太祖未暇討一，因而撫之使爲蔽扞，内郡獲安，亦時勢當然也。太宗既取其地，遂反，每戰輒敗，兵窮力屈。繼遷靈州孤外，旦夕淪没，正復棄之，已無及矣。億乃遠引漢武置朔方，公孫弘以爲不便，又以賈捐之棄珠厓爲比，又謂地不過數千里，爲堯、舜、三代之盛，而尤疏闊者，至言薊燕亦舉而棄之。自是主論之臣遂以棄地爲常，而蹙國避寇外無餘術矣。其言太祖用姚内斌、董遵誨守環、慶有功，亦與當時不合。太祖時李彝興父子尚爲外臣，故内斌等易於立效。今繼遷猖獗，清遠、靈武皆喪失，邊城沮氣，自保不暇，雖欲專任如内斌等，豈能遽收前人之功哉！《禹貢》「東漸于海，西被于流沙，朔南暨，聲教訖於四海」【三】。益之戒曰：「無怠無荒，四夷來王」。自古聖賢雖曰尚德而不務廣地，然亦未有以地不足而爲德之有餘者，况唐嘗以靈武復興矣。億不此之思，獨以公孫弘爲辭，然則見利害不盡，設策畫不精，泛濫綴緝，以空言誤後人，乃今世儒生學士大病也。

寇準《論澶淵事宜》，余舊聞長老重準力贊親征，且言其凡所規慮皆已先定，非一時偶然而爲者，即此疏也。自太宗世【四】，契丹寇邊，未嘗寧息，真宗甫終諒闇，虜已大入，親駕戎車，亟用祖宗之舊，而傅潛畏懦不戰，范廷召、康保裔敗死，張齊賢、向敏中、吕端、李沆、吕蒙正、畢士安不能爲謀。及王超、李福、王繼忠又敗，上議復出，群臣不敢唯諾。至是母子傾國來寇，其勢尤熾，天下震動，則陳堯叟、王欽若避地南遷之請紛紛出矣。寇準初相，倉猝奉上以行。當時相傳畢士安有「相公交取鶻崙官家」，高瓊有「此處好喚宰相吟兩首詩」之語，其爲策略可見矣。况此疏正是擘移兵馬，寇深則抽那大軍護駕爾，了無奇計，未知諸公何以夸艷如此。前代人主在鞍馬間者固多，然須必勝，不勝則危亡隨之。人主勇於自行，則固不論。若諸將不用命，而大臣將以天子之威壓之，則前傅潛，今王超，終皆不能效死，必求和而後免，辱無大者，而準猶可矜肆以爲功伐乎？嗚呼！舉

【三】訖于四海　四字原脱，據黄本、《尚書·禹貢》補。

【四】自太宗世　「世」原脱，據文淵閣本、黄本補。

大將者蕭何也，身督戰者裴度也，克合晉、楚之成者向戌也，皆昔事之已驗者也。君子之相其君，視其義與時如何耳，可戰則戰而馮道不敢必戰，當和則和而桑維翰不敢必和。又近事之當監者也。準既不能知人，又不能臨兵，至於委曲調護兩國之間，爲生靈請命，又不能也。而挾萬乘僥幸，然後以和爲功，則余所不敢聞也。

孫奭《論天書》。按此事王旦始終奉行。夫人臣導人主以誣天，而人主能自敬天地，此載籍異事也。旦之所行如此，而得爲本朝賢相，尤異事也。奭言：屈至尊以迎拜，歸祕殿以奉安，上自朝廷下及閭巷，靡不痛心疾首，反脣腹非，而無敢議者。蓋指當時之實也。恭惟真宗克自抑畏無媿古賢主，東封往反獨疏食，而輔臣皆不能望，其以伊、傅、周、召致君，難矣哉！

范仲淹《應詔十事》是趙綰、王臧、蕭望之、劉向以後一節次。蓋李固、陳蕃直以人命爭消長，而房、魏值其君自定經制，故不得爲節次也。余嘗疑儒者不得志於時，非特道之難行，蓋其間亦自有考論不審處。如十事中自精貢舉以下，其八皆國家所常行，人情所同願，縱有排沮，易於消復，非利害之要也。惟明黜陟，抑僥倖，最爲庸人重害，而仲淹先行之。古者官職不分，自無職外遷敘之法。唐初急於用人，自小官預大政，其後兵亂，假內職以重外權，流弊及於五代，官職各行，於是職外之官敘遷遞進。真宗推恩優幸，三歲一磨勘，彼以爲此人主命令也，固非斜封墨勑之比。而聖節任子，人所歆艷，一朝革去，愠忿自深。故此二事，既先行，鬪庸人重害之病，開邪諂讒間之門，此其所以排常行與同願者，皆不得而伸也。歐陽修云「聖賢相遭，萬世一遇」，而蘇洵以爲「當是之時，毛髮絲粟之材紛紛然而起，合而爲一，惜哉！惜哉！」仲淹但言石介作願爲怪，不知我爲其形，彼張其影，何足怪也！幸仁宗寬明，且善人之類已衆，故其遇禍不至如綰、臧、望之之酷，韓琦繼之於前，二事裁其太甚，而人亦不以爲過，蓋勢必以漸也。按歐陽修謂：仲淹老練世故，必知凡百難猛更張，故其所陳志在遠大而多若迂緩。然觀此二事，不可謂不猛矣。若仲淹先國家之常行，後庸人之重害，庶幾讒間不大作，而基本亦可立矣。故審於考論者，平居師友講習之急務，孔子所謂「如或知爾，則何以哉」？若好行小慧，則固無益也。

韓琦《論時事》謂：西北兩虜禍釁已成，可晝夜泣血，非直慟哭太息。其憂懼迫切如此，誠然矣。然所條七事，固國家所常行【五】，未有可以制敵也。若夫陰營洛邑以爲遊幸之所，則疏矣。使虜果向汴，而洛陽倉猝不得爲播遷乎？况奔潰之餘，何由可守？亦書生意貌之論耳。大抵約和既定，中外習安，自無奇策可設。其後王安石經理河北，亦不過欲爲先事之備，而琦又以爲不可行，特靜躁有不同耳。

富弼《辭樞密》、《論流民》、《辨邪正》三疏。又辨災異其人事，皆天數，文意大略類趙普而加諄複【六】。丁寧反覆如耳提而告人者。舊傳韓琦與弼議事未合，戲弼曰：「又絮耶？」弼愠曰：「絮是何言耶？」觀此三疏，真絮也。其言邪正和同、君子小人之際，學者皆以爲至

【五】固國家所常行　「固」原脱，據黄本補。

【六】加淳複　原作「如慈役」，據文淵閣本、黄本改。

論，蓋其主意端爲王安石爾。方神宗以首相命弼，弼審安石不可用，何不正言於上，决其去就，而設此影語？蓋神宗必欲有所改作，弼意不然，而安石助之。神宗去安石非難，而責弼以必更張者，弼之難也。按歐陽修言弼明敏而果鋭，此初執政時也，作相後則不然矣。弼初執政，更張之意過於范、韓，至作相，乃以一切堅守無所施爲爲是，雖如琦之微有改作，亦不能從也。古之賢相因憂患而益明，周公是也。弼因憂患益昏，而猶欲自以爲賢，非余所知也。

賈昌朝《論邊事》言：太祖得御將之道，及善用將帥，精於覘候，人所共知。言削方鎮兵權太甚之弊【七】，則人所不知。雖有知者，亦不敢言也。言訓營卒謂：令諸軍毋食肉衣帛，營門有鬻酒肴則逐去，士卒有服繒帛則笞責。自古用士得死力，未有不先使之温衣飽食者。如後世養兵，衣食不足，怨嗟憤懟，何以效命？恐此當别論也。昌朝作相當范、韓興廢之時，而朋黨傾壞，皆其力焉。至於事業，則未聞能踐此言，何也？

包拯《論宋庠》：且云無過則又不然，執政大臣不能盡心竭節，灼然樹立，是之謂過。及近歲方乃摭拾細故【八】，托以爲名，並舉權德輿事。此一項論議，雖非卓卓關系，然亦從古流通，至其時未斷絶者，自後無復有矣。歐陽修謂「拯素少學問」，觀此，是其天資能近大體，不待問學也。余嘗謂堯、舜、禹、皋陶君臣以來，皆素有議論相傳，雖漢、唐褊狹，而其流風餘烈猶未盡絶。及後世以經術起之，無不欲上繼堯、禹而鄙陋漢、唐。然古人論

【七】太甚之弊　「太」原作「大」，「弊」原作「敝」，據文淵閣本、黄本改。

【八】摭拾　「摭」原作「拂」，據文淵閣本、《吕氏文鑑》卷四六改。

議斷絶皆盡，而偏岐旁徑從横百起，莫覺莫知，而皆安之以爲當然也。豈不可歎哉！

歐陽修論《日曆》雖前引古史，後言日曆、時政記、起居注，並乞更不進本，然不過督趨史院功程爾，未暇論史法也。唐人謂人主不觀史，其説陋矣。後世相因，遂以人主不觀史爲盛節，謂必如是而後史官得其職。此修所以有乞不進本之説也。不知自古人主何嘗不觀史？彼其所書，善惡不隱，顧省凛然，觀其一日，可以戒其終身矣。若人主赧然諱避，赫然誅戮，則史官亦未嘗畏懦回避，身可殺而史不可改，史法由此而備，故可爲治道之助。惜乎修之所講未能及此，止於記注而已。韓愈最喜言史，作《順宗實録》，載韋執誼、王叔文同飰，乃云鄭餘慶、珣瑜二公皆天下重望，相次歸卧，語類酸文，嗟夫，又在修下矣！

修《論包拯》：昔嘗親見朝廷致諫之初甚難，今又獲見朝廷用諫之效已著。慶曆致諫事，余於前章固論之。按古所謂諫者，以人主之身言之，有責其臣以必諫，已而自成其德者，舜「予違汝弼」是也。有責其君以必受諫，而後德可成者，傅説「后克聖」是也。諫行則人主無過，無過則明，明則用人立政無不得其當而治道舉。夫知人安民，禹以堯爲難者，蓋過不能盡無，而明或有所蔽也。今修所言用諫之效，不於人主之身焉是求，而區區於臣下爭議之末節，故其效有時而窮，修蓋親見之而不能救也。濮邸之爭，豈修亦悔之而不敢言乎？修之學未能進此，而抗然爲爭議之主，余懼後世之忘本也，故重述之。

余屢聞吕氏言宋祁請復唐馱幕法，歎其思慮精密，考驗深遠，非當時所及，後學所宜知。馱幕軍行所必用，但因承苟且不爲耳。按《左氏》載晉、楚遠征，百物修備，及《六韜》聚爲《七書》，《軍用》一篇，習學業者皆能誦之。祁但近稱唐制，豈其於二書偶未詳耶？然《出車》、《東山》、《六月》諸詩敍師役勞苦，意義閎博【九】。而鄭申侯謂齊桓師老，遇敵懼不可用，欲使陳、鄭之間供其資糧扉屨，則尚有彼此一家通有共無之意，晉文、楚莊所不能也。至諸葛亮耕於敵境，居民錯雜，按堵無私，蓋古之善爲將者無不皆然。若漢、唐窮追遠討，常以萬里外爲限，用其民如禽獸，雖欲必有馱幕，豈若居室枕席之安耶？恐此祁所未知也。

張方平《論國計》在王安石未用前，《論免役錢》在爲安石所排後。神宗始初明鋭，果於欲爲，而冗兵厚費一節最爲慶曆以來大患。若當時大臣公共爲上别白言之，圖其至當而決於必行，事既廣遠，非十數年功緒不就，則人主之志已定，而其他紛紛妄言改作者不復用矣。惜乎韓、富、歐陽不能知，方平雖知而言之不切，就使切論而亦未有以處也。及安石既用，則紛更之禍已成，當時如方平言者甚衆，安能救乎？呂氏言方平在諸人中名論甚輕，暮年與安石不合，衆方歸重。按方平與善人離合之勢，雖不及文彦博、趙抃，而視夏竦、賈昌朝有間矣。然其著絹、契羊酒之氣終在，而挾邪不直之意固亦不能無也。蘇氏兄弟乃獨以知道推之，而或又謂「前生寫佛書猶未盡卷」，尤怪妄矣

司馬光諸疏按本朝論議行事爲三節：慶曆也，熙寧也，元祐也。光雖不及仲淹之開濟，其灼知國家守成之規摹，極始盡末，不增宴安有過之病。王旦不起倉卒無益之患，呂

【九】意義閎博　「博」原作「將」，據文淵閣本、黄本改。

夷簡、韓琦又能補葺其闕損，扶持其顛僕，使之可以長久，則琦與弼皆不及也。且仲淹之志本欲變通，琦與弼既協同其説，雖群小不容，仲淹竟去，未久而死。然琦、弼相次爲相，終不能復伸仲淹之志。安石初有盛名，本琦、弼所引用，及其變更諸事，琦嘗一爭論，弼與彦博、修亦皆不附從，然但知退挹自保，終不敢力沮安石之成。推此數人已行，使其居安石勢衰之後，當宣仁登進之時，未必能盡廢安石所爲，以還祖宗之舊法也。獨光爲侍從，則與安石力辨，又以私書勸之，又以用捨去就之際決之。安石於諸人無所畏，獨畏光及蘇軾者，畏其不止也。宣仁初雖曰盡用不得志於新法者，然諸人之論皆謂歲遠而利害異，事久而節目多，且虞父子之間報復之禍，不敢改也。獨光挽回一世之力，以還祖宗之舊，雖竄逐滿天下，而風流相接，故元符末則已稍復。宣和垂三十年矣，欽宗内禪，夷狄方熾横，何暇及群臣之邪正，則又復，而光實爲贈主後人。秦檜殄滅幾無遺類，然檜死則又復。凡此皆光獨爭力挽之餘效，而琦、弼君子之澤所不能延也。然則光爲宋室守成之規模【一〇】，豈不甚遠哉！故余謂今日之事，姑無望其能盡正，惟五六十萬之冗兵，能使之各有衣食，固扞邊圉，能使虜不能凌暴，又陰有以制之，使彼請戰不獲，而中原遺民有可復合之理，若是，足以助成前志之未遂矣。若夫内治，則因光之所以守成者，補葺其闕損，扶持其顛僕【一一】，而使之可以長久焉，則雖數百千年而常存可也。

孫沔五事：景祐以來三黜寵姬，聞兩犯宸扆；上元嘉節，内庭出遊，美人才人無不

【一〇】規模　「模」原作「摹」，據文淵閣本、黄本改。

【一一】顛僕　「僕」原作「卜」，據文淵閣本、黄本改。

又内降斜封，坦夷若道，免刑要賞，響應如神。其辭有進無退，似兩漢，非後人語也。又言其時内人請俸及取賜，歲千餘萬緡，不獨用兵爲大費也。其氣剛大，其諍的切如此。沔既受污蔑，而隨從，飛蓋蔽景，流車激雙，各崇華衛，分道爭行，衆目共觀，與后爲並；《實録》遂具載之，若信然者。吕氏云此安石筆也。沔又言范仲淹孤寒出身，忠誠報國，統兵邊鄙，終歲勤苦，未嘗有臣寮，乞賜與千百緡有助清貧之節。可略見當時事意也。

本朝享國百年，承平無事，蓋自仁宗末英宗時人臣數有此論。其意本欲諷切人主，因歸美以求警懼爾，非以爲國家必當有事，而何爲若是之無事也。且太祖、太宗爲開基受命之君，而三世繼承，皆無失德，則安得不百年而無事？然太宗及真宗初，河北、山東無歲無契丹之患，而李繼遷父子寇横北方。若兵革不已，勝負不分，因之以饑饉，加之以盜賊，播遷之難，何必靖康；割裂之勢，不待紹興。人無愚智皆所共知也。由此言之，則渡江以前百六十餘年而無事者，與二虜約和之力也，兩漢及唐不待與虜和而亦能無事，此其所以加於我一等也。渡江以後，亦且百年而亦無事者，亦約和之力也，一日不和，則不勝其事矣。安危之數，何可預定；存亡之機，必爲厲階。安石所不能知也。而必以紛更亂其俗，以大有爲要其君，以祖宗百年無事爲天幸而不足恃，而不知其一旦有事而不可救者，職安石爲之也。哀哉！周公之詩曰：「迨天之未陰雨，徹彼桑土，綢繆牖户。」夫古人豈不居安而慮危哉？特不喜危而惡安爾。

# 卷四十九

## 文鑑

蘇軾《徐州上皇帝書》自惜其文，所謂「故紙糊籠篋」者。吕氏數語，余歎其抑揚馳驟開闔之妙，天下奇作也。彭城爲齊、楚形勝，雄藩重地，從古已然。方其時，積衰累薄乃至於此，以守郡之力而無數十百千可以使人，豈非賈昌朝言朘削方鎮太甚而致之乎？然則改法制變，而安危之勢有所激，雖聖人固不能盡其慮也。買燈後所上書，於告君理體，疑若未足。然初學爲文者，無不誦習，安石尤畏之。昔英宗欲以唐故事召軾翰林，韓琦但用近例入館而已。使軾已列侍從，胡宗愈請令帶館職人赴三館供職，因看琦固欲守此法度而爲熙、豐所變也。與安石較其輕重，不宜止此，余固言之矣。琦號有名宰相，乃使俊傑異能之人計尋常，拘尺寸，以爲苟賤委身之地，與絳、灌、馮敬害賈誼，名異而實同也，惜哉！然軾謂：有始有卒，自可徐徐，十年之後，何事不立？終不言十年後當立何事。若神宗罷安石聽軾，非安於不爲而止者，亦未知軾以何道致其君，此不可不素講也。

蘇氏言：鼂、董、公孫之流皆有科舉之病，然乃身爲科舉之宗，不止於病而已。獨轍《三冗疏》過於平生文字，大蘇亦不能及。蓋猶有方略，效之人主可以歲月待，不紛然雜論古今，無所統一也。百萬之兵省去六七，但欲不復戍邊，死亡勿補，恐此爲難，營房零落，部分銷减，兵費未去，軍律先壞矣。吕氏不喜諸蘇議論，以爲陰侵陽。程氏論十事，當與此並觀。自昔經生通人各自爲方，不知其偏也。然轍暮年不能守，方爲兵民燕薊之説，未幾而女真起。然則必真有見而後爲豪傑之士，筆墨誦讀所得者不足據也。

吕氏言劉摯善爲疏，其攻短安石，模寫精妙，情態曲盡，而無迫切譟忿之氣，一時莫能及。然不爲安石所忌惡，但言其妄作，愚而易見爾。蓋名素輕，所與奪不能動俗。神宗嘗問摯從安石學否，可見也，故其受謫亦薄。文彦博後與韓、富齊名，獨摯有駿論，幾成誅族之禍。

程氏爲彭思永議濮邸事，當稱「姪嗣皇帝，敢昭告于皇伯父濮國太王」。按兄弟之子稱姪，禮無所據。而本生子以其屬言者，世俗之辭也。以太加於王，又不經也。爲人後者爲其父母報，父母不可没也。持大宗者降於小宗，小宗不敢齊也，避父稱親，義固無當。捨父稱伯，理將曷宜？以古人之意議禮，而以世俗之名制禮，可乎？夫立後與爲人後，所後父與本生親，皆至公大義所在，而非以私情臆説行於其間也。然則世俗無據之名不可以制禮也，决矣。

程氏《上太皇太后書》問學職業所欲致之君者，具於此矣。蓋以輔養主德爲大，而以周公之輔養成王爲法，爲《立政》專言「常伯常任，綴衣虎賁」發此論也。今按《立政》歷陳夏、商先君及周文、武用人之方，與桀、紂寵任暴逸亡滅之故，乃在成王即政後，非初立冲幼時也。又按《金縢》武王既壟，群叔流言，周公居東作詩以遺成王，成王悟天變，罷穆卜，迎歸周公。及既作洛，周公復子明辟，成王重留，委國以聽，而周、召復相【二】，遂終周公之身與成王之世。然則非成王之智不足以知其臣，非成王之明不足以任其臣，其聖質卓然，周、召蓋爲其所用以致盛治，非如童稚未識，必待封唐叔撻伯禽以警厲之，若後世俗儒所傳，而後足以進其德，成其材也。當元祐初，母后垂簾，姦邪窺伺，用事者惴惴度日，常不自保，取子毀室之痛，未知安所寄托，至於流溢橫潰，而人之大倫幾廢矣！輔養之道豈易言哉！

梁燾論欲退吕大防以禮，略見祖宗輔相用捨節目。雖然，燾未之思矣。大防雖以禮退，考其時之爻象，可復以禮進乎？蓋守死善道，則當辭而不就，如范鎮亡身徇國，則當危而不亂，爲司馬光尚庶幾爾。若夫既已冒進於憂危之先，而復求幸免於變移之後者，此元祐是非之論所以至今未决也。且古大臣進退之道，固未可責。蕭何嘗有賜金、置衛、請苑之疑，而爲生乃不治垣屋，買田宅必於窮僻處。鄧禹免相，閉門教子，各授一經。諸葛亮國命在手，不與子弟共禄，但令治耕桑而已。審如燾言，三二年而善去，去而規復來，則

【二】周召復相 「周」原脱，據文淵閣本、黄本補。

何以長慮却順爲國家立久大之業乎！

范祖禹《聽政疏》言：今四方之民傾耳而聽，拭目而視，乃宋室隆替之本，社稷安危之基，天下治亂之端，生民休戚之始，君子小人消長進退之際，天命人心去就離合之時也。此十數語可爲涕流，蓋國家存亡從是决矣。余嘗與吕氏極論累日，終無救法。舊傳程顥謂：當今熙、豐用事之臣自擇其太甚者變之。天下至今以爲知言。然小人視民如草芥，何嘗知世間有苦痛事。而利柄在手，亦安肯輕有變易？殆不過一種好語爾。况祖禹所言亦止能如此，與黍離麥秀事敗而悲者，又何以異？余每思熙、豐小人，特立紹述一條歸罪元祐，以爲不當輕變神宗政事，故其禍蔓延不可復遏。而元祐諸人不能以輕改祖宗政事爲熙、豐小人大罪正名定法【二】，治其尤無良者，倒戈以授仇人，此大失也。自王安石外，凶狡陵肆，必遂其惡者，吕惠卿、章惇、蔡卞、蔡京而已，若元豐末元祐初首以輕改祖宗政事爲大罪，重責安石、惠卿與卞自當從坐。惇嘗有簾前悖戾不遜一節，投諸荒裔，人亦何辭？但使九年間尊祖之義常伸，則子孫紹述之論無自而發。况京新進後生，他日何所依憑以爲姦慝之地哉！其後陳瓘與京、卞並馳，方欲以尊私史壓宗廟罪之。夫既以孫屈祖爲是矣，則私史者乃其所教也，又何足以開悟人主乎！

本朝諫諍二事，范仲淹、鄒浩皆廢后大事也。郭后雖廢，尚美人並斥，而立曹后，嘉祐、治平之間有助焉。浩所論在賢妃既立後，雖已無及，而孟后終復位，號爲建炎再造之

【二】大罪　「大」原作「定」，據文淵閣本改。

祥，與漢成帝、唐高宗禍福相去遠矣。浩之力難於仲淹。浩本常才而能爲此者，積習見聞之久，源流有自而然也。慶曆諫者禍福雜，元符諫者有禍無福，所遇之時殊也。

陳瓘力拄蔡氏，其言：絶滅史學，一似王衍，重南輕北，分裂有萌。先鑒之明，一人而已。至於不卹一身家族之害别爲尊堯之説，欲障蔡氏之横流而止中原之幅裂，惟天知之，人不知也。

以《謝知制誥表》考之，得文字之正意，古今如歐陽修者鮮矣。然《翰林學士表》則已退落遠甚。若王安石謂：有道德者難於進取。則不過驕夸大言而已。至蘇軾止於近事，則又衰焉。孟子所稱：有德慧術智常存乎疢疾。而後世之士每以所遇之憂樂爲氣之盈虚，則其文安能及古，蓋可悲也！安石《謝宰相表》最工，爲近世第一，而吕氏不録，蓋大言之尤者不可爲後生法故也。

曾鞏《賀南郊表》，論者謂「鈎陳大微，星緯咸若，崑崙渤澥，波濤不驚，與韓愈「析木天街，星宿清潤，北嶽醫閭，神鬼受職」可相比方。就其果然，亦何足道！夫文不務與事稱，而納諂以希進，最鄙下矣。《清廟》之詩曰：「於穆清廟，肅雝顯相。濟濟多士，秉文之德，對越在天，駿奔走在廟，不顯不承，無射於人斯。」豈有泛辭拈枝弄葉耶！

《范純仁遺表》一時難言者略已盡言矣。於此見范氏子弟家風非文富比。或言其家嘗申潁昌府用印，僅免大戮云。

《進尊堯集表》，可惜元豐末元祐初無能明此義者。或以爲操蔡氏之矛而攻其室，此何足論？乃百世存亡所係，而天不牖民以智，不導民以言，可重歎也！然瓘當其末流而能及此，壯哉壯哉！

程氏《視聽言動箴》，按孔子曰：「克己復禮爲仁，一日克己復禮，天下歸仁焉。爲仁由己，而由人乎哉」！顏淵曰：「請問其目。」子曰：「非禮勿視，非禮勿聽，非禮勿言，非禮勿動。」顏淵曰：「回雖不敏，請事斯語矣。」克己，治己也，成己也，立己也，己克而仁至矣，言己之重也，己不能自克，非禮害之也。故曰「一日克己復禮，天下歸仁焉。爲仁由己，而由人乎哉！」此仁之具體而全用也。視、聽、言、動無不善者，古人成德未有不由此。其有不善，非禮害之也。故孔子教顏淵以非禮則勿視、聽、言、動。誠使非禮而勿視、聽、言、動，則視、聽、言、動皆由乎禮，其或不由者寡矣，此其所以爲仁也。一日則有一日之效，言功成之速也。程氏箴，其辭緩，其理散，舉雜而病不切，雖欲以此自警，且教學者，然己未必可克，禮未必可復，仁未必可致，非孔、顏之所以講學也。

劉敞《讓箴》言：資政富公始讓樞密直學士，又讓翰林學士，又讓樞密副使，所讓益尊，所守益堅。古人所謂讓者，終身不踐其位，故足以矯世礪俗。弼雖暫讓，然不見聽，已卒受之，但稍異於世俗備禮辭免者爾，况又窮富極貴而不止乎？敞謂時豈無人昏夜乞憐？時豈無人乘機射利？然則太伯、伯夷、子臧、季札僅勝於此耶？

呂大臨《克己銘》、程氏《四箴》但緩散耳，固講學中事也。伊尹言：「惟尹躬暨湯，咸有一德，克享天心，受天明命。」故孟子謂其「自任以天下之重」。曾子言「仁以爲己任故，」故曰「動容貌，正顔色，出辭氣」，以其養於一身者盡廢百聖之學，雖曰偏狹，然自任固重矣。不如是，何以進道？而大臨方以不仁爲有己所致，其意鄙淺，乃釋老之下者，猶謂道學，可乎？

蘇轍《管幼安贊》，按轍序《和陶詩》言：子瞻出仕三十餘年，爲獄吏所折困，終不能悛，以陷大難，乃欲以桑榆之末景自托於淵明，其誰肯信之！然則轍雖許寧，寧其許轍乎？荀彧以救世爲重，自不計一身。張昭東南之材，爲孫氏用。華歆、許靖自謀不給。古人出處，豈以責之？轍言：幼安之賢無以過人。可謂厚誣。「明於知時，審於處己，以能自全」，尤不近理。

徂徠石有道作《慶曆聖德頌》【三】，後世莫能定其是非，按《烝民》、《韓奕》、《崧高》、《江漢》皆指一人爲一詩，其詞優遊，無剋厲迫切之意，故曰：「人亦有言，柔則茹之，剛則吐之，惟仲山甫，柔亦不茹，剛亦不吐【四】，不侮鰥寡，不畏强禦。」抑揚予奪，至此極矣。仲淹方有盛名，舉世和附，一旦驟用，出人主意，比仲山甫宜若無愧，頌之可也。而介所講未詳，乃以二十年間否泰消長之形，與當時用捨進退之跡，盡於一頌，明發機鍵以示小人，而導之報復，《易》所謂「翩翩不富」，「城復于隍」，若合契符，宜其不足以助治，而徒以自

【三】徂徠石有道作　六字原脱，據文淵閣本補。

【四】剛亦不吐　「亦」原脱，據文淵閣本、黃本及《詩·蕩之什·烝民》補。

禍也。介死最爲歐陽氏所哀，序《外制》視頌語不少異。然則修所見亦與介同者耶？

王禹偁文簡雅古淡，由上三朝未有及者，而不甚爲學者所稱，蓋無師友論議之故也。柳開、穆修、張景、劉牧當時號能古文，今所存《來賢》、《河南尉防壁》、《法相院鐘》、《靜勝》、《待月》諸篇可見。時以偶儷工巧爲尚，而我以斷散拙鄙爲高，自齊、梁以來言古文者無不如此。韓愈之文備盡時體，抑不自名，李翶、皇甫湜往往不能知，而況孟郊、張籍乎？古人文字固極天下之麗巧矣。彼怪迂鈍樸，幾用功不深，幾得其腐敗粗澁而已。

韓愈以來相承以碑誌序記爲文章家大典册，而記，雖愈及宗元猶未能擅所長也。至歐、曾、王、蘇始盡其變態，如《吉州學》、《豐樂亭》，始飲未詳。《擬峴臺》、《道山亭》、《信州興造》、《桂州新城》，後鮮過之矣。若《超然臺》、《放鶴亭》、《篔簹偃竹》、《石鐘山》奔放四出，其鋒不可當，又關鈕繩約之不能齊，而歐、曾不逮也。舊傳曾鞏諸文士爲《吴郡六經閣記》相顧莫敢先，張伯玉忽題云：六經閣，諸子百家皆在焉，不書，尊經也。衆遂閣筆。不知此何以爲工，而流俗夸艷？至其終篇，皆陳語緝補若聚帳狀，無可採。又謂伯玉博涉多聞，每以所短困鞏，如榜曾夫子位戲侮之類，鞏甚苦之。而劉敞亦有「可惜歐九不讀書」之誚。然猶流言未足憑也。若黄庭堅稱：蘇洵《木假山》似莊周、韓非。夫舉世俗所以屈莊周之文者，以其雖一切寓言，而能抑縱舒斂，自無入有，殆若天成，而實言者或不及也。玉石異物，竦擢特起似於山，而世貴之。木未嘗似山，就其似山，何足貴，而謂得莊周體？末言三峯，尚未脱凡筆。周言：六合中有魏，魏中有梁，梁中有王，似稊米之在太倉。其怪偉殊特至此，三峯何足異哉！二篇偶以流俗所敬而存，讀者不察，坐墮處矣。

蘇轍記閔子祠堂、東軒遺老齋。轍以知道自許，雖求爲有得之言，然與事不合。按孔子未嘗以舟楫足恃，不顧而仕。諸子未嘗以陋舟而求試，顏淵未及仕而夭，冉伯牛有疾，獨閔子不爲季氏宰，蓋家臣其所恥也。孔子使子路復見荷蓧丈人，其言曰「不仕無義」。顏子雖年少，而孔子以成材許之，將同其進退出處，故曰：「用之則行，捨之則藏，惟我與爾有是夫。」初未嘗必於不仕也。魯男子學柳下惠，蓋非義理所安，轍不考詳矣。又言：顏子所以甘心貧賤，不肯求斗升之禄以自給者，良以其害於學。世固無不行之道，亦安有不仕之學？而況沉酣勢利，以玉帛子女自厚，在世俗最爲淺下，固非論議所及。而轍以此較道學之高卑，是其所知未深而然爾。「樂莫善於如意，憂莫慘於不如意」。聖賢無此論，乃莊周放言也。古人立公意以絶天下之私，捐私意以合天下之公，若夫據勢行權，使物皆自撓以從己，而謂之如意者，聖賢之所禁也。

范祖禹《布衾銘記》：其清如水而澄之不已，其直如矢而端之不止，故其居處必有法，其動作必有禮。此言有益於學者。所以爲水者，以清也，非清則無澄也；所以爲矢者，以直也，非直則無端也。今夫澄其污洳，端其撓節，以求直清之效者多矣。未有己清而澄不已，己直而端不止者也。雖然，郭泰言「奉高之器，譬諸汎濫，雖清而易挹。叔度汪洋若萬頃之陂，澄之不清，淆之不濁」。及直不疑買金償同舍等事，又不可量也。三與契丹和前四十年，劉牧送張損之；後四十年，蘇洵送石揚休，張耒送李之儀。三序就如其所憂，未足以謀國，而況百年中泰然不知憂者皆是，則安得無靖康之禍！賈誼之言徒貽笑後世，而董仲舒至謂天下大計莫如和，然則雖如三人亦不復有，是可悲也！

因范育序《正蒙》遂總述講學大指。

道始於堯，「欽明文思安安，允恭克讓」。

《易傳》雖有包犧、神農、黄帝在堯之前，而《書》不載，稱「若稽古帝堯」而已。

命羲和「歷象日月星辰，敬授人時」。

《吕刑》「乃命重、黎，絶地天通，罔有降格」【五】。《左氏》載尤詳。堯敬天至矣，曆而象之，使人事與天行不差。若夫以術下神，而欲窮天道之所難知，則不許也。

次舜，睿哲文明，温恭允塞。在璿璣玉衡，以齊七政。舜之知天不過以器求之，日月五星齊則天道合矣。其微言曰人心惟危，道心惟微，惟精惟一，允執厥中。人心至，可見執中，至易知，至易行，不言性命。子思贊舜，始有大知，執兩端用中之論，孟子尤名皆推稱所及。非本文也。

次禹，后克艱厥后，臣克艱厥臣。惠迪吉，從逆凶，惟影響。

《洪範》者，武王問以天，箕子亦對以天，故曰：帝乃震怒，不畀洪範九疇。天乃錫禹

【五】罔有降格　「罔」原作「周」，據文淵閣本、黄本及《書·吕刑》改。

洪範九疇，明水有逆順也。孔子因箕子、周公之言，故曰「鳳鳥不至，河不出圖」，歎治有廢興也。然自前世以爲龍馬負圖自天而降，《洛書》九疇亦自然之文，其言怪誕，夫思曰睿，睿作聖。人固能之，奚以怪焉？甚至山林詭譎有先天後天之説，今不取。

次皋陶，訓人德以補天德，觀天道以開人治，能教天下之多材，自皋陶始。

按高辛【六】，高陽之子，聚爲元凱，舜雖盡用，而禹以材難得、人難知爲憂。皋陶既言：亦行有九德，亦言其人有德，卿大夫諸侯皆有可任者，翕受敷施，九德咸事。以人代天，典禮賞罰，本諸天意，禹相與共行之，治成功立，至夏、商、周一遵此道。

次湯，惟皇上帝降衷于下民，若有恒性，克綏厥猷惟后。其言性蓋如此。

次伊尹，湯自言：聿求元聖，與之戮力，以與爾有衆請命。伊尹自言：惟尹躬暨湯，咸有一德。克享天心，受天明命，故以伊尹次之。言德惟一，又曰終始惟一，又曰善無常主，協于克一。嗚呼！堯、舜、禹、皋陶、湯、伊尹於道德性命天人之交，君臣民庶均有之矣。

次文王，肆戎疾不殄，烈假不瑕，不聞亦式，不諫亦入，雝雝在宮，肅肅在廟，不顯亦臨，無射亦保。無然畔援，無然歆羨，誕先登于岸。不大聲以色，不長夏以革，不識不知，順帝之則。夫《雅》、《頌》作於成、康之時，而言文王備道盡理如此，則豈特文王爲然哉！固所以成天下之材，而使皆有以充乎性，全於天也。

【六】高辛　「高」原作「商」，據文淵閣本、黃本改。

按《中庸》言：鳶飛戾天，魚躍于淵，言其上下察也。德輶如毛，毛猶有倫，上天之載，無聲無臭，至矣。夫鳥至于高，魚超于深，言文王作人之功也。德輶如毛，舉輕以明重也。上天之載，無聲無臭，言天不可即而文王可象也。古人患夫道德之難知而難求也，故曰安安，允恭克讓。濬哲文明，執中惠迪，克綏厥猷主善協一，皆盡己而無所察於物也，皆有倫而非無聲臭也。今也顛倒文義，而指其至妙以示人。後世冥惑於性命之理，蓋自是始。噫！言者過矣，不可謂文王之道固然也。

次周公。治教並行，禮刑兼舉，百官衆有司，雖名物卑瑣，而道德義理皆具。自堯、舜、元凱以來，聖賢繼作，措於事物，其該洽演暢皆不得如周公。不惟周公，而召公與焉，遂成一代之治，道統歷然如貫聯筭數，不可違越。

按大司樂言：天神降，地示出，與簫韶九成，鳳凰來儀異。

次孔子。周道既壞，上世所存皆放失，諸子辯士人各爲家。孔子蒐補遺文墜典，《詩》、《書》、《禮》、《樂》、《春秋》有述無作，惟《易》著《彖》、《象》。舊傳刪《詩》定《書》作《春秋》，余以諸書考詳，始明其不然。然後唐、虞三代之道賴以有傳。按《論語》子罕言利，與命與仁，今考孔子言仁多於它語。豈其設教不在於是，朋至群集有不獲聞，故以爲罕耶？孔子殁，或言傳之曾子，曾子傳子思，子思傳孟子。按孔子自言德行顏淵而下十人，無曾子，曰「參也魯」。若孔子晚歲獨進曾子，或曾子於孔子没後德加尊，行加修，獨任孔子之道，然無明據。又按曾子之學，以身爲本，容色辭氣之外不暇問，於大道多所遺略，未可謂至。又按伯魚答陳亢無異聞，孔子嘗言：中庸之德民鮮能，而子思作《中庸》。若以《中庸》爲孔子遺言，是顔、閔猶無是告，而獨閟其家，非是。若子思所自作，則高者極高，深者極深，宜非上世所傳也。然則言孔子傳曾子，曾子傳子思，必有謬誤。

孟子亟稱堯、舜、禹、湯、伊尹、文王、周公，所願則孔子，聖賢統紀既得之矣。養氣知言，外明内實，文獻禮樂各審所從矣。夫古昔謂之傳者，豈必曰授之親而受之的哉？後世以孟子能傳孔子，殆或庶幾。然開德廣，語治驟，處己過涉世疏，學者趨新逐奇，忽亡本紀，使不完而有跡。

按孟子言性，言命，言仁，言天，皆古人所未及，故曰開德廣。齊、滕大小異，而言行王道皆若建瓴，以爲湯、文、武固然【七】。故曰語治驟。自謂庶人不見諸侯，然以彭更言考之，後車數十乘，從者數百人，而曰庶人可乎？故曰處己過。孔子復汶陽田，使兹無還對，罷齊饗，與梁丘據語，孟子不與王驩言行事，憚煩若是乎？故曰涉世疏。學者不足以知其統而務襲孟子之跡，則以道爲新説奇論矣。

自是而往，争言千載絶學矣。《易》不知何人所作，則曰伏犧畫卦，文王重之。按周太卜掌《三易》，經卦皆八，别皆六十四，則畫非伏羲，重非文王也。又周有司以先君所爲書爲筮占，而文王自言「王用享于岐山」乎？亦非也。有《易》以來，筮之辭義不勝多矣。

【七】文武固然　「武」原作「王」，據黄本、敬鄉本改。

《周易》者，知道者所爲，周而有司所用也。孔子獨爲之著《彖》、《象》，蓋惜其爲它異說所亂，故約之中正以明卦爻之指，黜異說之妄以示道德之歸。其餘《文言》、上下《繫》、《說卦》諸篇，所著之人或在孔子前，或在孔子後，或與孔子同時，習《易》者會爲一書，後世不深考，以爲皆孔子作也，故《彖》、《象》掩鬱未振，而十翼講誦獨多。魏晉而後遂與老、莊並行，號爲孔、老。佛學後出，其變爲禪，喜其說者以爲與孔子不異，亦挽《十翼》以自況，故又號爲儒釋【八】。本朝承平時，禪說尤熾，儒釋共駕，異端會同。其間豪傑之士有欲修明吾說以勝之者，而周、張、二程出焉，自謂出入於佛老甚久，已而曰「吾道固有之矣」。故無極太極，動靜男女，太和參兩，形氣聚散，絪緼感通，有直內，無方外，不足以入堯、舜之道，皆本於《十翼》，以爲此吾所有之道，非彼之道也。及其啓教後學，於子思、孟子之新說奇論，皆特發明之，大抵欲抑浮屠之鋒鋭，而示吾所有之道若此。然不悟《十翼》非孔子作，則道之本統尚晦。不知夷狄之學本與中國異，而徒以新說奇論辟之，則子思、孟子之失遂彰。范育序《正蒙》謂此書以六經所未載，聖人所不言者與浮屠、老子辯。豈非以病爲藥，而與寇盜設郛廓助之捍禦乎？嗚呼！道果止於孟子而遂絶耶？其果至是而復傳耶？孔子曰「學而時習之」，然則不習而已矣【九】。

按佛在西南數萬里外，未嘗以其學求勝於中國，其俗無君臣父子，安得以人倫義理責之，特中國好異者折而從彼，蓋禁令不立而然。聖賢在上猶反手，惡在校是非角勝負哉！

【八】故又號爲　「號」原脫，據黃本補。

【九】「而徒以」至「而已矣」原錯在他條，據黃本、敬鄉本移正於此。

按浮圖書言識心，非曰識此心；言見性，非曰見此性；其滅非斷滅，其覺非覺知。其所謂道，固非吾所有；而吾所謂道，亦非彼所知也。予每患自昔儒者與浮屠辯，不越此四端，不合之以自同，則離之以自異，然不知其所謂而强言之，則其失愈大，其害愈深矣。予欲析言，則其詞類浮屠，故略發之而已。昔列禦寇自言忘其身而能禦風，又言至誠者入火不燔，入水不溺，以是爲道，大妄矣！若浮屠之妄，則又何止此！其言天地之表，六合之外【一〇】，無際無極，此皆其身所親歷，足所親履，目實見而耳實聞也。以爲世外瓌特廣博之論，置之可矣。今儒者乃援引《大傳》「天地絪緼」【一一】，「通晝夜之道而知」，「不疾而速，不行而至」，子思「誠之不可揜」，孟子大而化，聖而不可知，而曰：吾所有之道蓋若是也。譬之者以自同，毁之者以自異。嘻！末矣。

蘇洵自比賈誼，曾鞏、王安石皆畏其筆，至以爲過之，歐陽氏比於荀卿。嘉祐後布衣特起，名冠當時而高後世，李覯、王回豈敢望也！《權書》、《衡論》幾策多談兵，論爲將，草野未除，去誼固遠，今所取者一二而已。《六經論》尤失理，皆以爲聖人機權之用，乃異聞也。故家庭所講，不能深造，誤其子矣。或傳洵常自秘一書誦習，二子不得見，它日竊視之，《戰國策》也【一二】，洵聞而歎息。此雖未可信，然觀其遺文，大略可見矣。又傳富、韓方欲整齊驕卒，洵始見之，因顯言治兵當用嚴，引李光弼事，二公以爲漏密事，頗駭動，故久而無成。及二子應制舉，洵戒轍用直言對策得不黜。晚歲力撼宰相，脩《因革禮》，

【一〇】「特中國」至「六合之」二百字原脱，據黄本、敬鄉本補。

【一一】天地絪緼「地」原脱，據黄本、敬鄉本及《易·大傳》補。

【一二】戰國策也「國策」原作「策國」，據黄本及《戰國策》書名乙正。

未奏卒。古人謂招之不來，況不待其自至而馳騁以求之乎！

尹洙早悟先識，言必中慮，同時莫能及。《叙燕》、《息戍》、《兵制》與賈誼相上下【一三】，適會其時，故但爲救敗之策爾。洙亦善論事，非擅所長於空文者也。

救時莫如養力，辨道莫如平氣。石介以其忿嫉不忍之意，發於偏宕太過之辭，激猶可與爲善者之怒，堅已陷於邪者之敵，莫不震動驚駭，群而攻之，故回挽無毫髮而傷敗積丘陵矣，哀哉！然自學者言之，則見善明，立志果，殉道重，視身輕，自謂大過上六當其任，則其節有足卲也。今所録皆放此，可以覽觀矣。

唐庚《憫俗》：今四方萬里之國而無恢大閎遠之風以充之，百工所造，商賈所鬻，士女所服，日益狹陋。謂崇、觀、宣、政間也，其敝至渡江且百年猶在。淳熙中，上下皆有從窄之論，余甚憂之。邇來服用乃更疏濶，大冠高髻，廣袖滿領，莫知所從始，豈庚所言恢大閎遠者幸會旋復，將以充而壽之，殆天意耶？

【一三】兵制　「兵」原作「法」，據《宋文鑒》一百零二卷改。

# 卷五十

## 文鑑

歐陽氏《朋黨論》，舊傳謂其能極小人之情狀，故姦邪忌惡尤深。蘇氏爲《續論》，欲翦戮元惡而撫用其餘。按自古小人害正，比而仇君子，人主必保護愛惜，每加擊逐，使君子恃以自安，小人爲黨，君子不爲黨也。如養鸚鵡孔鸞，貓犬常伺其隙，備豫稍不謹，搏而食之無救矣。孟子言：魯穆公無人乎子思之側，則不能安子思。穆公猶然，况舜、文王乎！此論乃言「小人無朋，其暫爲朋者僞也」，必君子而後有朋，欲人主退小人之僞朋，用君子之真朋，是則人主真以爲有黨而不善退，將愈重其蔽，而安能解其惑哉！且君子固未嘗能去小人，安有戮其首惡而不用其餘以滋國患者【二】？至引州綽、邢蒯爲比，則是方求免之不暇，而預以得志自處。蘇氏又過矣。始終用元祐，自無可憾；用慶曆不終，乃深可惜耳。歐陽氏迫切之論，失古人意，徒使人悲傷而不足以爲據也。

司馬、范氏論鍾律：按律止於寸，固不能生尺，度、律異物，其用各殊，尺又安能生律也？凡物度數必由分寸起，自秒忽有形之可積，十而成毫，毫十而釐，釐十而分，寸尺尋

【二】戮其首 「戮」原作「戳」，據文淵閣本、黄本改。

丈皆已具焉，乃自然之數也。故宫繫於分，分不繫於宫；黄鍾繫於寸，寸不繫於黄鍾也。古之制律，自謂度、量、權、衡皆生於黄鍾而以黍起分者，獨劉歆妄作新説爾，古無是也。古之制律，自分而九之以爲宫，自寸而九之以爲黄鍾，樂或未和，則反之數術以求於分寸，必得其和而後止，舜所謂欲聞六律五聲者聞此也。今用千二百黍實之管，因其所至，遂以爲律，斷取其三以爲空徑，其説易至是乎？此歆之妄作新説誤後世也。㮚氏爲量，量之以爲鬴，深尺内方尺而圓其外，其實一鬴，其臀一寸，其實一豆，其耳三寸，其實一升，重一鈞，聲中黄鍾之宫。《考工記》雖非《周官》，然歆以前書也。王莽之量左耳爲升，右爲合龠，而重二鈞，其説曰起於黄鍾之龠。而又謂千二百黍重十二銖，亦起於黄鍾之龠，亦歆之妄作，新説誤後世也。其他象類諸説，怪妄尤甚，而儒者信之，過矣。舜既考律知聲，樂成而諧，無相奪倫，千有餘年之後，其器尚存，孔子聽之至於忘味，豈惟聖人之盛德？亦足以知其制器之精也。今司馬、范氏不惟古義是求，而諓諓焉相與論王莽、劉歆之制作，終其身而不已，豈其德與器俱有所未至哉！

蘇氏《勸親睦》欲復小宗。古稱繼禰者爲小宗，其言不詳。夫五世之服已遷，而百年之家未散，則宗道宜若可續矣。必也豫儲其四，使迭進而無窮，則將不勝其宗，而乖爭陵犯之患方起。蓋少年鋭於論事，未暇深考也。古者賦禄制田，其權在上，貧富貴賤無大踰越，而爲之宗以維之，故長者不傲，幼者不侮，而和親雍睦之教可行。後世崛起自致，貧富貴賤各極其欲，榮悴異門交相爲病，於是賢者謝宗以自遠，不肖挾長以行私，蓋鬬鬩之不暇，而安能善其俗哉！ 夫宗者貴而賢者也，富而義者也，非是二者而擁虛器以臨之，教令之所不行也。 故貴而賢，富而義，則上禮異之，命爲其宗。 爵不必親而疏者可畀也，田不必子而貧者可共也，施舍賙惠，惟族是與，損歌童舞女之奉，厚吊死卹孤之恩，族人倚依，特爲宗主，無犯義，無干刑，相趨於實而不惟其名之徇，此今日立宗之要也。

敘諸論，舜、禹、皋陶辨析名理，伊、傅、周、召繼之。《典》、《誥》所載論事之始也，至孔、孟折衷大義，無遺憾矣。 春秋時管仲、晏子、子產、叔向、左氏善爲論，漢人賈誼、司馬遷、劉向、揚雄、班固善爲論，後千餘年無有及者，雖韓愈、柳宗元、歐陽修、王安石、曾鞏間起，不能髣髴也。 蓋道無偏倚，惟精卓簡至者獨造； 詞必枝葉，非衍暢條達者難工。 此後世所以不逮古人也。 獨蘇軾用一語，立一意，架虛行危，縱横倏忽數百千言，讀者皆知其所從出，推者莫知其所自來，雖理有未精，而辭之所至莫或過焉，蓋古今論議之傑也。軾自以爲「如萬斛泉源，不擇地而出，在平地一日千里無難，及其與山石曲折，隨物賦形而不可知」。 嗟夫！ 古人豈必有此文而後能有此論哉？ 以文爲論自蘇氏始，而科舉希世之學，爛漫放逸，無復實理，不可收拾矣。 劉敞、王回好援古義，有深遠之思，學者更試求之。

以形勢論天下，春秋猶無之，蓋出於戰國辨士揣摩之學。 六國初，尚擯夷狄秦【二】，

【二】尚擯夷狄秦　「擯」原脱，據文淵閣本、黄本補。

孝公用商鞅變法致富强，未嘗恃關爲固也。及秦亡而賈誼、司馬遷乃罪子嬰不能守險以自安。且天下方共起而滅秦，就使閉關不出，未知可保歲月否。何去非亦伸其説，以爲章邯、李由不知以攻爲守而以守爲攻，曰此兵家之事。余觀苻堅既敗，亦欲委關東於敵，豈非知兵？然秦地終不能有也。夫形勝必視大勢所歸，勢未離則可以攻，可以守，今雖極揣摩者之論，曾不如孔子順一言。而孟子又稱教人以耕桑，便能與殷、周並興，恐亦當細考。

蘇轍論古之英雄，惟漢高帝不可及。英雄二字，先秦無有，乃流俗所稱也。其論北狄，言當養兵自重，卓然獨立，不聽外國之妄求而生吾中國之氣，如此數十年間，天下摧折之志復壯，則北狄非吾所當畏。孔子言「善人爲邦百年，可以勝殘去殺」。或以爲太緩。孟子言深耕易耨之民，可使製梃以撻秦【三】、楚之堅甲利兵。或以爲太速。然則安能養兵數十年而後氣可生，志可壯耶？是氣不生而志不壯也。此亦流俗所稱也。夫有貴於儒者，其所立所識非必高出流俗【四】，要使不墮於流俗，而後可以振俗矣。

孔文仲制策，視漢不足，視唐有餘矣。然劉蕡策自較前代十數等。

蘇軾説《春秋》，慶曆、嘉祐時文也；張庭堅《書義》，熙豐時文也。王安石談經，未至悖理，然人情不順者，盡罷詩賦故也。辟雍太學既並設，答義者日競於巧，破題多用四句，相爲儷偶。隆興初有對《易》義破題云：「天地有自然之文，聖人法之以爲出治之

【三】可使製梃　「製梃」原作「制挺」，據文淵閣本、黄本改。

【四】其所立所識　「所立」原脱，據文淵閣本、黄本補。

本；陰陽有不息之用，聖人體之以收必治之功」。主司大稱贊，以爲得太平文體，擢爲第一。主司所謂太平則崇、觀、宣、政時也。乾道中主司欲革四句對偶之弊，答者言：「聖人不求其臣之徇己，故其臣無得而議己。」遂據上第。淳熙初學者厭破題襯貼纖靡，頗復釐改，答者云：「以己體民，而後尊卑之情通；以國觀民，而後安危之理顯」。學官不能奪，卒寘首選。然設科教學，先已雜見《春秋》傳記，其所訓釋，猶未能盡合義理之中，漢加甚焉。今雖以破題分巧拙，要未足病，視義理當否耳。以前三破題言之，天地雖有自然之文，陰陽雖有不息之用，治道之本末，或不在此，則其言出治於先而必治於後者，虚詞也。聖人固不求臣之徇己，然使其尚有可議，固當議之，豈以爲無得而議乎？又無得而義，非聖賢事，則其悖理甚矣。至於以己體民，以國觀民，雖辭甚巧，而其理不謬，則比前作爲勝。誠使義理者常爲主司，學者不得以悖理之文希合於一時，雖因今之時文不改，自足以得士。不然，雖屢變其法，而學者之趨向亦終不一。豈四句對偶，一冒工拙，可爲損益哉？俗有五道不如一道，一道不如一冒之語。

宋祁《祖宗配侑議》，太祖、太宗、真宗三廟不遷及親祠皆侑，仁宗意已定，有司即而言之爾。按周公郊祀后稷以配天，蓋前乎此周人未知所始，周公特推崇之也。武王雖克殷有天下，周公以爲德莫盛於文王，故宗祀於明堂以配上帝。故孔子曰：「是以四海之内各以其職來祭。」夫必原其始而不私其功，此周公之所以爲孝，可爲萬世法也。祁之議，因人主之欲而爲典禮可也，故其言曰：自爾有司不敢輕議，又加多焉爾。昔漢宣帝尊孝武而夏侯勝不從，以爲詔書不可用，得罪幾死。儒生守經，有時而中，專門之學未可一切以爲陋也。

曾鞏《救災議》，米百萬斛，錢五十萬貫爾，何至懇追繁縷如此！若大議論，又將安出？豈其時議者真庸奴耶？鞏文雖工，然此議及《鑑湖序》，乃文人之累也。

吕大鈞《世守邊郡議》言：在商時，古公以皮幣【五】、犬馬、珠玉事獯鬻而商王不知；在周時，晉國拜戎不暇而周室不與。三代禦邊之略蓋可知已。雖非透底之論，然既封建諸侯，則勢固然矣。今既自有其天下，不以與人，則守邊以衛百姓，安得不自任其責？徒曰是廣遠而不可守，委民命於夷狄，縱其搏食乎？方周衰不能主令，諸侯莫輔，猶且伊川爲戎，荆蠻問鼎。今邊不能禦，坐視入内地，將焉及矣！

范質《戒兒姪書》、向敏中《留别知己序》、晏殊《中園賦》、韓琦《閲古堂記》、文彦博《晁錯論》、富弼《答陳推官書》本朝名輔相飭已立志之方可槩見也。王曾既中第，或謂狀元三場，一生喫著不盡。王正色拒之，以爲平生之志不在温飽，後生學者傳以爲口實。歐陽修既執政，人有賀之者，答以「惟不思而得與既得而不患失」。然余病其侵尋於官職矣，而吕氏嫌此論太高，余亦不敢竟其説而止。大抵自唐中世，天下治體爲宇文融、李林甫、王鉷之流剥壞皆盡，大變於古。後爲相如李吉甫、裴度、李德裕，皆無救弊起廢之略。

【五】皮幣　「幣」原作「弊」，據文淵閣本、黄本改。

獨一陸贄欲有所爲，未幾竄死。至今數百年終無策以振起之。賢愚同軌，邪正並轍，苟免其身，而復以其敝遺後人。然則雖不思得，不患失，而卒與庸衆人同歸於溫飽者，無異以盡民財爲能，以盡民命爲功，至其他刀筆毫末之工拙而夸競不已也。嗚呼！此有志者之所當深思也。

劉奕與韓、范論岐州中路修山城事，以爲關中之事所以多失者，上輕之而不思，下隨之而不言，增少而爲多，積小以成大。余嘗歎天下不幸有倉猝之變起，則舉世紛然，爭思其所不當爲，爲其所不及思以病民。夷狄姦雄未至甚害，而執事不肖，驟殘倏虐，上下相驅，以百姓爲芻狗，故其根本不日而蹙亡矣。蓋事決知其無益而不妄爲者，乃救敗扶傾之本，雖賢智憂國之臣未能行也。

按程氏答張載論定性：「動亦定，靜亦定，無將迎，無內外。當在外時，何者爲内？天地普萬物而無心，聖人順萬事而無情。擴然而大公，物來而順應。有爲爲應迹，明覺爲自然。内外兩忘，無事則定，則定明【六】，喜怒不繫於心而繫於物。」皆老、佛、莊、列常語也。程、張攻斥老、佛至深，然盡用其學而不自知者，以《易大傳》誤之，而又自於《易》誤解也。子思雖漸失古人體統，然猶未至此。孟子稍萌芽，其後儒者則無不然矣。且佛老之學所以爲不可入周、孔聖人之道者，蓋周、孔聖人以建德爲本，以勞謙爲用，故其所立能與天地相終始，而吾身之區區不預焉。佛、老則處身過高，而以德業爲應世，其偶可爲者則爲之，

【六】則定明　「定」原脱，據文淵閣本、黄本補。

所立未毫髮而自夸甚於丘山。至其壞敗喪失，使中國胥爲夷狄，安存轉爲淪亡而不能救，而亦不以爲己責也。嗟夫！未有自坐佛、老病處，而揭其號曰：我固辨佛、老以明聖人之道者也。

陳師道在同時四人中，惟詩推敬黄庭堅，若文學識尚自視非其輩倫，言論未嘗及也。所師獨曾鞏，至與孔子同稱，歐、蘇皆不滿也。《與曾布書》頗詳事情，《擬武舉策》陳義尤高，誚賈誼「無以自容安能容匈奴」。師道爲此語數十年，有靖康之禍，此非不能容匈奴者所致，乃自容而又容匈奴者致之也。學欲至之捷而守之迂，迂捷同軌，則知德者不貴也；識欲覺之先，而持之後，先後一轍，則知務者不許也。惜乎師道見理未盡，而執志甚堅，上不能爲王回、孫侔，下不能爲石延年、尹洙也。

因張舜民《與石司理書》載歐陽氏語：文學止於潤身，政事可以及物。修猶爲此言，始悟人之窮力苦心於學問文詞者【七】，徒欲藻飾華澤其身而已，聖賢之事業，非所以責之也。

觀陳師錫《答陳瓘書》，天下不知王安石之罪而尊其聖者皆是也，天下安得不亡？瓘之所知，亦不過蔡京兄弟而已，悲夫！自古而然。仲由不知衛輒，揚雄不知王莽，蔡邕不知董卓，荀彧不知曹操，王導不知王敦，陷其身名，敗其家國者衆矣。安得許卲、郭泰、管寧之流而與之論乎？

【七】始悟　「悟」原作「悮」，據文淵閣本、黄本改。

歐陽氏《策問》【八】，爲三代禮樂井田而發者五，似歎先王之道不得行於後世者。其言則雖以三代爲是，而其意則不以漢、唐爲非。豈特不以爲非，而直謂唐太宗之治能幾乎三王？則三代固不必論矣。故其制度紀綱儀物名數皆以唐爲是而詳著之。以余觀太宗之治，曾不能望齊桓之十一也，而何三王之可幾哉！然則歐陽氏之學非能陋漢、唐而復三代，蓋助漢、唐而黜三代者也。孔子曰：「名不正則言不順，言不順則事不成，事不成則禮樂不興，禮樂不興則刑罰不中，刑罰不中則民無所措手足。」秦、漢以來名不正，言不順，而急於事成，故以刑罰持之，使民無以措其手足，而宛轉於鞭笞金鐵之中，則禮樂安得而可興？孔子又曰：「君子之行也，度於禮，施取其厚，事舉其中，斂從其薄，如是則以丘亦足矣。若不度於禮，而貪冒無厭，則雖以田賦，將又不足。」夫三代之井田所以必行者，謂其能度於禮也。後世以貪冒無厭者賦其民，則奚以井爲？而猶諄諄焉議其末乎？

歐陽氏又疑《周禮》六官之屬五萬餘人，不耕而賦，何以給之。按《漢表》宰相至佐史十二萬餘人，而千里之地爲公田者數十餘萬井，此皆淺事，何足疑也！其言天地萬物之統，特綱舉草論。若夫周、召道德性命之要言，經治揆物之成蹟，《詩》、《書》所不能備，獨《周官》備之，修固未能知也。漢武、何休何足以較是非，而姑謂其祭祀、衣服、車旗似有可採者，則尤淺矣。

劉敞《責和氏璧》、《左氏》楚燕魯侯，好以大屈，既而悔之。椒舉以爲「齊與晉、越欲

【八】歐陽氏策問　「問」原脱，據文淵閣本、黄本補。

此久矣，君其備禦三鄰」，魯侯懼而歸之。蓋設説者，而敞信之。其言和氏再刖足，抱璞而號，亦辯士設説也，敞又信之，遂按爲的論矣。知自貴而不輕用寶，誠貴士之美意。然不寶不用，自失股肱，無與圖存【九】，乃人主之大諱也。古人於此，未嘗不兢兢焉，故曰翕受敷施，九德咸事。旁招俊乂，列于庶位。人之好我，示我周行。子貢曰：「有美玉於斯，韞櫝而藏諸？求善賈而沽諸？」子曰：「沽之哉！沽之哉！我待賈者也。」然則謂和不哀其身而哀其玉，以爲和罪，而吴起、韓非非二君之過者，偏説也。夫敞豈以得於科目者爲進退出處之正，而遽輕天下士也哉？

柳開諸文及《補亡先生傳》，邵雍諸詩及《無名君傳》，雖深淺精粗，所造各不同，至於尊己陋物，呌呼以自譽，失古人爲學之本意，則其病一也。且開以藩籬未涉之狂氣，安得使人捨其自安之輿室以從我？而雍固山林玩世之異跡也，人亦胡爲因其曠蕩無畛畦之見，遂混而從之？孔子謂不知而作，我無是。中庸至德，民鮮能。學者審其所處而已。

曾鞏雜識孫甫、狄青事，又記余靖、高居簡事，大抵於當時所謂善人君子多不與，不知其意欲以何爲？狄青拔自卒伍，爲執政矣，能勝儂智高，適當爾。而鞏稱之勤勤，且盡排孫沔諸人。滕宗諒以過用公使錢爲罪，朝廷議罰，意有輕重，調和歸中，亦當理也。孫甫何遽憂憤至欲去諫列，而鞏遂以爲能不黨而知過，獨於甫是賢乎？鞏不附王安石，流落外補，汲汲自納於人主，其詞皆諂而哀，及敘漢高帝十不及神宗，以爲《優劣論》，非史家

【九】無與圖存　「圖」原脱，據文淵閣本、黄本補。

體。行韓維詞忤上意生罰金，雖非其罪，要之犖文與識皆未達於大道而自許無敵。後生隨和，亦於學有害。

王冕《進珠表》，吕喬年云本録無有玉友傳，余亦疑之。

此書二千五百餘篇，綱條大者十數，義類百數，其因文示義，不徒以文，余所謂必約而歸於正道者千餘數，蓋一代之統紀略具焉。後有欲明吕氏之學者，宜於此求之矣。初吕氏没，龍川陳亮祭之，曰：「孔氏之家法，儒者世守之，得其粗而遺其精，則流而爲度數刑名；聖人之妙用，英豪竊聞之，徇其流而忘其源，則變而爲權譎縱横。故孝悌忠信常不足以趨天下之變，而材術辨智常不足以定天下之經。雖高明之獨見，猶小智之自營。雖篤厚而守正，猶孤壘之易傾。蓋常欲整兩漢而下，庶幾復見三代之英。匪曰自我，成之在兄。方夜半之劇論，歎古來之未曾。兄獨疑其未通，我引數而力爭。」夫三代之英及孔氏，豈於家法之外别有妙用，使英豪竊聞之哉？亮嘗言「程氏《易傳》似《桓玄起居注》」，「吕氏黽勉答之，所謂「夜半劇論」者，吕氏常笑以爲「自知非豪傑，被同甫差排做」，蓋難之也。吕氏既葬明招山，亮與潘景愈使余嗣其學【一〇】。余顧從遊晚，吕氏俊賢衆，辭不敢當，然不幸不死，後四十年，舊人皆盡，吕氏之學未知其孰傳也。並追記於此。

【一〇】余嗣其學　「嗣」原作「耐」，據文淵閣本、黄本改。

余曩得林德叟所傳水心《習學記言》前後兩帙：一自《書》、《詩》、《春秋》三經，歷代史訖五代史，大抵備史法之醇疵，集時政之得失，所關於世道者甚大；一自《易》、《禮》、《論》、《孟》、《五經》，諸子訖《呂氏文鑑》，大抵究物理之顯微，著文理之盛衰，所閔於世教者尤切。今孫偉夫攜至一本，乃用諸經史子前後排比次第，聚爲一書，總五十卷，發以序文，諗余鋟板郡齋。工未竟，趙振文來，具道水心著述前後，與余所得於德叟者同。余嘗反覆紬繹其故，此分彼合，要皆不爲無意，讀書者必有考焉。德叟名居安，瑞安人。偉夫名之宏，餘姚人。振文名汝鐸，今居樂清，皆水心高弟云。癸未良月望日，新安汪綱仲舉書。

余好嗜與人殊，所讀之書意見不欲從風而靡，每有所思必推古人立言之旨，與其時世之污隆相會，即孟子所云論世也。癸卯之冬，檢水心先生《習學記言序目》爲之一再觀，其得失參半，於宋人中頗爲不入頹波者矣。然自孟子以下咸有疵責，不細推其所以然之故，而發明之而務以我爲是，而古人肯受裁焉？此宋人之大病也。余非故好爲異，特欲推崇古人以不負乎好學深思之旨，則有獲矣。後之學者能以我爲然乎？因有所感，故誌於此。南陽道縠題識。

**圖書在版編目（CIP）數據**

全宋筆記. 第9編. 10／上海師範大學古籍整理研究所編.— 鄭州：大象出版社，2018. 3
ISBN 978-7-5347-9444-5

Ⅰ.①全… Ⅱ.①上… Ⅲ.①中國歷史—史料—宋代
Ⅳ.①K244.066

中國版本圖書館 CIP 數據核字（2017）第162716號

**全宋筆記** 第九編 十

出版人 王劉純
特約編輯 陳 新
責任編輯 郭一凡
整體設計 張 勝
出版發行 大象出版社
鄭州市開元路16號（450044）
製 版 上海杰申電腦排版有限公司
印 刷 北京匯林印務有限公司
版 次 2018年3月第1版 2018年3月第1次印刷
開 本 640mm×960mm 1/16 22印張
字 數 239千字
印 數 1—1000册
定 價 78.00元